敷地《しきじ》の民俗

地域の伝承から探る 循環型社会の英知

遠州常民文化談話会

獅子ヶ鼻より敷地の谷を望む（右前方に天竜川が流れる）

大平の大念仏の道行（敷地川右岸を南へ）

伊藤家住宅 (伊藤玄蕃、泰治、功が出た伊藤家)

立石柿の収穫（西之谷北）

はじめに

本著は、遠州常民文化談話会が静岡県立農林環境専門職大学中山研究室の協力により、また豊岡東地域づくり協議会及び豊岡東交流センターの調査協力を得て、静岡県磐田市敷地地区（明治二十二年（一八八九）成立の磐田郡敷地村域）の民俗誌として刊行するものである。

手元に敷地村最後の村長であった伊藤功が昭和二十八年（一九五三）に書き記した『わすれられてる大事な事』という冊子がある。ここで伊藤はこの敷地村で「わすれられてる事」とは「秣山が治山治水や村財政中農家経済に貢献してゐることやその運営が入會精神を基調としての根本指導精神を鼓吹すること」だという。つまり、秣山《まぐさやま》（敷地村有林野）が共有のものであり、入会精神に基づいて「適切な公有的民主経営の真価」を発揮すれば、敷地村は「拓けゆく村」となるということを言いたいのである。

現在でも「敷地村外四字財産区」は三百㌶《ヘクタール》の財産区を所有している。大半が山林であるこの財産区を江戸時代、明治近代と社会基盤として位置づけて敷地村は歩んできた。今、敷地地区の民俗・伝承文化に我々が触れたとき、この敷地には循環型社会の根底に秣山があったことに気づかされる。明治二十四年（一八九一）、初代村長伊藤泰治はこの秣山を経済基盤として農林業が栄え、無税で村民皆教育の理想郷を作ろうとした。それは、明治四十四年（一九一一）に敷地村が全国の「模範村」として表彰されることからも、その実践は試みられたことが分かる。

そのような秣山を背景とした敷地村の循環型社会がどのようにあり、それがどのように変遷して現在の敷地地区があるのか、を描こうとしたのが本民俗誌である。そこに本民俗誌のストーリーがあると思っている。

民俗誌であるから伝承により確認できる敷地の民俗文化をここでは記録している。本著の分量的制約や調査執筆の時間的制約もあり、網羅的に民俗事象を扱うことはできなかった。環境、生業、戦争、交通交易、衣食、年中行事、人生儀礼、信仰、民俗芸能、伝説・世間話など、民俗調査の項目のうち、敷地の民俗を語る上で今その記録を残すべき項目について聞き取り調査の内容を用いて記述している。

巻頭
はじめに

第十章　伝説・風習

第一章　環境

第一章　環境

第一節　自然環境と社会環境

一　敷地の自然地形

敷地《しきじ》は磐田市域の北端にある一地区である。ここでいう「敷地」とは、後述するが明治二十二年の町村制施行により近世村落七ヶ村が合併してできた敷地村の村域を指す。近世には豊田郡にはもう一つ、その後掛塚村（町）に統合されていく「敷地村」（この敷地村は明治八年に村名は消滅。）があったが、その敷地ではない。太田川の支流の敷地川上流沿いの区域である敷地を指す。

旧敷地村（明治二十二年～昭和三十年の敷地村）は敷地川の上流部沿いにできた農林業の集落であった。東、西、北の三方が標高百～三百メートル程の山稜に囲まれた農山村であった。敷地川が水源から順次創り出した谷底の平野部を中心に村落が形成された。村域の北東端が本宮山《ほんぐうさん》、遠州一宮小国《おぐに》神社の奥の院の山である。北辺はその北側の下百古里《すがり》がある只来に沿う。この北側の尾根筋の北に気田川が流れる。村域の北西端が三森《みつもり》神社である。三森神社は敷地川西側の尾根上に出来た神社である。自然地形上でもこの村域の北東端と北西端が山塊となっていてそこに社がある。これが村域の北辺の特徴となっている。

敷地位置

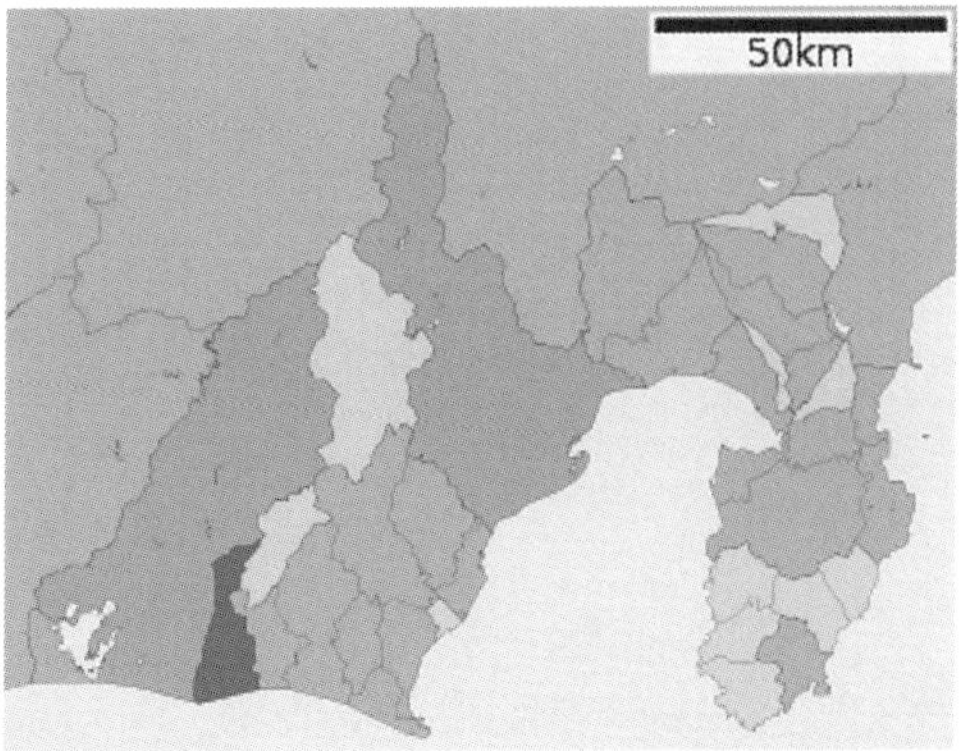

磐田市位置図

獅子ヶ鼻公園より敷地川沿いの眺望

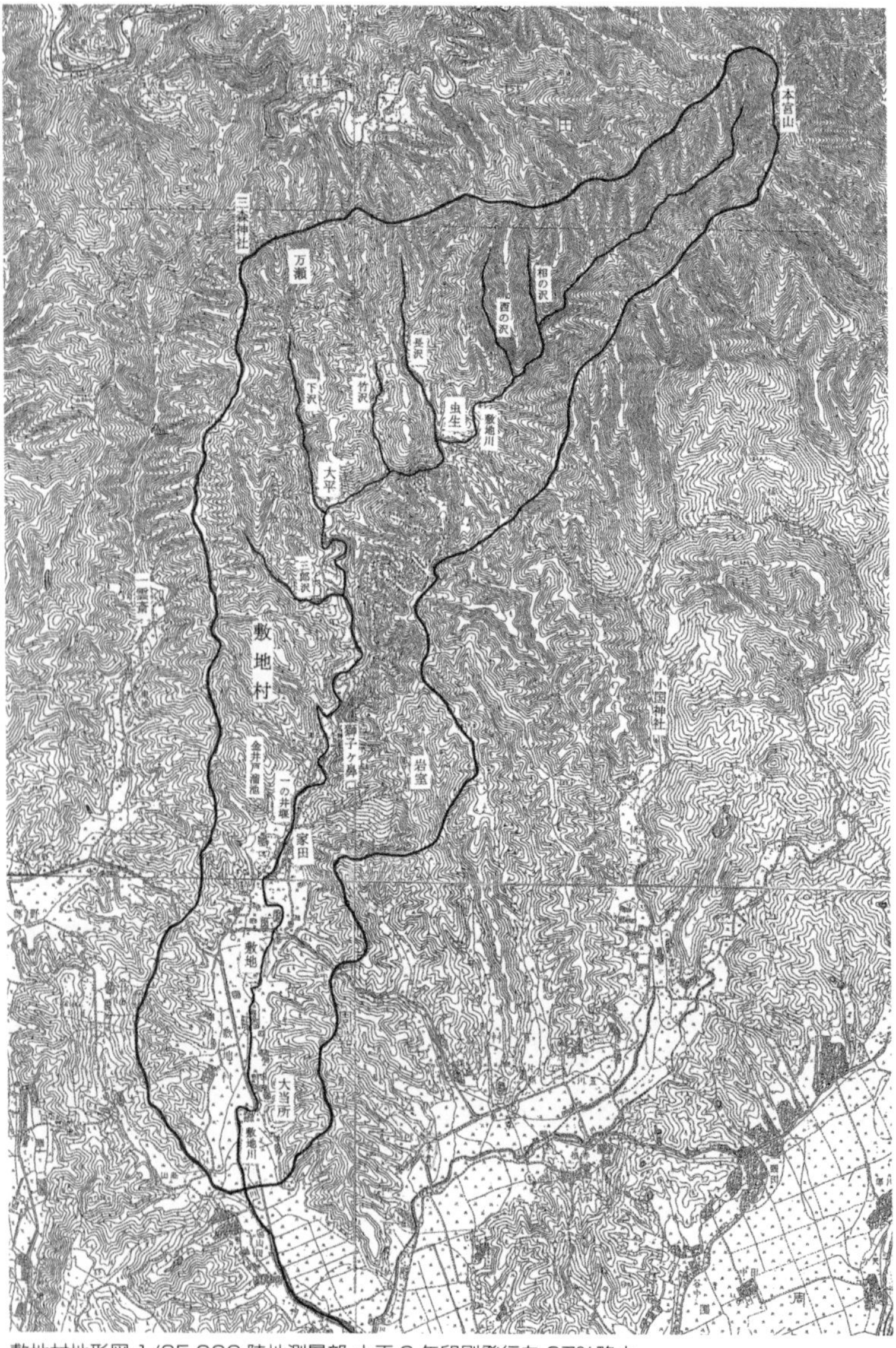

敷地村地形図 1/25,000 陸地測量部 大正 9 年印刷発行を 37%略小

本宮山から南西方向の敷地川の谷を望む

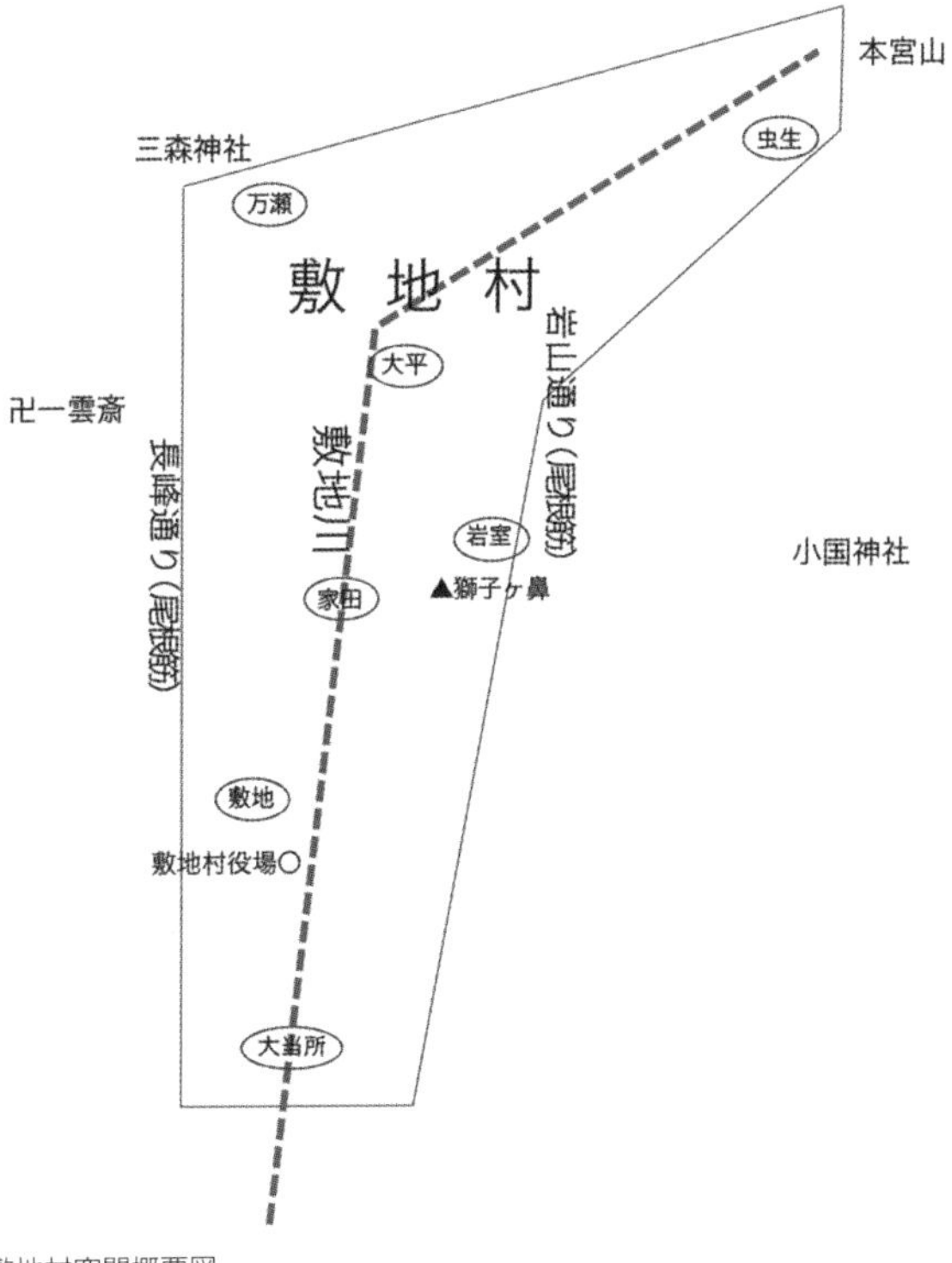

敷地村空間概要図

『敷地村誌』（大正六年刊）によれば総面積六百六十三町歩余のうち山林が百六十一町歩余あり、原野が三百七町歩余あるとしている。敷地村となった近世村落七つのうち、万瀬《まんぜ》村、虫生《むしゅう》村、大《おい》平《だいら》村は山間の集落であった。万瀬は敷地川の支流の下沢沿いに開けた地を集落にしていた。虫生は敷地川の最上流部に形成された。そして大平はその敷地川と下沢が合流するあたりを開いている。

村域の西辺は一雲斎《いちうんさい》がある谷、大楽地《だいらくじ》の谷と、尾根筋でできている。この尾根筋を長峰通りと呼んでいる。南北に連なる尾根が下野部《しものべ》村との境となっている。東辺は森町の遠州一宮小国神社のある谷の西側尾根である。敷地の人びとはこの尾根筋を岩山通りと呼んでいる。尾根を隔てて直ぐ東向こうが小国神社の谷、伏間《ふすま》の谷になっている。敷地川が南流して開削した谷底平野に北からそれぞれ家田《いえだ》村、敷地村、大当所《おおとうしょ》村が並ぶ。敷地川沿いにできた自然地形を利用して村落が出来ていることがよく理解できる。

5ページ下の図は敷地村空間概念図である。敷地村は北東端に本宮山があり、北西端に三森神社があり、東側の境の尾根筋である岩山《いわやま》通りがあり、西側の境の尾根筋である長峰《ながみね》通りがあり、本宮山から敷地川が流れ出し、南西に流域の谷を作り出す。この谷沿いに敷地村の領域が設定されている。

二　敷地川

遠州一の宮の奥の院、本宮山を水源としている。南西に渓谷を作りだしたこの周囲は、赤石山系南縁の低山地に取り囲まれ、中央に敷地川が南流、河谷沿いの平坦な沖積地には水田耕作、山麓周辺には茶、柿などの栽培が盛んな畑地が広がる。巨大な唐獅子に似た奇岩から名付けられた獅子《しし》ヶ鼻《がはな》公園があり、敷地川の左岸側は岩室《いわむろ》山とよばれる山塊が南北に連なる。

大当所を流れる敷地川

桜並木の敷地川

　敷地川は二級河川太田川水系の一支流である。周智郡森町と旧磐田郡豊岡村との境界にある本宮山西斜面に源を発し、磐田市向笠《むかさ》で太田川に合流する。長さ十九キロメートル、流域面積六十二平方キロメートル。上流の豊岡村虫生から岩室にかけては倉真《くらみ》層群の礫岩からなる獅子ヶ鼻公園があり、岩石の差別浸食による八畳岩、鐘掛《かねかけ》岩などの奇岩が見られ、特色ある景観を示す。敷地川は敷地村の北東隅の本宮山から流れはじめて、万瀬方面からのいくつかの支流と合流して南下し、敷地、大当所に南北方向の平野部をつくる。敷地川は相之沢《あいのさわ》、西沢、長沢、竹沢、下沢《しもさわ》、三郎沢等の沢を合わせ、村域の中央を貫流し、三川を経て向笠に至り、太田川と合流している。敷地川が村の灌漑用水のほとんどすべてをまかなってきた。獅子ヶ鼻公園以北は水田面より河床が著しく低く、田に水を引くのに困難が伴った。しかも水源の山が深くないため、水不足に陥ることが頻繁に起こり、水争いの絶えない流域であった。溜池も村営の金井戸《かねいど》溜池をはじめ十数ヶ所あった。下流は、袋井市の太田川流域の平野につづく。敷地の山稜の水を集めて磐田原台地東側に流れ出、磐田原台地の水を集めつつ台地末端と沖積地との境を南流する。

三　本宮山

旧敷地村の北東端の尾根に位置するのが本宮山である。本宮山の「本宮」は元宮、奥宮を意味し、遠江一の宮小国神社の奥の院であり、この頂、標高五百十一メートルのところに本宮山奥磐戸神社がある。本宮山は小国神社の奥の院として真北へ山道を五キロメートルほど登った尾根筋にある。小国神社からは本宮山に南から連なる尾根に出て、直接登る道と、橘の集落を経て南南東から登る道とがある。

そして敷地村から登る道は二方面からの登山道がある。一つは敷地川沿いに北東へ登り、虫生の集落を経て、更に登りそのまま西側から直接本宮山に登る参道である。敷地村の人たちにとってはこの道が一番頻繁に用いられ、一般的な道であった。この本宮山の頂から眼下に見える谷まで参道が入っている。昭和五十年代までは敷地村の子ども、青年たちはこの谷まで自転車で来て、ここから自らの足で登ったという。この道が敷地川の水源を求める道筋になる。今一つの道は万瀬から東へ尾根づたいに東へ向かい、尾根が南へ出たところに本宮山が位置する。この道は現在林道の光南線と呼ばれる、自動車も通ることができる林道となっている。犬居、下百古里から森へ抜けるとき用いられた尾根沿いの道である。

本宮山（向かって左側の山頂）

本宮山奥之院と鈴木正士さん

この本宮山は敷地村の者にとって敷地川の水源であると考えられている。乗松弘泰さん（敷地他四字財産区の議長）によると、議長になるとこの本宮山奥の院へ参拝するものだという。この敷地川沿いの谷の水源であり、財産区を管理し、その旧敷地村の農林業を考えた時、この水源への信仰は確かなものであった。『遠淡海名勝拾遺』(『小国神社誌』(一九九六年刊)による)には「村民旱年ニ詣リテ此ノ山ニ雨ヲ祈ル」としたことが伝えられる。敷地川沿いの村でも江戸時代頻繁に水争いが起こり、敷地川の水量が村々にとって大きな関心事だったこともあり、水源の神を信仰し、雨乞いも行われた。また、『事実証談』(中村乗高文政六年(一八二三))には、遠州灘の漁民、廻船業者にとって、この本宮山は「当て山」としての信仰があったとの記載がある。この山に祈願すると本宮山に火が現れて船を導いてくれた。そのようなとき御礼に「尾振《おぶり》」と言って魚を奉納したと伝えている。

四　三森神社

三森神社は旧敷地村の北西端に位置する。万瀬村の産土神であり、集落の北西の尾根上で、万瀬から西の一雲斎へ抜ける山道にある。万瀬字疣石《いぼいし》にあり天照皇大御神を祭神としている。『敷地村誌』(大正二年刊)によると慶安三年(一六五〇)に創建されたといい、毎年九月十七日を大祭日としている。この社は明治八年(一八七五)に、現在境内社となっている天神社と八幡神社が三森神社の下に合祀された。「三森」の三はこの三神を言い表すのかもしれない。敷地川は大平で東へ屈曲するが、この大平で北から流れて来た下沢が合流する。下沢の水源がこの三森神社あたりの山塊である。

万瀬の人が三森神社を整備し、九月十七日の祭礼は村人全戸が参集し、行われた。万瀬在住の佐々木徳寿さんによると、万瀬では正月の元旦祭りと九月十七日の祭りは丁寧に行ってきた。九月の秋祭りは万瀬でも秋の棚田での収穫が始まる前には済ませたという。七夕豪雨（昭和四十九年）のとき、万瀬の棚田はほぼ壊滅状態になり、この年の稲の収穫は、三森神社の祭礼が過ぎてからといい、季節感は失われた。

三森神社

一雲斎

五　獅子ヶ鼻

敷地の人たちは、敷地川の左岸に獅子ヶ鼻はじめ奇岩が並ぶこの南北の山稜を「岩室山」と呼ぶ。

獅子ヶ鼻より北側に向かい本宮山まで続く尾根筋には、奇岩の山稜が続く。獅子ヶ鼻公園は、敷地川の水源である本宮山から南へ連なる旧敷地村岩室にある自然公園である。岩山から天空に伸びる松が壮麗で、春は桜、岩ツツジ、秋は紅葉が美しい。獅子ヶ鼻の山頂から太平洋、浜名湖が遠望され、眼下に敷地川、天竜川の流れを望むことができる。西に向かって天高くそびえる巨大な岩が唐獅子に似ているので獅子ヶ鼻と呼ばれ、付近には八畳岩、鐘掛岩などがあり、変化に富む地形が見られる。

現在、獅子ヶ鼻公園とその北側周辺の奇岩が並ぶ森林エリアは山歩きを楽しめるコースが整備されている。獅子ヶ鼻の南東に岩室廃寺跡があり、岩室山清瀧寺の観音堂が建っている。

獅子ヶ鼻の奇岩の南には明治三十八年建設の日露戦争開戦記念の碑が建っている。砲弾の形状をした記念碑が獅子ヶ鼻の岩の南百五十㍍《メートル》程の頂に建っている。

「獅子ヶ鼻」は江戸時代「牛が鼻」と呼ばれていた。『遠江古蹟図絵』（享和三年（一八〇三）、再影館藤長庚著、神谷昌志一九九一年翻刻）には「牛が鼻」とあり、空海筆の歌が岩壁に刻まれており、岩室観音堂が建っているとある。岩室観音堂は日露戦争開戦記念碑の東にあり、この辺りは仏教関係の遺跡があり、「岩室廃寺跡」とされている。内山真龍著『遠江国風土記伝』には、往古よりここに真言宗の古刹があり「七堂伽藍」が建ち並んでいた、とある。また、この観音堂は臨済宗の永安寺の末寺で、寂室禅師がこの岩室山に登って寺を開いたともある。

この連続した奇岩の北端には鐘掛岩がある。虫生の集落から登る道もあり、「鐘掛山のお姫さま」の伝説が語り継がれる。

獅子ヶ鼻

岩室観音堂

鐘掛岩

獅子ヶ鼻公園の日露戦争開戦記念碑と調査員の学生

第二節　敷地村の近代

一　敷地と遠州報国隊

　幕末から明治にかけて、遠州地域の神官を中心に「遠州報国隊」が組織され、東征軍に従軍して維新政府の樹立に寄与したことはよく知られている。ここ敷地からも、野辺《のべ》神社の神主である伊藤玄蕃《げんば》がこれに参加しているが、敷地と遠州報国隊の関係を探ってみたい。

　代々野辺神社の神官をつとめた伊藤家は、現在も野辺神社の麓にあり、江戸時代に建てられた母屋は改修されて残り、周辺の庭木などと共に創建当時の面影を残している。その一郭に、伊藤家に伝わる歴史資料を保存、展示した「宮下歴史庫」がある。「宮下」は神社のふもとの意味で、古くから呼びならわされてきた屋号、あるいは地名であるという。歴史庫の建物は、明治二十二年（一八八九）に建てられた長屋風の建物で、その二階が展示室になっており、奥の間、中の間、客室の三部屋に分けられている。

　伊藤家の現在の当主は文彦氏。静岡にお住いであるが、伊藤家の歴史を詳しくお話していただいた。展示されている内容は、報国隊に参加した玄蕃の時代から、九代目泰治、十代目功の三代にわたる歴史資料を中心に、画業を得意とした五代目亀之助の絵画作品や明治期の公文書など、敷地村に関わる資料が数多く収蔵、展示されている。なかでも、玄蕃が遠州報国隊の隊員として

報国隊員として従軍した伊藤玄蕃（伊藤文彦氏蔵）

従軍した際に着用した衣装や陣笠、陣羽織や肩章などが目を引き、軍務官から下賜された感状や報国隊履歴などの資料も保管されている。

玄蕃の隊員としての動きは、磐田郡長に提出された「内申」によれば、慶応四年（一八六八）四月一日、東征軍への従軍を命ぜられ、同十四日、芝増上寺に入り、大総督有栖川宮熾仁親王を護衛し、数日後西の丸に入って紅葉山の警衛にあたったという。その後、竹橋御門、本丸大手の警衛についたが、十一月五日、大総督の還京に供奉して東京を発ち、十四日、浜松本陣に到着したとある。

玄蕃がどのような経緯で遠州報国隊に加わったのかは詳らかではないが、当主の文彦氏の話では、当時小国神社との関係が深く、小国家からの誘いによると考えるのが妥当ではないかという。その裏付けとして、所蔵資料の中に寛政元年（一七八九）の小国神社の記録である「一宮記録」があり、よく行き来していた話が伝えられているという。また、見付の大久保忠尚の手紙も展示されているが、これはのちに収集された可能性があり、大久保家との特別な関係は伝えられていないようである。

野辺神社の由緒については、報国隊から帰国した玄蕃が「八重喜」と改名した後に書き記した「野辺神社由緒書」が残されている。これによると、当社は七世紀半ば、近江坂本の日吉神社を遷座したもので、往古は山王社とか山王宮と呼ばれており、今川義元から山王領九町三反三杖を安堵された書状が残されている。また、山王社の神主については「神主世代年限記帳」(明治四年十一月)が、同じく八重喜によって記されていて、これによると、天文三年（一五三四）に宮方六郎左衛門が神主になってから、現在の玄蕃まで十七代になるとあり、代々の神官名が記されている。ただし別の史料では、八重喜自身が「伊藤家八代八重喜」と記しており、伊藤家当主としては八代目に当たるとしている。神職は、本家当主の外に、他家あるいは一門の人物も務めていたことが推察される。

この内、神主として十三代目に記された「佐源」は、画家として活躍した五代目の伊藤亀之助と考えられる。伊藤家の母屋は、江戸時代に建てられた茅葺の建物で、近年文彦氏により大幅な改修が行われ、快適な住空間としてよみがえっているが、この母屋の襖絵などに亀之助の絵が描かれている。その内の「十六羅漢仏絵」には、「明和七庚寅八月三日　伊藤亀之助写之也　弐拾弐歳ノ時」とあり、「舟遊びの図」には、「明和八辛夘二月廿九日　伊藤亀之助弐拾三歳ノ時写之」とある。また、廊下長押に掲げられた「絵本通宝志」の「四時農業図」を筆写した絵も、「舟遊びの図」の一か月後に書きあげられたものであり、若くして絵画の才能を発揮した人物であった。

明治以降の伊藤家については、馬塚智也氏が論文「近代遠州地域と『草莽隊』」（『日本史学二〇二〇）で考察している。それによると、八重喜は報国隊から帰国後、東京移住を希望していたが、家の事情により敷地にとどまり、山王社の神官を続けることになった。明治四年（一八七一）の太政官布告により神職の世襲制が廃止されると神職も退き、かわって明治七年（一八七四）に敷地村の副戸長に任命され、地方行政を担うこととなった。しかし、失明によるのか、明治九年（一八七六）に副戸長を免ぜられた。その同じ時期に、長男泰治が戸長となり、続いて二十二年（一八八九）に敷地村の村長となって、大正五年（一九一六）まで二十八年間、戸長職も含めると四十年余、地域行政をけん引してきたのである。馬塚は「近世においては神職で、幕末期に「草莽隊」の運動に参加し、維新以降大正期にかけて名望家になっていく事例」として伊藤家を捕え、その背景に報国隊で築かれたネットワークがあったと指摘している。そして、明治二十六年（一八九三）の履歴書作成、四十年の紀念碑作成、大正二年（一九一三）の表彰請願と続く報国隊の顕彰運動の中で、泰治は東遠の中心的な役割を果たしていったことを検証している。

敷地宮下の伊藤文彦家

遠州報国隊の結成は、国学を学んだ遠州の神官たちが結集したものであり、そのほとんどは賀茂真淵や本居宣長、内山真龍などの国学の学統に連なる者たちであった。馬塚は、伊藤玄蕃の父祐之進も和漢の学才に秀でていたといい、国学グループに参加していた可能性があると指摘している。

江戸期の著名な国学者が敷地村にはもう一人いる。大当所の諏訪神社の西麓には、この地に生まれた山下政彦の頌徳碑が建てられている。大当所の山下家は、応永年間（一三九四〜一四二七）に信州の小笠原の一族が掛塚郷白羽村に土着したという謂れを持つ山下家の分家である。初代は和泉政豊といい、白羽明神の神主名主であった与三郎安政の子として白羽に生まれ、頭陀寺城の松下之綱《ゆきつな》に仕えたが、慶長の初め大当所に移り住んだ人物という。政彦の祖父政明は、政豊から五代目で、寛延年間中、領主の命を受けて敷智郡志都呂村の新田開発に従事し、新田約百町歩を開墾して領主に献上したといい、その功績を認められて苗字帯刀を許されたという。

父政嗣《まさつぐ》は和漢の学に通じ、内山真龍《またつ》も幼い頃は政嗣に師事したという。政嗣の姉保袁子は、大谷村の内山美真《よしまさ》に嫁し、真龍を生んでいるので、政彦と真龍は従弟になる。また、政嗣には有玉村の独礼庄屋、高林方救《みちひら》の姉満知が後妻に入り、政彦を生んでおり、方救の子方朗《みちあきら》と政彦も従弟同士となる。

このように、山下家は、内山家、高林家とは姻戚関係にあり、また学問の面でも互いに競い合ってきた間柄のようである。天明六年（一七八六）には、内山真龍の出雲から北九州・長崎への旅行に、政嗣、政彦、方朗が同行している。他に小国神社の小国重年、堀之内村の鈴木書緒《ふみお》が同行したが、政嗣はこの時の旅を「筑紫日記」にまとめ、小国重年が代筆をしている。

内山真龍は、遠州国学の中心人物として多くの弟子を育成したが、更にその弟子たちを伊勢松阪の本居宣長に入門させた。出雲に同行した鈴木書緒は天明八年（一七八八）入門、翌寛政元年（一七八九）二月には、その書緒を同道して高林方朗が伊勢参宮を兼ねて宣長に入門し、同じ年の八月には、小国重年と山下政彦が入門したという。

内山真龍の塾においては、真淵や宣長等、学祖を敬慕してその霊祭を執行した。その流れは高林方朗に受け継がれて、宣長の七年祭、十三年祭は方朗邸で行われ、文化十四年（一八一七）の宣長十七年祭、翌文政元年（一八一八）の賀茂真淵五十年祭は浜松の梅谷《うめたに》本陣で行われ、遠州の国学者らがここに集った。さらにこの動きは、賀茂真淵を祀る縣居《あがたい》霊社の修造へと展開し、天保五年（一八三四）から方朗らを中心にして勧進が始まった。遠州を中心に全国に行脚して浄財を募り、霊社は天保十年（一八三九）に完成したが、これを祝う社頭の歌会は三年後の天保十三年（一八四二）に行われ、各地から雅客が参集し、出詠者は七十八人にのぼったという。学祖霊祭から縣居霊社修造に至るまで、中心になったのは高林方朗であり、掛塚貴船神社の関大和がこれを補佐してきたというが、これは遠州の国学者を結びつけることとなり、このネットワークが幕末の遠州報国隊結成の基盤ともなっていった。

山下政彦は文政九年（一八二六）に亡くなったが、『高林家史料』によれば、政彦が亡くなった翌年に、山下家は断絶同然になったとあり、「悲嘆限りなき始末なり、恐るべし云々」と記されている。これは、祖父政明の代から志都呂の新田開発で大きな借財を背負い、政彦も溜池の設置や道路の整備などの公共事業に取り組んだことが莫大な借財を残すことにつながったのである。

高林家の日記には「分不相当の大借、殊に公金多く候故、此の如く暫時に残らず人手に渡り断絶同様にて」とあり、政彦の死後、大当所山下家は急速に没落していったことがうかがえる。

大正十三年（一九二四）、山下政彦の頌徳碑が建立されたが、そこには、政彦が溜池を設け、水路を整備し、新道を通じて農耕の振興に貢献したこと、また領主の文学の師となり、村の子どもたちに学問、手習を教えたことなどを挙げて顕彰している。頌徳碑除幕式で村長は、敷地村にとって名誉なことが二つある、一つは、皇太子殿下の御盛典記念事業として編纂された偉人名士の伝記に取り上げられた、前村長伊藤泰治であり、もう一つがこの碑に記されている山下政彦であると言っている。

政彦は、文政二年（一八一九）には領主から裃《かみしも》を賜っているが、その数年後、亡くなるとすぐに山下家は断絶同様となってしまったのだ。それからほぼ百年の後、今度は敷地村の誇りとして彼の頌徳碑が建てられたのである。政彦にとっても山下家にとっても汚名挽回の建碑となったのである。

山下政彦は、江戸時代において遠州国学のネットワークを形成するうえで重要な役割を果たしていた。そして、学祖霊祭や霊社修造で絆を深めた神官、国学者たちが遠州報国隊の結成へと突き進んでいったと考えられる。山下家は、幕末に入る所でつまづいて報国隊に参加することもできなかったが、同じ敷地村の伊藤玄蕃が報国隊には参加した。そして、玄蕃の子泰治は、そのネットワークを活用して報国隊の顕彰運動を推進していったのである。

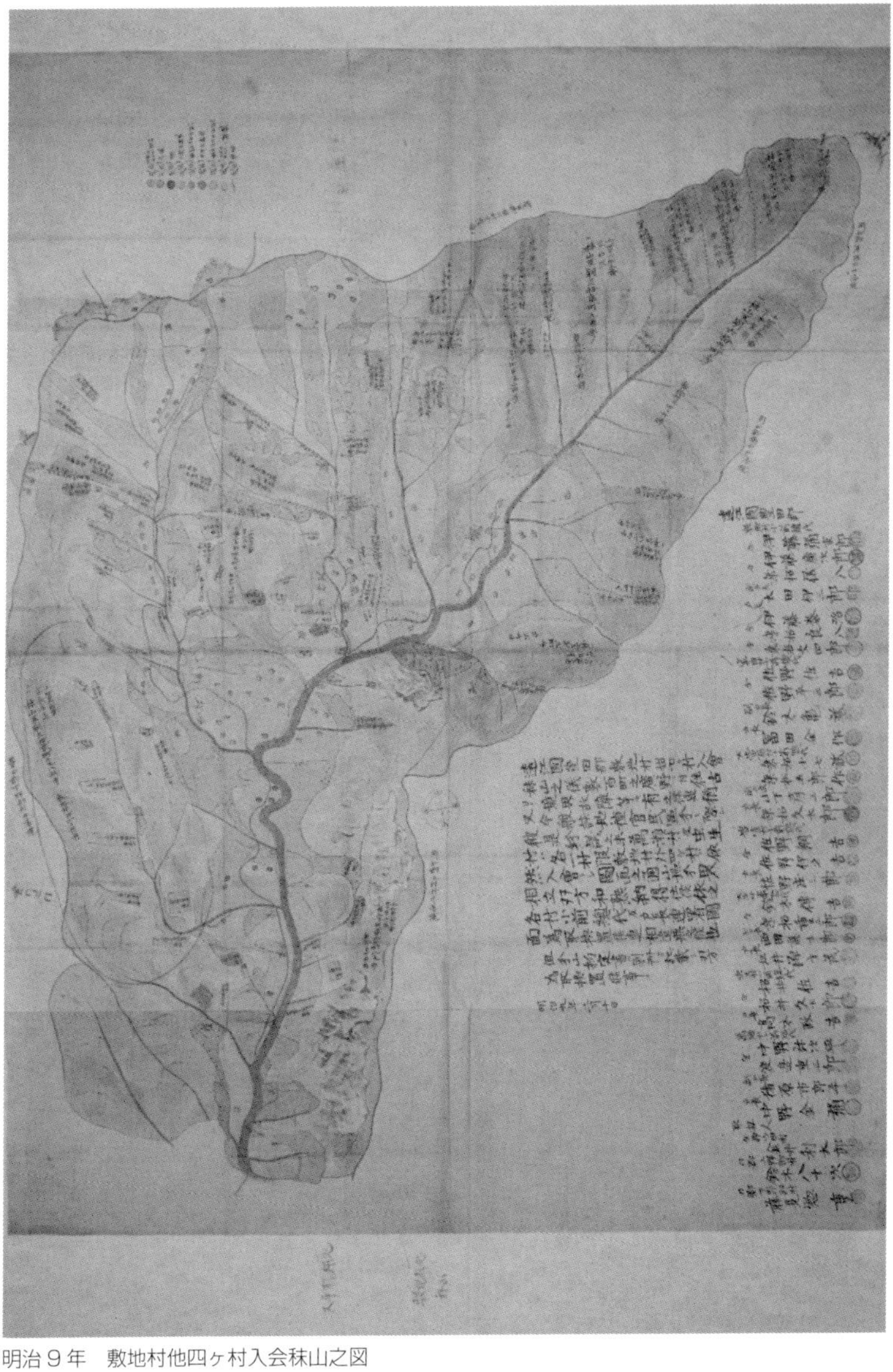

明治９年　敷地村他四ヶ村入会秣山之図

二　秣山の設定と敷地他七ヶ村

江戸時代、全国各地で入会地、秣山《まぐさやま》として近世村落単位で共有してきた山林、草地が明治維新の後、国有林として接収されたり、個人所有の山林、土地として登記されていく。近世村落の敷地村をはじめとした万瀬村、虫生村、大平村、岩室村、家田村、大当所村の七ヶ村はそれまで入会地としていた山林を民有の秣山として共同所有として管理していこうとする。明治九年（一八七六）、七ヶ村は連印を押して「入会秣山民有地編入願」を県令宛に提出している。この願により、それまで入会地として利用されてきた山林原野が村所有のものとされた。

そして明治二十三年（一八九〇）、敷地村、大平村、家田村、岩室村、大当所村の五ヶ村ので共有する秣山、共有林として「敷地外四ヵ字共有秣山規定」（敷地村外四ヶ村財産区　二〇〇五年『敷地村外四ヶ村財産区創立百周年記念誌』）を制定した。そこで示された図が「秣山分山約定書地図」である。この規定では秣山を利用した林業経営方法が示されている。この二百九十町歩に及ぶ秣山に、五十二枚の部分林を設定し、地味に適する樹種を選んで植林し、毎年一ヵ所ずつ輪伐できるように計画された。以後、規定に従った林政が敷地村では展開され、人工林植栽に努め、山林収入のほとんどが村の公共事業の費用として使途され、敷地村の村政、産業自体を支えた。

三　敷地村の成立

江戸時代、豊田郡には「敷地村」は二つあった。内山真龍著の『遠江国風土記伝』（寛政十一年（一七九九）刊）にも豊田郡の中で、「南部の宿村」に一つあり、「野部郷」にもう一つあると記している。前者の敷地村は掛塚輪中の一村で、明治二十二年（一八八九）の町村制で豊岡村（掛塚輪中内にある村で、明治二十九年に掛塚町に統合）に統合されていて、『静岡県地名辞典』によると「しきちむら」と音読みしたようである（ただし現在は字名として掛塚では「しきじ」と読むのが一般的）。後者の敷地村は野部郷の一村で、明治二十二年に近世村落の敷地村、家田村、大当所村、岩室村、大平村、虫生村、万瀬村の七ヵ村が統合して「敷地村」となったものである。明治二十四年当時、戸数二百二十九戸、人口千二百八十九人、の規模であった。その後、昭和三十年（一九五五）に敷地村、野部村、広瀬村の三ヵ村が合併して豊岡村となった。なお、この豊岡村は平成十七年（二〇〇五）に磐田市に編入合併している。

大正期の旧敷地村役場

　今回、調査の対象としたのは、この後者の「敷地村」＝「旧豊岡村敷地地区」である。

「敷地村」は『磐田郡誌』（大正十年）では以下のように記されている。

「本村は磐田郡の中央に位し、見付町を距ること北方約四里なり。地勢東西北の三方山を以て囲繞せられ、北部は一帯山地をなす。敷地川は源を東北部に聳ゆる本宮山に発し、山間を迂回し、本村の中央を南流して三川村に入る。南部流域には稍開けたる平野あり。村民多くは農業に従事す。従来交通不便なりしが、明治三十六年山梨・二俣間県道開通し、本村を貫通し、又日露戦役当時より北部村道改良せられ、稍其の面目を改めたり。本村は見付、森町、二俣町の要衝に当るを以て、交通の便は将来益発達を見んとす。明治二十二年二月二十六日を以て、元敷地・家田・大当所・岩室・大平・虫生・万瀬の七字を合併して、一自治区となし、敷地と命名す。

本村の沿革概要を記すれば、元亀天正の頃野部地方より分離して、独立せし者の如し。明治五年大小区の制により、四十二小区となれり。第四十二小区管轄区域次の如し。

万瀬村、虫生村、大平村、岩室村、敷地村、大当所村、上野部村、下野部村、合代島村、社山村、上神増村、神増村、下神増村、三家村、松ノ木島村、壱貫地村、山田村、米倉村、以上十九ヵ村。明治十二年大小区の制を廃し、行政組織の改正あり。敷地・家田・大当所の三ヵ村を一組合役場となし、岩室、大平、虫生、万瀬の四ヵ村を以て、一組合役場とせらる。明治十七年七月一日の改正により、山田村外七ヵ村戸長役場となり、万瀬は横川村に属せり。明治二十二年二月二十六日自治会編成以来今日に至る。明治四十四年二月二十一日村治上見るべきもの少からざるの故を以て、内務省より表彰せらる。」

敷地村役場は大字敷地に設置された。戸数、人口は、明治二十四年（一八九一）が二百二十九戸、千二百八十九人。大正九年（一九二〇）が、二百八十九戸、千五百六十六人。昭和二十五年（一九五〇）が、三百六十四戸、二千百二十人であった。

遠州常民文化談話会では、静岡県立農林環境専門職大学の協力を得て、令和二・三年度に調査を実施した。令和二年（二〇二〇）八月二十二日（敷南、敷上地区）と、八月二十九日（大平南、大平北、虫生、万瀬地区）に合同調査会を開催し、三十名以上の住民の方々に豊岡東交流センターに来ていただき、調査打ち合わせをすることができた。

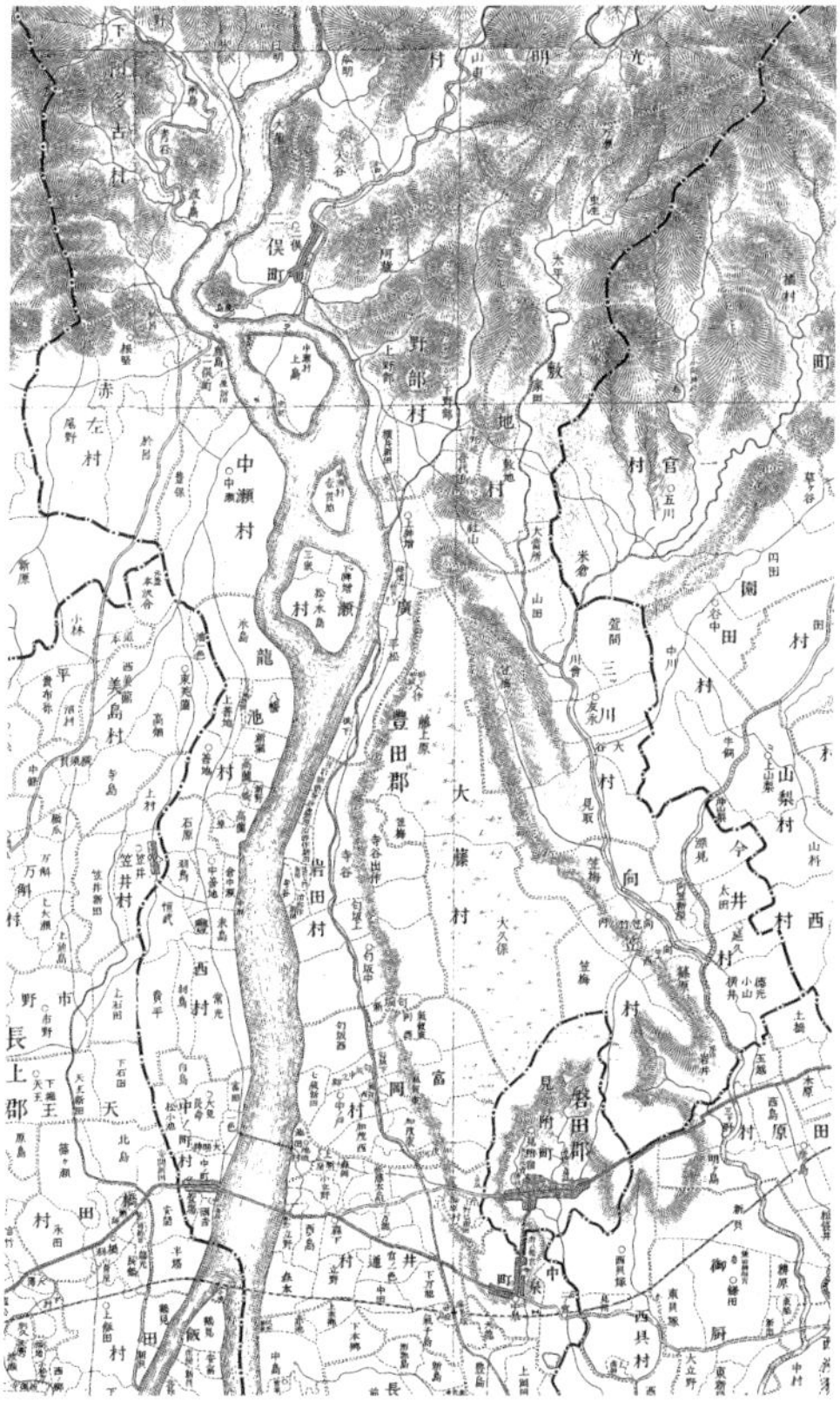

静岡県管内全図（明治 22 年静岡県編復刻版）

敷地村関係年表

西暦	元号	月	内容
1677	寛文5年		敷地村検地で村切りがあり、万瀬村、虫生村、家田村が分村として独立。同時に、入会秣山についても取り決めができる。
1698	元禄11年		敷地村が村高805石余で、高木領、秋元領、清滝寺領の三給となる。 大平村が村高116石余で、皆川領、丸毛領、鈴木領、松平領の四給となる。
1707	宝永4年		家田村が村高168石余で、松平領となる。 大当所村が村高154石余で、松平領となる。 岩室村が村高51石余で、松平領となる。
1714	正徳4年		虫生村が村高36石余で、幕府領、丸毛領、鈴木領の三給となる。
1723	享保8年	5	万瀬村、虫生村と敷地村との間に入会山争論起こる。
1797	寛政9年	11	敷地村と大平村との間に、入会山争論再発する。
1798	寛政10年		敷地村と大平村との間に、用水井堰争論が起こる。
1817	文化14年	1	敷地村ほか二ヶ村、敷地川堤の御普請を領主（旗本高木氏）へ嘆願する。
1839	天保10年	9	敷地村四給の村役人と金井戸ヶ谷へ溜池の新設を取り決める。
1840	天保11年	6	大念仏停止を命ぜられ大平村の小前百姓が連名でその請書を村役人に提出した。
1844	弘化元年	3	敷地村ほか６ヶ村の入会秣山の山銭争論が和解する。
1867	慶応3年	1	敷地村など５ヶ村が見付宿代助郷免除を嘆願する。
1868	慶応4年	4	伊藤玄蕃が遠州報国隊に参加する。
1876	明治9年	3	敷地村ほか６ヶ村が入会秣山民有地編入願を提出する。
1876	明治9年	11	敷地村ほか６ヶ村が民有秣山分山為取換約定書を締結する。
1879	明治12年	3	郡区町村編制法が施行し、磐田郡は山田、米倉、大当所、敷地、家田、岩室、大平、虫生、万瀬の9ヶ村を一組とした。
1884	明治17年		伊藤泰治が山田村外7ヶ村の戸長に選任された。
1889	明治22年	2	町村制施行し、敷地村、大平村、家田村、大当所村、岩室村、虫生村、万瀬村が統一して敷地村となる。
1889	明治22年	7	敷地村長に、伊藤泰治が就任する。
1891	明治24年	2	敷地外四ヶ字共有秣山規定を制定する。
1895	明治28年	10	敷地村農会が創設される。
1906	明治39年	2	敷地村農会会則施行する。
1908	明治41年	3	敷地村に有限責任敷地信用組合が設立される。組合理事長は伊藤泰治である。
1909	明治42年	2	敷地村青年会が創設される。
1909	明治42年	10	敷地村青年会が農業補習学校を設立する。
1910	明治43年	3	敷地村青年会の機関雑誌『敷地の要報』が創刊される。
1910	明治43年	9	敷地川堤防破損復旧工事を行う。
1911	明治44年	2	敷地村、内務省より優良村として表彰される。敷地村表彰報告式を挙行する。
1916	大正5年	2	伊藤泰治が敷地村長を辞任する。
1924	大正13年	4	大平分校設置する。山下政彦翁建碑除幕式挙行する。
1935	昭和10年	9	敷地村にて国鉄二俣線工事が着工される。
1938	昭和13年		「敷地村経済更生事業概要」を決定する。
1940	昭和15年	6	敷地村永年の運動の成果、二俣線敷地駅が出来、二俣線の全線開通の祝賀会が開かれる。
1945	昭和20年	8	太平洋戦争が終結する。
1947	昭和22年		磐田用水が完成し通水する。
1950	昭和25年	11	敷地村長に伊藤功が就任する。
1952	昭和27年		6月23日（ダイナ台風）、7月10日（フリダ台風）、8月4日の大洪水と40日間に3回の引き続く大水害に見舞われ、敷地川が決壊し、敷地村が大損害を受ける。
1954	昭和29年	12	建設省より敷地川河川改修工事の決定が下りる。
1955	昭和30年	3	敷地川河川改修工事が着工される。
1955	昭和30年	4	敷地村、野部村、広瀬村の３村が合併し、豊岡村が成立する。
1976	昭和51年	4	豊岡国際カントリークラブ（ゴルフ場）開設
1988	昭和63年	4	下野部工業団地の建設工事着工。
2005	平成17年	4	平成の大合併により旧磐田市と磐田郡豊岡村、豊田町、竜洋町、福田町が新設合併して現在の磐田市となる。

この年表は『豊岡村史　通史編』（平成7年刊）等を参照して中山正典が作成した。

四　伊藤泰治初代敷地村長の大構想

明治二十一年（一八八八）四月、法律第一号により「市制」「町村制」が公布され、明治二十二年（一八八九）、敷地村、家田村、大当所村、岩室村、大平村、虫生村、万瀬村の七ヶ村が合併して敷地村となった。同年五月に村長選挙が行われ、伊藤泰治が初代村長に選ばれた。明治二十二年（一八八九）自治制の施行時、敷地村には二百八十町歩を超える秣山・入会地があった。伊藤泰治村長は、隣村の野部村にも二百町歩近い入会地があったこともあり、これら二ヶ村を合併させ、この両村入会地に大植林計画を実施して、それを財政の根幹として無税の大理想村建設を夢見た。

明治期における敷地村の村政の特徴を『豊岡村史・通史編』では、財政支出の中心が教育費と土木費であったことを取り上げている。明治三十年（一八九八）前後では、教育費が財政支出の四十パーセント近くあり、土木費（林道建設を主体とする道路整備費）が伸び続けた。また、明治二十八年（一八九五）に敷地村農会が創設され、明治三十九年（一九〇六）に会則を制定し、農業振興の中核的組織として整備されていく。明治四十一年には敷地信用組合が設立され、村長自らがその理事長として農業者への融資を主導していく。明治四十二年には敷地村青年会が組織され、翌年には青年会が中心となって農業補習学校が設立されていく。明治四十三年から国庫の助成を受けながら敷地川の堤防補修、河川改修工事が本格化していく。

模範村として全国表彰される

明治四十四年（一九一一）二月十九日、敷地尋常小学校の校庭に多くの村民、関係者が集まり、模範村表彰報告会が開催された。このときの様子は「模範村表彰報告式」（『豊岡村史・資料編二』）に記録されている。この日、敷地村が全国の第二回奨励地方団体全国十七ヶ村の一村として内務大臣平田東助より表彰を受け、あわせて金五百円が授与されたと報告された。内務省は、日露戦争後の国内体制の強化を図るため、地方財政の再建、地方社会の再編を目指し、地方改良運動を活発化させる政策を展開しており、その政策にあった優良な地方公共団体を模範町村として全国表彰して顕彰した。関係者にとってこの上もない栄誉であり、村長伊藤泰治をはじめ村民挙げて喜んだことが分かる。

これら明治期後半から大正期の初めにかけての敷地村政の事績を伝える記録に『静岡県磐田郡敷地村事績』（大正七年刊）がある。この記録の冒頭で、「村ヲシテ良治ノ名アラシメタル元村長伊藤泰治ノ力與テ大ナリ。」「實ニ四十有余年ニ及ヒ治績頗ル見ルヘキモノアリ」として初代村長の伊藤泰治の功績を記している。

そして以下の諸点が列記され、それが内務省より優良村として全国表彰される快事に繋がったことが記されている。

・村が所有する原野・秣山は村民が「随意収益」することができる場とした。山林は濫伐され、荒廃していた秣山を個人経営しようとする村民もいたが、村長は個人に分割することを排し、管理規約を設け、秣山経営を一新させた。これは村の財政の基礎を確実なものにした。
・林業振興のためには林道開鑿が必要であり、村林道事業を推進し、産業組合購買部を設け融資にも力を注ぎ、林道開鑿の記念事業も立ち上げた。
・納税義務が村民として重要であることを説示し、広報などを活発にして、滞納者が出ない工夫を青年会、婦人会など諸団体と協力して行った。
・学齢児童の就学について、その促進のための諸事業を展開した。貧困児童に対して救護規定を設け、学用品、児童への雨具の給与を行い、農業補習学校を青年会が創設することへの協力等の施策を講じた。

敷地村初代村長・伊藤泰治

・青年会、軍人会、婦人会、敬老会、報徳社、消防団、農会など村内の諸団体の設立整備を行った。

伊藤泰治年譜

西暦	元号	月	年齢	内容
1853	嘉永6年	12	1	伊藤玄蕃の長男として敷地村宮下の伊藤家に生まれる。
1868	慶応4年	4	16	父の玄蕃が遠州報国隊員として、討幕軍に加わる。
1871	明治4年		19	秋葉神社に勤務。
1874	明治7年	12	23	秋葉神社を退職。
1876	明治9年	6	24	敷地村戸長を拝命。
1879	明治12年	3	27	郡区町村編制法が施行し、磐田郡は山田、米倉、大当所、敷地、家田、岩室、大平、虫生、万瀬の9ヶ村を一組とした。
1884	明治17年		32	伊藤泰治が山田村外7ヶ村の戸長に選任された。
1889	明治22年	2	37	町村制施行し、敷地村、大平村、家田村、大当所村、岩室村、虫生村、万瀬村が統一して敷地村となる。
1889	明治22年	5	37	敷地村議会で村長に選ばれる。
1896	明治29年		44	父の玄番死去。
1898	明治31年	3	46	大日本三遠農学社幹事に任ぜらる。
1902	明治35年	10	50	静岡県山林協会委員を嘱託せらる
1905	明治38年		53	伊藤家基本金を設定。
1908	明治41年	3	56	敷地村に有限責任敷地信用組合が設立される。組合理事長は伊藤泰治である。
1910	明治43年	2	58	産業組合中央会静岡県支会評議員に当選する。
1910	明治43年	3	58	敷地村青年会の機関雑誌『敷地の要報』が創刊される。
1910	明治43年	9	58	敷地川堤防破損復旧工事を行う。
1911	明治44年	2	59	敷地村、内務省より優良村として表彰される。敷地村表彰報告式を挙行する。
1915	大正4年	8	63	県道、虫生方面道路の建設に伴う村民の負担について伊藤村政への批判が出る。
1915	大正4年		63	春ごろから胃病を患う。
1916	大正5年		64	信用組合中央会より表彰される。
1916	大正5年	2	64	伊藤泰治が敷地村長を辞任する。
1919	大正8年	8	67	病状重態となり浜松市の病院に入院。一ヶ月ほどで小康を得て退院し、自宅で療養。
1921	大正10年	8	69	享年69歳、逝去。
1923	大正12年	10		野辺神社境内に頌徳碑が建立され、村民が集い除幕式が開催される。

この年表は『豊岡村史　通史編』（平成7年刊）、『東海展望』「伊藤親子村長奮斗記」（昭和35年刊）等を参照して中山正典が作成した。

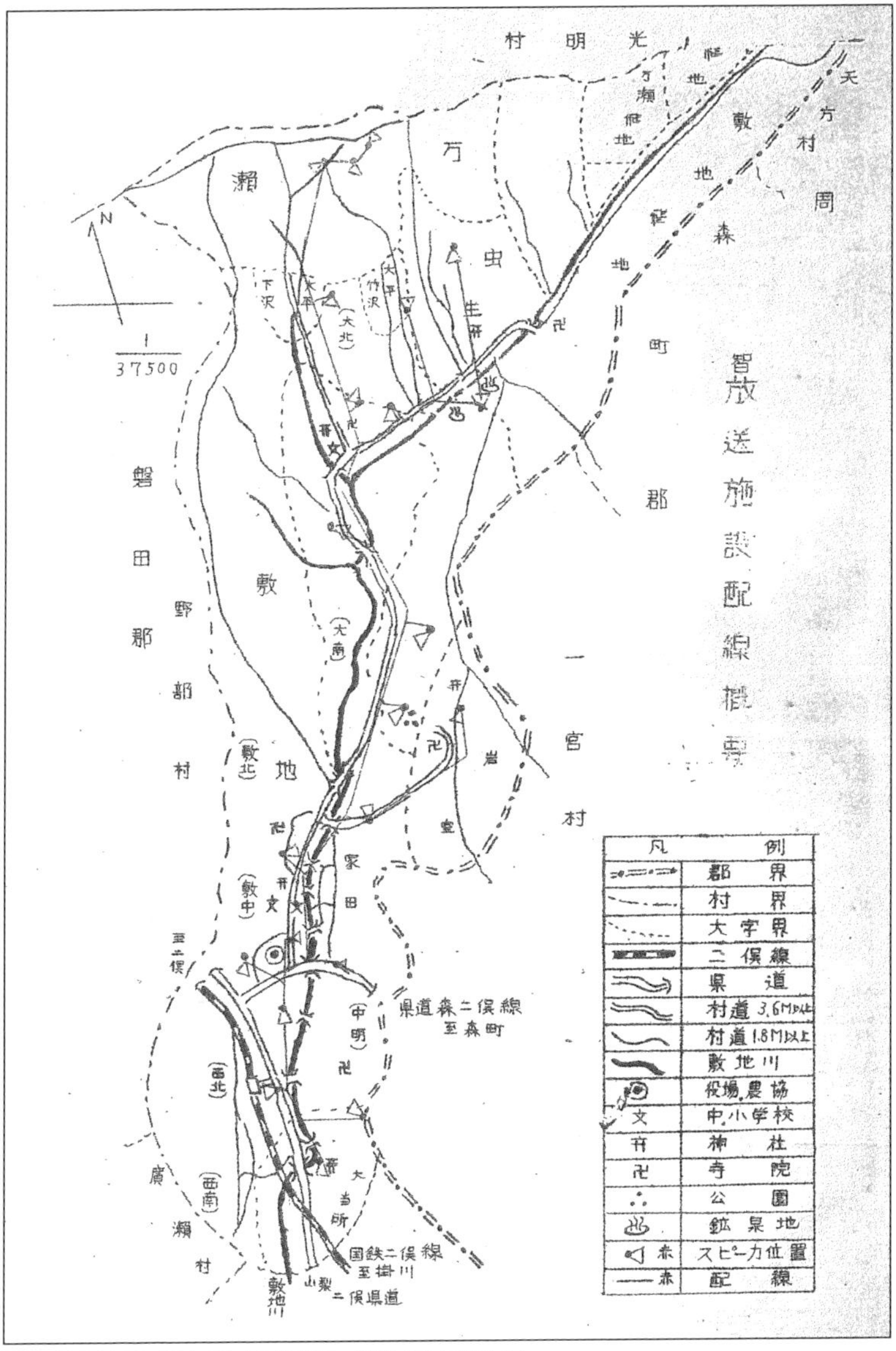

旧敷地村村内図（「村の動き」特輯号　昭和 29 年刊より）

第三節　伊藤功村長の戦後復興構想

一　戦後の敷地村農村建設計画

昭和二十九年（一九五四）に刊行された『新農村建設計画樹立一周年記念　弘報誌「村の動き」特輯号』（敷地村輯睦会）の冒頭にこの敷地村の戦後復興を期した「農村建設計画」の事業実施状況が示されている。

「村は東西二．一八キロメートル　南北十一．七八キロメートル　面積十四．一九平方キロメートルの細長い形態をなし、南部は平坦で磐田水田地帯に接し他の三方は平均標高三百メートルの山地に囲まれ、中央を南流する敷地川沿いに主要な耕地が発展している。

総世帯数三百五十六戸の内二百八十六戸（約八十パーセント）の農家は村内十二の部落に分散し、自然条件に支配されて各々異なった農業経営を行っているが、総耕地面積百六十町歩（内水田九十三町歩）農家一戸平均五．五反歩にすぎない零細な農業経営形態にある。

本村の農業の実態を本農村計画に依り総合的土地利用の高度化と併せて農家経営の健全化を図り以て経済安定を計画するものである。」

そして「敷地川の氾濫は村の振興をはばむ最大の原因である。本川の新築なくして村の発展は望み得ない。本計画では敷地川の改修に併行し次の如き計画を樹立した。」とし、以下の

『わすれられてる大事な事』の表紙

敷地村最後の村長の伊藤功

四点を挙げている。㊀敷地川の改修工事。㊁開拓計画、百三十六町歩を開墾。㊂土地改良及農地保全計画。㊃農畜産林業、交通、通信、生活文化、保健面の総合的計画。

その中で、健全農家造成計画が掲げられ、水稲、麦類、薯類の優良品種の普及、施肥の改善、病虫害防除酸性土壌の矯正、果樹については品種の改新、柿、みかんの新植、仕立法の改善を挙げている。この計画は昭和二十九年当時敷地村長をしていた伊藤功が中心となって策定された。伊藤は終戦時から戦後にかけて銀行員の傍ら、柿栽培をはじめとする農業技術について情報を得ながら試行錯誤していたことが、この計画からもうかがえる。農林業の振興により戦後の敷地村を復興させようとした農村建設計画がここに示された。

二　『わすれられてる大事な事』

昭和二十五年（一九五〇）、敷地村の村政を託されたのは伊藤泰治の息子、功《いさお》であった。伊藤功は、明治二十八年（一八九五）、伊藤泰治の長男として敷地村（現磐田市敷地）に生まれ、遠州銀行（静岡銀行の前身）勤務の後、昭和二十五年、終戦後の混乱期の敷地村の村長に就任する。二十代の頃から、農家は副業として換金作物を作らなくてはならないとして、敷地の自然条件に合う柿栽培を始め、全国の柿産地を視察した。現在、敷地は柿産地として知られているが、甘柿栽培、干柿であるコロ柿の加工方法をこの地で普及させたのは伊藤功に負うところが大きい。また、村長就任当初から敷地川の改修に力を尽くした。県や国の関連機関に陳情を繰り返し、昭和二十九年（一九五四）には国による敷地川改修事業の着工にまでたどり着くことができた。

伊藤功が昭和二十八年（一九五三）、敷地村村長をしていたときに著した『わすれられてる大事な事』という冊子がある。昭和三十年（一九五五）に豊岡村へ統合されていく過程の中で農業を主として戦後復興を図っていた敷地村において、「わすれられて」はならない大切なことを、村民に肝に銘じるように発信したのがこの冊子であった。

「わすれられてる大事な事」とは「秣山が治山治水や村財政中農家経済に貢献していることやその運営が入会精神を基調としての根本指導精神を鼓吹することこそ村のためにも国のためにも大事なことである」とし、「本村の部落有林野（秣山）が共有権にあらずして総有権である事を明らかにし敢くまで《ママ》入会精神に立脚して子々孫々までその方向を誤らしめんことを希求しこの適切な公有的民主経営の真価を益々発揮せしめてこれが一村運営の盤石たる礎石となって運営

伊藤功年譜

西暦	元号	月	年齢	内容
1895	明治28年	1	1	伊藤泰治の長男として敷地村宮下の伊藤家に生まれる。
1908	明治41年	3	13	敷地村に有限責任敷地信用組合が設立される。組合理事長は伊藤泰治である。
1909	明治42年	4	14	浜松第一中学（現在の浜松北高校）に入学。
1910	明治43年	9	16	敷地川堤防破損復旧工事を行う。
1911	明治44年	2	17	敷地村、内務省より優良村として表彰される。敷地村表彰報告式を挙行する。
1913	大正2年	3	18	浜松第一中学を卒業する。
1915	大正4年		21	1,800円の工費を投じて１町５反の柿園を開墾。
1916	大正5年	2	22	伊藤泰治が敷地村長を辞任する。
1919	大正8年		25	３反５畝の柿園を開墾。
1922	大正11年		28	遠江銀行に就職。
1925	大正13年		31	遠江銀行の行員のかたわら敷地村学務委員になる。敷地村々議会議員となる。
1927	昭和2年		33	敷地村産業組合理事に就任。
1940	昭和15年		46	敷地村秣山委員長に就任。
1941	昭和16年		47	敷地村に「この子をよい子に子葉会」を設立。
1946	昭和21年		51	遠江銀行（現静岡銀行）を辞する。
1947	昭和22年		53	磐田用水が完成し通水する。
1950	昭和25年	11	56	敷地村長に伊藤功が就任する。
1950	昭和25年		56	県町村会議長となる。
1952	昭和27年	5	58	農林省から新農村に指定される。
1952	昭和27年		58	6月23日（ダイナ台風）、7月10日（フリダ台風）、8月4日の大洪水と40日間に3回の引き続く大水害に見舞われ、敷地川が決壊し、敷地村が大損害を受ける。
1953	昭和28年	2	59	敷地村秣山の運営誌「わすれられている大事な事」を著す。
1953	昭和28年		59	納税功労者として名古屋国税局長から表彰される。
1953	昭和28年	7	59	敷地村新農村建設計画を樹立。宣誓式を挙行する。
1955	昭和30年	4	61	敷地村、野部村、広瀬村の３村が合併し、豊岡村が成立する。豊岡村が成立したことにより、敷地村の最後の村長となる。
1955	昭和30年		61	自治庁長官より自治功労者として表彰される。
1951	昭和31年	2	62	敷地小学校の鉄筋３階建校舎新築。
1956	昭和31年	3	62	脳溢血のため急逝。
1956	昭和31年	8		神葬をもって敷地尋常小学校の校庭で準村葬が挙行される。
1975	昭和50年	3		敷地小学校東に伊藤功翁碑を建立。

この年表は『豊岡村史　通史編』（平成7年刊）、『偉人　伊藤鵠堂翁』（昭和50年刊）等を参照して中山正典が作成した。

された時本村は永遠に「拓けゆく村」」となると説いたのである。

この冊子の巻頭には秣山を敷地村はじめ七ヶ村が慶長十六年（一六一一）に入手した際の文書が掲載されている。二百九十町歩に及ぶ共有林、秣山を入会精神に基づいて民主経営をすることが敷地村の盤石たる礎石となること、として秣山経営をその根本から経営方法の詳細まで記している。

三　敷地川の水利

『わすれられてる事』の中で敷地村の水利について、敷地川の重要性を説いた次のような箇所がある。

伊藤功翁碑（旧敷地小学校東）

「敷地川は長沢、竹沢、次郎沢等の支流を合して敷地村の中央を流貫し三川村を経て向笠村に至り太田川に合流している敷地川が村のかんがい用水の殆どすべてを賄っている。獅子ヶ鼻公園以北は水田面より川床が著しく低く田に引水するに困難が伴う。しかも水源の山が深くないので田植、草取の時期に水の不足することが屡々である。溜池も村内に村有二ヶ所個人有十数ヶ所あるが大部分は荒廃している。川の井堰も村営十一ヶ所あるが永久装置でないので大小の出水に常に傷み易い。」としている。水利を整備すること、治水のため河川を改修することが敷地川が貫流する敷地村としていかに大切なことであるかを説いている。

敷地村産業組合（左から四人目の人物が伊藤功理事長）

敷地村の幹部との写真（後ろ中央が伊藤功）

村長当時の伊藤功

四　敷地川の河川改修

敷地川の河川改修についても伊藤功を措いては話ができない。『偉人　伊藤鵠堂翁』（一九七五年　豊岡村東地区振興協議会）に伊藤功（鵠堂翁）が語ったこととして次のような言葉が記されている。「山が吾等の父であれば川は吾等の母である。誠に川の恩恵は吾々人類の生存にとって母性愛そのものである。・・・歴史を憶ふ時如何にこの敷地川の流れが本村住民に幸福を与へて来たか事か・・・・・然し私は慈に（ママ）その恩愛を忘却した処の筆を執るのである。川に対する、母に対す反逆の心の現はれるこの文字を綴らざるを得ぬ心持を川よ、母よ、許して呉れと言ひたい。他でもない去る六月二三日のダイナ台風続く七月十日のフリダ台風による村の大被害引いては八月四日の大災害に村の責任者としての私には無理からぬ処為である事を川よ、母よ、敷地川よ、許せと言ひたい。その心境をして当時の金で一億五千万円にのぼる大改修事業をなしとげたのである。」と語っている。これは昭和二十七年（一九五二）に相次いで敷地村を襲った洪水の被害のときの信念とも思える感慨である。

この年、洪水による被害総額は三千万円余に上り、敷地村では早速復旧工事に着手したものの、応急的なものでしかなく、根本的な改修工事にはなり得なかった。伊藤功村長はこの年十一月に敷地川堤防の改修工事を国・建設大臣に嘆願書を提出した。この年の嘆願は採択にならず、翌年七月の再度嘆願提出も却下された。昭和二十九年（一九五四）九月に台風十四号が村を襲

改修後（1955年3月）の敷地川
（『偉人　伊藤鵠堂』より）

改修前の敷地川（『偉人　伊藤鵠堂』より）

い、敷地川は破堤三ヶ所、決壊十三ヵ所、総額千九百五十六万円におよぶ甚大な被害をもたらした。翌十月、再び陳情書を国に提出し、ついにこの年の十二月、敷地川河川改修工事の決定が下り、昭和三十年（一九五五）三月、改修工事の着工に至ることができた。この年の四月に敷地村は野部村、広瀬村と合併して豊岡村となっている。敷地川に沿う敷地村の総決算が、この改修工事起工にあったとも言える。

この河川改修は継続的に行われ、豊岡村になった後も地域の重要施策として継続され、昭和五十年（一九七五）に現在の敷地川の流路、堤防となる河川の改修の目途が立つに至った。

敷地川堤防決壊

令和四年（二〇二二）九月二十四日の台風十五号による大雨は、磐田市の旧豊岡村地域を中心に大きな被害をもたらした。敷地地区では敷地川右岸（八十田橋南）で堤防が決壊し、人家、水田、柿園が水に浸かった。山間部においても土砂崩れが至るところで発生し、大平、万瀬、虫生の山林で倒木被害が随所に見られた。鈴木正士さん（大平在住）は、倒木により多くの林道が寸断され、その被害が甚大であることに落胆し、「七夕豪雨（一九七四年）以来の大雨だった。」と話された。

さらに、翌令和五年（二〇二三）六月二日の台風五号による大雨で、敷地川の堤防の同じ箇所が一年も経たないうちに再び決壊した。六月四日の中日新聞では、「決壊場所近くの男性(七十五)は「早く工事すればいいものを。人災としか言いようがない」と嘆いた。」と報道している。

第四節　平成の大合併と豊岡東地区・敷地地区

令和五年（二〇二三）三月現在、旧敷地村・豊岡東地区の世帯数は四百十戸、千九十人である。昭和三十年（一九五五）四月、敷地村、野部村、広瀬村三村が合併して豊岡村が成立した。合併時の豊岡村全世帯数は千八百五十六戸、人口一万六百九十一人、面積三十八・四三平方キロメートルで、豊岡村役場は旧野部村役場に置かれた。このときの旧敷地村内における引き続きの課題として『豊岡村史』では、台風などの災害復旧工事、敷地川の改修工事、そして昭和二十九年（一九五四）

令和４年９月24日の大雨による土砂崩れ（西ノ谷）

令和５年６月２日の敷地川堤防決壊場所（八十田橋南）

に指定となった新農村建設事業の開拓計画、の三つが挙げられている。

敷地地区では戦後、昭和三十四年（一九五九）に伊勢湾台風、昭和四十九年（一九七四）に七夕豪雨を経験した。とくに七夕豪雨は敷地川沿いの山間部、谷底平野部分に大きな土砂崩れ、堤防決壊、洪水被害をもたらし、農林業に大きな損害を与えた。それ以前の状況には戻せない壊滅状態の山林、棚田、山間の茶畑、果樹園があり、また高度経済成長の影響で、大きく産業構造も変化し、人口流出も進んで行く。こうした中で、昭和五十一年（一九七六）に敷地の財産区の山林内にゴルフ場が完成し、昭和六十三年（一九八八）に下野部工業団地造成工事が着工され、工場誘致が進んでいく。

一方、二十一世紀に入り、敷地柿組合が活発に活動し、次郎柿栽培、コロ柿の製造を続けている。労働力不足の不安はあるものの、地域の特色ある農産物として需要は高く、組合に力を結集して栽培、生産活動をしている。戦後はじまったメロンの温室栽培についても、良質なクラウンメロンの栽培が注目されている。

旧敷地村役場

温室メロンを栽培する白沢禎一さん

敷地柿農業協同組合

COLUMN 1

初代村長・伊藤 泰治

敷地村初代村長・伊藤泰治（左端）と家族（右端が長男・功）

伊藤泰治《たいじ》は伊藤玄《げん》蕃《ば》（遠州報国隊に参加した敷地村出身の神官）の長男として嘉永六年（一八五三）に生まれた。明治二十二年（一八九〇）に敷地村が成立したときの初代村長であった。大正二年刊の『敷地村誌』に既に「人物の伝記」として登場している。この村誌によると「資性温良徳望一郷ニ高ク、忠実励精十年一日ノ如ク、事ヲ謀ル慎重ニシテ苟モセズ、之レヲ行フ堅忍ニシテ成ラザレバ止マズ、身体亦極メテ強健嘗テ医薬ヲ煩ハサズ、年ヲ加ヘテ元気益々旺盛壮者ヲ凌グノ概アリ」と、徳望が近郷に知れ渡り、忠実で、慎重で、堅忍で、身体は強健そのもので、年をとっても元気いっぱいであるという。

そして泰治の特長として「整理整頓」を挙げている。文書、帳簿の整理は「一紙乱レズ」であったという。その功績を列挙して、最後に「其功績真ニ偉大ナリ」としている。泰治は明治九年に敷地村戸長になっている。そして明治二十二年に近世村落の万瀬村、虫生村、大平村、家田村、大当所村、岩室村そして敷地村が合併して敷地村が成立したとき、初代村長に就任している。近世村落として七つあった敷地川沿いの集落を一つにまとめて、明治近代の村政を担った。

泰治は近世から七ヶ村が保持していた秣山二百八十町歩を敷地村の共有とし、大植林計画を立て、その林業収益を財政の根幹として無税の大理想村を建設しようと夢見た。秣山は今で言う財産区であり、江戸時代には各村々が持っていた共有地であった。秣山は山林であり、ここに生える樹木、茅などの草木を刈り出して、秣（牛馬の餌）にしたり、茶畑や水田に刈敷の草として入れ、堆肥を作る草木とし、燃料としての薪や、薪炭にもした。この秣山で育成林業も行っていた。江戸時代、秣山は村落における循環型社会の根幹に位置する存在であった。この近世村落の共有地は明治に入ると多くの場合、個人に分割され、個人所有になり、その分割された山林は他村へ流失したりした。泰治はこの江戸時代から伝わる共有地を直接県と交渉して敷地村の共有地として取得し、明治二十四年（一八九一）に「共有秣山規定」を制定し、計画的な人工林植栽に努めるとともに、採草地として、薪山として、また石材の採取地として利用することを目指した。敷地村は農業を主産業としてその振興にまい進し、この育成林事業が村政を支えるはずであった。しかし、天竜川流域の林業では、天竜川を筏で流送して中ノ町等に木材を出し、鉄道によって消費地に運ぶ流通ルートが確立され、零細で運搬手段が確保しにくいこの敷地の育成林業は苦戦する。

『豊岡村史 通史編』（一九九五）によると、泰治は大正五年（一九一六）に、村内の道路建設に伴う反対派に追われる形で村長辞任に追い込まれていく。林産物の搬出のための道路建設であったにも拘らず、この道路建設への反対運動のため四半世紀を務めた村政のリーダーが去ることになる。（中山正典）

敷地村産業組合の前にて（左から４人目が伊藤泰治）

COLUMN 2

敷地村最後の村長・伊藤 功

終戦後、柿で敷地を復興させよう

最後の敷地村村長・伊藤功

このコラムの筆者は、どちらかといえば「血筋」「血統」という古めかしい呪縛を好まず、一人の人物をそのような観点から見ることはしたくないと思う者であるが、敷地村宮下の伊藤家だけはやはり「血筋」というものがあり、全くは否定できないものであると思ってしまう。伊藤玄蕃《いとうげんば》は明治維新に際し、遠州報国隊に加わり、幕藩体制打倒に命を懸けた。その息子、伊藤泰治《いとうたいじ》は初代の敷地村村長として、明治二十二年（一八九〇）に近世村落七ヶ村を一つに束ねて、敷地村を、秣山の経営管理を主体として無税の理想郷にしようとした。

そして伊藤功《いとういさお》は、伊藤泰治の長男として敷地村《しきじむら》（現磐田市敷地）に生まれた。遠州銀行（静岡銀行の前身）に勤務後、大正十三年（一九二四）から二十四年間敷地村村議会議員を務め、昭和二十五年（一九五〇）から昭和三十年（一九五五）まで、合併前の敷地村最後の村長として村政に尽くした。その間、大正十三年（一九二四）から十六年間、敷地村学校委員、昭和二年（一九二七）から昭和十九年（一九四四）まで敷地村産業組合理事及び監事、その他消防組頭等を歴任した。

二十代の頃から、農家は副業として換金作物を作らなくてはならないとして、敷地の自然条件に合う柿栽培を始めた。全国の柿産地を視察し、それを参考に土地を開墾し、苗木を植えた。現在、敷地は柿産地として知られている。柿の加工販売も考え、家具戸棚式「ころ柿」火力乾燥機の考察にも取り組んだ。

また、村長就任当初から敷地川の改修に力を尽くした。敷地川は小さな河川であるため、近代的技術による改修を国、県の事業で行うことができず、長年氾濫を繰り返し、その被害は甚大であった。伊藤功の村政は、別名「札《さつ》を川に流す村」とまで言われた。相次ぐ敷地川の氾濫でその復旧、改修工事のため村財政はその出費にあえぐことになり、功も悪評を浴びせられることになる。国への敷地川河川改修の嘆願、陳情はたびたびなされるが、拒絶され続ける。このときの功の様子の凄まじさは言い伝えとして伝承されている。村による復旧工事とともに、県や国の関連機関への陳情を繰り返し、昭和二十九年（一九五四）十二月、ついに敷地川河川改修工事の決定が下り、翌年三月河川改修起工式が行われた。

その他教育、産業関係等、多くの地方自治への貢献により、昭和二十五年（一九五〇）には県町村会長より、昭和三十年（一九五五）には自治庁長官より自治功労者として表彰された。（中山正典）

伊藤功の葬儀　昭和31年3月14日

COLUMN 3

豊岡村初代村長・藤森 常次郎

一　はじめに

筆者は、昭和三十二年（一九五七）、静岡県の生活改良普及員として磐田市、豊岡村の担当となり、国や県の研修を受けながら、直接農民と接し、日常生活にかかわる課題を見出し、関係機関（役場や農協）と調整しながら課題解決活動を進めていった。

そのような時、豊岡村の初代村長・藤森常次郎さんに出会った。時々村長さんに、私が今考えていることや活動報告をすると、必ず地域の実態を分かりやすく説明してくださり、様々な体験の中からアドバイスをいただいた。助けられると共に村長さん自身の仕事の進め方にも教えられることがあった。

藤森常次郎氏
（『豊岡村史』1995年より）

「豊岡総合センター」は、「豊岡富士」は誰でも自由に登り、裸足の子供の遊び場ともなり、北側には「小動物園」「畜霊塔」「宿泊所」「研修会館」「農村民俗資料館」があり、思いやりのある施設には常に村内外の人々が幅広く出入りしていた。また「村営健康センター」「生活改善センター」「母子センター」など、自分達の住む周辺で健康のために活用できる施設を整備していた。「豊岡交流センター」では、季節の養生食・薬膳講座が開設され、元の「薬草公苑」としての目的が生かされている。

村長の村づくりでは、農・工・住の調和ある発展のため、天竜川に沿った工業地域、県道沿いの住宅地域、そして山村以外の地域を農業地域として、無秩序な開発を防ぐという方針をはっきり知らせていた。

浜北大橋完成にともなう工場誘致も計画的に行っていた。

昭和五十一年（一九七六）の米飯給食導入のこと、あの頃一般の学校給食は、パン食が普通だった。村長は日々の食事も教育の一部、幼い時から母の愛と温かいご飯で、親子の愛を育てたいと関係者達と協議を重ね、昭和五十一年から独自の米飯伴用（ごはん弁当持参）給食を実現した。

当時は、国からや他県の方々の視察もあった。

昭和六十二年（一九八七）には、専業農家で組織する「農研とよおか」の若い主婦グループ「ビーンズの会」でも、米のおいしさを子供達に伝えたり、豊岡村の三つの小学校で村内産の農産物を使った給食を提供したりした。農業農産物を知る集いを始めることができたのも、藤森村長はじめ周辺の方々の理解のおかげだ。その頃、四年生を対象に感想文を募集したところ「家でいつも仕方なく食べていたえび芋のおいしさにびっくり」「大根人参があんなにおいしく食べられるなんて初めて知った」等々、日常お家にあるものを見直したという記事がたくさん出ていた。

全国先掛けのカントリーコア（生活改善センター）村長は、様々な用件でたびたび農水省に出向き、関係各課に声掛けしていたそうで（本省の生活改善課長より聞く）、ある日、生活改善課に、声掛けした際に聞いた「今後の農村に必要となる課題・施設の実験事業」を早速導入したこともあった。

現状調査から課題設定、計画作成。農村農家らしい施設として、出荷後の農産物の有効利用として「漬物」「干物」類等々単なる料理教室でなく、新商品の開発もでき、諸施設も充実したものとなった。

毎朝出荷後の畑に残る野菜果物を用いて、無人市を開設した。理解ある村長の応援で導入した無人市は、その後、県内のほとんどの農協で導入され、県内外から大勢の視察も見えていた。（今村純子）

第二章　生業

第二章　生業

第一節　農業

一　敷地村の秣山

敷地財産区区有林の活用

令和三年（二〇二一）七月十六日、静岡新聞の朝刊に磐田市と静岡県立農林環境専門職大学と敷地地区の敷地外四ヶ字財産区の三者が、財産区の区有林の活用に関する協定を締結したと報道された。この「敷地外四ヶ字財産区」は第一章でも触れた敷地・大平・家田・岩室・大当所所有の財産区である秣山《まぐさやま》のことである。この財産区は江戸時代秣山・入会地として近世村落が共同所有・管理していた山林である。この山林が現在、財産区である地元住民だけでは管理しきれず、「人の手が入る」状態にならないため、地元の専門職大学と提携して「下草刈りや間伐など」を定期的に管理しようとしたものである。近年、山林が管理されない「放置林」が拡大している中で、磐田市が働きかけて実現した山林管理のための工夫である。

近世の敷地の秣山

旧敷地村には江戸時代「秣山《まぐさやま》」と呼ばれた広大な財産区が三百町歩（約三百ヘクタール）もあった。元来の「秣山」は「秣」（飼葉、馬の餌となる植物）を採集する山を意味した。入会とは個人所有の山ではなく村の共有の山林や原野を共同利用し、樹木、柴、下草、落葉、キノコ類などを採集したり、放牧地として利用する慣行で、それが展開される一つの村ないし複数の村の住民が共同で管理する共有地が入会地である。近世において里山が循環型社会となっていた条件の一つにこの秣山、入会地の存在があったと言われている。旧敷地村で農林業を生業となす環境において、秣山は村落における生業の基盤としてあった。敷地の生業が農林業であり続けた昭和三十年代まで、この秣山を基盤とした循環型社会は存続していた。

敷地の伊藤文彦家の宮下歴史庫の展示室中央に「馬草山」の覚書が掲げられている。慶長十五年（一六一〇）に敷地村、大当所村、家田村、岩室村、大平村、虫生村、万瀬村の七ヶ村（この七ヶ村が明治二十二年（一八八九）に敷地村になっていく。）に馬草山（秣山）を払い下げた、という内容の証文である。この証文によって敷地村の旧七ヶ村が現在の財産区の区有林を所有していると認められている。

現在においても、「敷地外四ヶ字（敷地村、大当所村、岩室村、家田村、大平村の五ヶ村のこと）財産区」、「万瀬村財産区」、「虫生村財産区」として存在し、住民によって管理、運営されている。静岡県市町行財政課が把握している財産区は、磐田市内に五つあり、上記の三つと広瀬財産区、岩室財産区である。いずれも旧豊岡村内にあるが、広瀬財産区は浜松市天竜区佐久間町に飛び地がある。

明治九年の「民有秣山分山絵図」

敷地財産区が所蔵している絵図が「民有秣山分山絵図」（明治九年）である。この絵図には次の内容のことが書き記されている。

遠江国豊田郡敷地村をはじめとした七ヶ村が入会秣山として広さ数百町にも及ぶため、昔から境界について問題があった。今になって官民の区分に際していろいろと協議を重ね、万瀬村と虫生村は各々の村所有とし、敷地村外四ヶ村は今まで通りの入会とする。各々はこの図面のとおり境界とするので納得すること。各村々、小前百姓の総代および戸長が連署してここに示すことに間違いがないようにすること。各々の境界についての約定書は別冊で記録するので、各々取換え置くこと。

明治九年十一月十日

以下三十二名の伊藤泰治など戸長、小前総代が連署している。

入会秣山争論

入会地、秣山は近世の村において重要な共有財産であった。育林してその木材を出材すれば林業が成り立つ。里山で水田稲作、畑作をやるにしても秣山から柴を刈り出し、それを水田に敷き込む。それは肥料になり、深田では足場の確保になる。茶畑に秣敷きとして柴を刈り敷くことが行われた。柴はもちろん各戸の薪、燃料になり、堆肥作りには欠く事の出来ない材料となった。堆肥は麦作りなど、畑作において重要な肥料となり、堆肥作りは農事において基本的な作業となった。秣山にはカシ、クリ、コナラ、マツ、タケ等の有用な材が手に入った。これだけ見ても各村落が共有している秣山、入会地はその管理所有に関し注目される対象であった。

この敷地地区の近世村落においても、村同士でこの秣山をめぐる争いがみられた。これらの争いは『豊岡村史　資料編一近世』『豊岡村史　通史編』に記録されている。四件ほど例示してみる。

寛文七年（一六六七）、当時敷地村の枝郷であった岩室村の百姓庄右衛門の山へ、南の大久保村の百姓三人が盗木に入ったところを庄右衛門が見つけたが、逆に三人から暴行を受けた。これを領主に訴えたのを逆恨みし、大久保村の百姓だけでなく近隣の村の者まで加わって凡そ百五十人程の者が岩室村の山に入り、無断で松、柴栗、竹などを伐採した。ここから岩室村と大久保村の間の裁判沙汰にまで発展してしまった。

天明四年（一七八四）、敷地村から、西隣の下野部村との秣山の境目について、領主皆川氏陣屋へ訴状が提出された。下野部村と敷地村との境の秣山は、これまで両村の百姓が自由に出入りし、柴草や茅、薪などを刈り取って渡世の足しとし、飢饉の際にはワラビ、ゼンマイ、葛などの根、竹、木の葉などを摘み取って露命を繋いで来た。ところが突然下野部村から立ち入りを禁じられた。下野部村の横暴だと訴えた。両村の言い分は対立したが、皆川陣屋において他村の有力庄屋が仲裁に入り、従来通り敷地村の者の入会を下野部村が認めるということで内済の運びとなった。

寛政九年（一七九七）、大平村の忠右衛門という百姓が敷地村の秣山の柴草を無断で刈り取り、他村の者に売り、同じく大平村の角右衛門という者が勝手に敷地村の秣山へ入り家作したことが連続して発覚し、敷地村と大平村との間で入会山争論が起こった。敷地村の者が大勢で大平村に押しかけ角右衛門に対して家作を取り払えと脅しを掛け、大平村の用水井堰を破壊するという行為にまで至った。一方、大平村は領主秋元氏の陣屋に訴え、争論は拡大した。

文政九年（一八二六）、敷地村の者が大勢で虫生村に押しかけて、秣山内の杉木を十二本切り倒した。虫生村が中泉代官に訴状を出した。このときは虫生村の抗議だけで終わったが、天保五年（一八三四）、敷地村、大当所村、家田村の三ヶ村の百姓、二百人程が虫生村に押しかけて、秣山の杉木三千本程を伐り荒らすという事件が持ち上がった。虫生村が再度中泉代官に訴え大争論となった。

このように秣山の利用については争論が多発していたことが分かる。近世を通じてこの敷地の入会地ではその豊かな恵みを求めて争いが絶えなかった。

入会秣山民有地編入願

このように江戸時代においてこの敷地では、秣山、入会地はその有用性のため、たびたび争論が起こるほどに村落間で奪い合いの対象となっていた。明治に入り、敷地の村々においても江戸時代と同様に村落共有の秣山として維持管理したいと考えた。政府は明治九年（一八七六）、地租改正を経て間もないこの年、「山林、原野等官民所有区分処分方法」を示し、江戸時代村所有の入会地として認められてきた山林、原野は、民有地に編入することとなった。そこで敷地村他六ヶ村は秣山については村々の村有地として編入するように嘆願した。

この嘆願によって明治九年（一八七六）十一月十日付けで「民有秣山分山為取換約定書」を七ヶ村で取り交わすことができた。『豊岡村史　通史編』によると各村々で取換え置かれた約定書は全て当時の敷地村戸長であった伊藤泰治が清書したもので、その後財産区事務所に保管されることになったものである。

『わすれられてる大事な事』の中で、明治二十二年（一八八九）から明治二十四年（一八九一）まで三ヶ年かかって、共有秣山についての敷地村外四ヶ村秣山規定を制定した際の経過を報告している。虫生村、万瀬村と打合せをしてまず植林に適する五十二枚の部分林を設定し、その地味に適当する樹種を選んで植栽し、一年ごとに輪伐する計画を策定した。五十年の伐期を設定し、反別三十町五反歩に杉檜を植林し、五万二千本の植林を算出した。自然木の育成林も同じく部分林として五十二枚設定し、輪伐の計画を立てた。部分林の経営者としては一ヵ所に三～九人の共同経営とし、植樹育成に努めさせた。虫生村、万瀬村の共有林にも管理計画を立て、敷地村全体で植林地五十ヶ所、成育林二十ヶ所として毎年植林地一ヶ所、成育林一ヶ所の輪伐を計画どおり

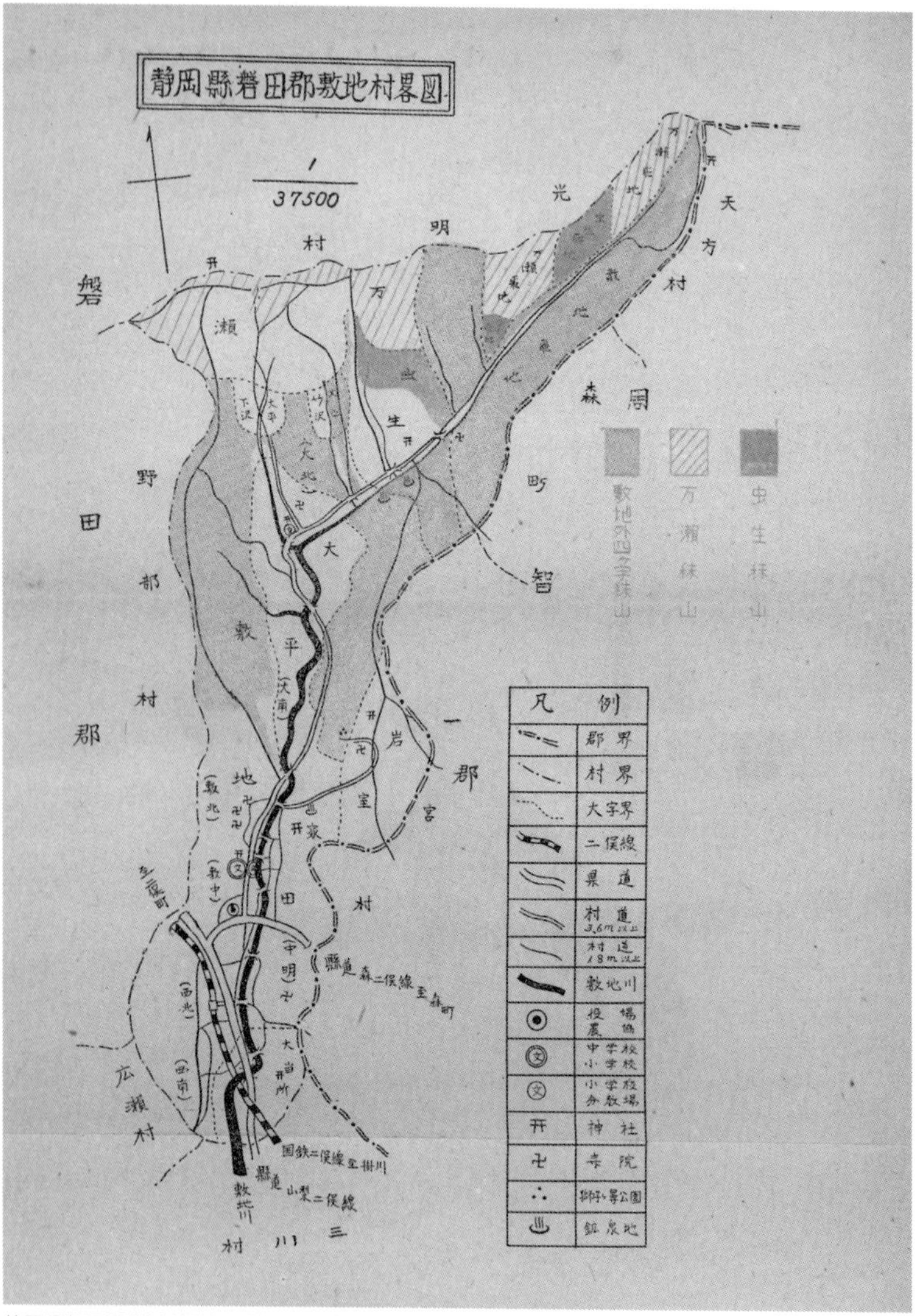

静岡県磐田郡敷地村略図（『わすれられている大事な事』所収）

実施し、その利益の大半は村の事業に使途するとした。

敷地村の秣山・財産区の位置が最も分かりやすく示されている図が『わすれられてる大事な事』に挿入されている「静岡県磐田郡敷地村略図」である。

秣山の経営

『わすれられてる大事な事』で示されている昭和二十八年当時の秣山の経営内容である。ここでは秣山を㈠部分植付林、㈡部分育成林、㈢薪山、㈣採草地、㈤秣場、㈥直営林、㈦共同経営造林、㈧団体林、㈨獅子ヶ鼻公園の九つに分けている。

㈠**部分植付林**は、秣山の中で植林する箇所を経営者に杉または檜を植付させ管理肥育させる山林である。秣山の有権者の家の戸主を仕付人として入札して決めた。昭和二十七年にはこの部分植付林の売却石数は六千石以上、五百万円以上の売り上げがあった。その売り上げの半分は秣山委員会に、半分は経営者個々に入った。貸付期限は植付林一代限りである。秣山委員会収入は秣山規定によりすべて村の公益事業に使途することになっている。昭和二十八年現在で数百町歩の面積があるとしている。

㈡**部分育成林**は、天然林の育成に適する所を選び、部分林植付林と同様な方法で入札して行われる。植付林と育成林の違いは植樹か育成かという点のほか、伐採木の売却代金の分配方法もある。植付林の方は秣山と経営者は五分五分の歩合で分配されるが、成育林の場合は苗木代や管理費が少ないので、秣山に七歩、経営者に三歩を分与するのが原則となる。貸付期限は天然林一代限りとしている。昭和二十八年現在で四十四町歩の面積があった。

㊂**薪山**は、秣山の中で地味が劣り、植付林にも育成林にも適せず、採草にも不適当な所で、天然樹を育成させ、薪山として入札によって入札者に薪を採らせる所である。貸付期限を二十二ヶ年とし、収益は経営者の全収とした。昭和二十八年(一九五三)現在で五町三反八畝の面積があった。

現在、大平にある茶畑に隣接する秣山

㊃**採草地**は、毎年草刈りに入り採草することを約した所である。しかし一部は採草に入らず荒廃を来すに至っている。入札によらず一戸に一枚までの場所を抽選によって決定し、その借地年税を金五十銭とした。一枚は約一反であり、期限を三十年間とした。中にはこの採草地で十万円の収入を得た者もいて、年税五十銭三十年期限の借地料であることで秣山の恩恵に感謝する者もいた。八合目以下では山の荒廃を防ぎ、採草地の肥沃化、採草繁茂をもたらした実績は大きかった。

㈤秣場は、以前は馬の飼料が目的であったが、堆肥作り用の採草地となり、それも化学肥料に代わり、漸次植林を奨励していた。秣山委員会では植林を進めていたが、昭和二十七年（一九五二）現在で五十町歩の面積があった。五ヶ年を期限として割り替えを行い、秣山委員会で権現谷や竹沢大谷など一谷ずつ抽籤で分与した。大衆の面前で赤棒と白棒を用いて抽籤し、実に和気に満ちた権利取得であったという。八月中旬頃田草取りが終了すると、採草期限の十月二十日までの間に家族揃ってこの奥山の草刈りに出かけた。十月二十日を過ぎれば誰でも自由に採草することができた。大正期の初め頃まではこの秣場に毎年五月二十五日を期限として村中の人が入り、一日若草を刈って持ち帰った。その日各戸では必ず柏餅を作って山に持参し、休憩時間にオヤツとして楽しみながら食した。この行事を「柴口明け」と呼んだ。「敷地米」は明治・大正の末期まで、浜松・静岡までも寿司米として珍重されていたが、その根本はこうして祈りを捧げ、自給肥料を田に入れた効果であったと考えられる。また、この秣場では春先には蕨が出、蕨取りで賑わった。昭和二十七年（一九五二）にはこの秣場は薪炭材、椎茸の原木を採取する場ともなり、将来に備える場として活用された。

㈥直営林は、秣山委員会直営の林野である。目的は全ての部分林で災害等の理由で伐採できないとき、村財政の行き詰まることがないよう、秣山経営上の大局的見地から設定された。昭和十七年（一九四二）に総面積二十八町四反九畝を直営と決めたが、その後は縮小している。

㊆**共同経営造林**は、有権者の同意を得て、竹沢以南の長峰通りの地域を共同経営しようとした林地であった。順次植栽する計画を立て、共栄精神の訓練場として長期戦に対する覚悟を涵養するものとしていた。収益は有権者の更生備荒共済の基金とし、第一期十一町一反歩、第二期九町三反五畝歩とし、大東亜戦争紀年林とするとしていた。

㊇**団体林**は、学校林、社寺林、軍人山、報恩林、青年山、婦人山、消防山など、各種団体の活動により植林地を設定育成してきていた山林である。収益は秣山三分、団体七分として公共団体の活動資金に供するものだった。学校林は明治三十八年（一九〇五）に日露開戦紀念三町歩を造成し、昭和二十七年（一九五二）には講和紀念学校林三町歩を新設した。寺社林は明治三十八年に一町五反歩を設定、軍人山は明治四十三年（一九一〇）に一町五反歩を設定した。消防山は元軍人山の跡地を紀念林とし昭和二十八年（一九五三）に植林するとしている。青年林は大正六年（一九一七）立太子礼紀念林として二町八反歩、更に昭和四年（一九二九）御即位紀念林として一町歩を設定した。婦人山は昭和二十七年（一九五二）に講和紀念事業として一町歩設定した。報恩林は日露戦争に従軍した凱旋軍人の留守中の村人の恩に謝するため、秣山の一角に一町歩設定した。

㊈**獅子ヶ鼻公園**は、村中央の約二キロメートルにわたる奇岩奇石のある風光明媚な一帯に、明治三十八年

（一九〇五）日露戦争紀念事業として五町歩を村立獅子ヶ鼻公園として設定したものである。これは秣山であった地を農村公園とした珍しい事例であったという。この公園の管理費は秣山委員会からの支出となり、委員会員からは金のかかる「道楽息子」と呼ばれていた。

その他、伊藤功は昭和十三年に経済更生林を設定したことを記録している。これは経済更生特別助成村に指定されたとき設定した育成林で、十三町歩に及ぶ秣山であった。伊藤は全てクヌギを植え、全村椎茸村を目指そうとした。しかし意欲をそそらぬ共同植林事業だったため失敗し、ほとんど消滅してしまったという。

また、この『わすれられてる大事な事』には次の三点も記載されている。

境界木。明治四十三年（一九一〇）に村基本財産一万円造成紀念のため、一万七百六十本の檜を境界木として秣山の頂上から谷合へ私有林との境に植え付る事業を展開した。これは巨額の収益が数年後には期待できるとしていた。

石材採取。岩山通りの岩石は土木建築資材として昔から伐り出された。この石材採掘権を入札または随意契約で付与しようとするものであった。

今一つが葛蔓《くずつる》採収の制度である。秣山の採草地や植林地内に繁茂する葛蔓の採集を希望するものには、規定により鑑札料を徴収して有権者の中から許可を与えるという制度である。局部的ではあるが相当の収益を上げているものもあった。

以上、秣山、共有地経営に関する種別や経営の諸点について伊藤が記録しているものを挙げた。

現在、議長をされている乗松泰弘さん（右）と鈴木輝男さん（左）

また、この敷地村外四ヶ字財産区についての関係年表を64ページにまとめた。

旧豊岡村内にある財産区

現在磐田市内には五つの財産区があり、いずれも旧豊岡村内にある。

・広瀬財産区―磐田市社山、上神増、壱貫地などに約一・五ヘクタール
・岩室財産区―磐田市岩室に約六ヘクタール
・虫生財産区―磐田市虫生に約二十一ヘクタール
・万瀬財産区―磐田市万瀬に約五十六ヘクタール
・敷地外四ヶ字財産区―磐田市大当所、敷地、家田、岩室、大平に約三百九十九ヘクタール。

財産区の面積、規模、運営形態とも、敷地外四ヶ字財産区は抜きん出た存在である。

現在の敷地外四ヶ字財産区の山林管理運営形態

敷地外四ヶ字財産区の参考資料として公開されている資料「敷地外四ヶ字財産区　山林管理運営形態」を参考に、現在の運営形態を以下の四点にまとめてみた。昭和二十八年（一九五三）当

時の秣山の経営形態を既述したが、それを基本にしながらも現在は大きく変化している。

直営林—現在、管理作業は委託（希望団体、個人等）又は作業人夫を募り実施している。近年は、返還された採草地を直営林として植林してきた。平成十四年（二〇〇二）に部落山を、平成十六年(二〇〇四)に五畝割山を、平成十七年(二〇〇五)に部分育成林を、平成二十年(二〇〇八)には十人割山をそれぞれ直営林としている。部分育成林が二百㌶程あったため、現在財産区の管理している山の大半がこの直営林に属する。

自家用林—個人（権利は各個人にあるが、管理運営は組又は集落ごと）が経営している。下刈り、枝打ち、間伐の管理作業は個人またはグループ、集落ごとに実施している。収益は全額経営者に入る。各集落を通して希望者を募り、貸下げしている。約十一㌶ほどの面積である。

特殊地—戦後の食糧難解消のため耕地として貸与された土地で、現在では旧獅子ヶ鼻荘、広場、一部耕地等がある。

ゴルフ場—現在、国際カントリークラブゴルフ場に貸与している百三十八㌶程の原野等である。

敷地村秣山（共有地）関係年表

西暦	元号	月	内容
1610	慶長15年	10	「秣山証文」が領主から敷地村の7ヶ村あてに出される。敷地の村々は馬草山（秣山）380町分余を払い下げられた。
1677	寛文5年	－	敷地村検地で村切りがあり、万瀬村、虫生村、家田村が分村として独立。同時に、入会秣山についても取り決めができる。
1723	享保8年	5	万瀬村、虫生村と敷地村との間に入会秣山争論起こる。敷地村の百姓が万瀬村の秣山、畑に押しかけて荒し、鍬や鎌を奪い取って来るという事件が引き金となった。
1724	享保9年	－	敷地村で上納山の割元庄屋を勤め、組合村々はその支配を受けること、組合外の村々への柴草、秣の売り出しは堅く禁止されることになる。
1784	天明4年	－	敷地村と西隣の下野部村との間で村境が不分明なため入会山論争が起こる。
1785	天明5年	－	一言村の三郎右衛門他有力庄屋が仲裁に入り、敷地村の者が下野部秣山へ入ることを認めることで和解した。
1797	寛政9年	11	敷地村と大平村との間に、入会山争論再発する。大平村の百姓が大平村の秣山に無断で入って柴草を刈ったことが発覚した。
1826	文政9年	－	虫生村と敷地村との間で入会山争論が起こる。敷地村の百姓が虫生村に押しかけ、杉の立木を切り倒したという事件が引き金となる。
1844	弘化元年	3	敷地村ほか６ヶ村の入会秣山の山銭争論が和解する。匂坂上村の庄屋佐五郎兵衛らが調停にに乗り出し、争論地に新しい境を立てることで合意し、和解した。
1876	明治9年	1	豊田郡敷地村より秣山150町歩を村所有とする御願が戸長より県令宛に提出される。
1876	明治9年	3	敷地村ほか６ヶ村が入会秣山民有地編入願を提出する。
1876	明治9年	11	敷地村ほか６ヶ村が民有秣山分山為取換約定書を締結する。
1879	明治12年	3	郡区町村編制法が施行し、磐田郡は山田、米倉、大当所、敷地、家田、岩室、大平、虫生、万瀬の9ヶ村を一組とした。
1889	明治22年	－	「敷地外四ヶ字共有秣山規定」を制定関係者の調印を得る。
1891	明治24年	2	明治22年から3年間をかけて敷地外四ヶ字共有秣山規定の正式制定となる。
1891	明治24年	2	伊藤泰治敷地村村長が初代財産区委員長に就く。
1892	明治25年	－	財産区保有林において財産区が適地に樹種を選んで栽植する事業を始める。
1905	明治38年		日露戦争の記念事業として五ヶ字秣山は5町歩を解放して敷地村立獅子ヶ鼻公園を設立した。
1908	明治41年	3	秣山規則に葛蔓採取法についての規定を追加する。
1917	大正6年		財産区有林において日独戦争記念林3町歩の植林事業を行う。
1926	大正15年	2	秣山経営35周年記念として杉の植林事業を行う。
1938	昭和13年	－	敷地村が経済更生特別助成村に指定され財産区内で育成林を設定する。
1943	昭和18年	－	大東亜戦争記念林、20町歩余を造成する。
	昭和23年	4	敷地村立敷地中学校の建設資金が秣山伐採により当てられた。
1949	昭和24年	1	敷地村長伊藤功氏が財産区委員長に就任する。
1955	昭和30年	2	敷地小学校改築について三秣山より250万円を拠出し、不足分は村議会に委ねる決定をする。
1955	昭和30年	4	敷地村、野部村、広瀬村の３村が合併し、豊岡村が成立する。
1956	昭和31年	3	財産区委員長伊藤功氏死去。葬儀は旧敷地村勘定と財産区が執行する。
1956	昭和31年	8	獅子ヶ鼻荘落成式を挙行する。獅子ヶ鼻荘は昭和56年より財産区管理となる。
1967	昭和42年		明治百年記念事業として16町歩の山林を五ヶ字に貸与することを決める。
1972	昭和47年	5	第一工業株式会社よりゴルフ場建設に伴う財産区内の土地借用に関する申請書が財産区管理者に提出された。
1974	昭和49年	7	七夕豪雨。敷地川流域で豪雨による甚大な被害が広がる。敷地川が決壊し、敷北、仲明、大当所などで水没する被害が出る。虫生、万瀬、大平の山林において崩壊地が多数、発生する。
1975	昭和50年	4	明治百年代替植林事業を行う。
1976	昭和51年	3	豊岡国際カントリークラブ、ゴルフ場が落成式を行い、営業を開始した。
1976	昭和51年	5	敷地外四ヶ字共有秣山規定が整備改訂される。
1978	昭和53年	－	岩室パイロット事業実施により財産区内の山土を造成に使用したい旨が伝えられ、境界の明確化と境界周辺の植林事業を行う。
2004	平成16年	4	敷地財産区所有の土地は創立当時の敷地外四ヶ字財産区に引き継ぎ、12月敷地財産区は消滅した。
2021	令和3年	7	敷地外四ヶ字財産区と磐田市と静岡県立農林環境専門職大学が、財産区の区有林活用に関する協定を締結した。

この年表は『豊岡村史　通史編』（平成7年刊）等を参照して中山正典が作成した。

二　敷地村の水論

敷地川の水

水論は用水相論（争論）ともよばれ、主には江戸時代において水不足のために起こった水の利用や管理をめぐる紛争をいう。渇水時の用水の利用をめぐり全国各地で起こった対立である。敷地川においては沿岸の村々の間で訴訟にまで発展した争論が起こった。

寛政九年（一七九七）に起こった敷地村と大当所と大平村との間の敷地川水論が『豊岡村史資料編一近世』（二百三十九号、二百四十号）に記録されている。敷地川には大当所村から大平村までに七ヶ所の川堰があったが、この年の夏、大平村がその北側に二ヶ所の新堰を築いたことを敷地村が知り、その撤去を大平村に求めた。大平村がその求めに応じなかったため、敷地村の小前百姓はその二つの堰を壊してしまった。大平村が敷地村を幕府評定所に訴えるという訴訟事件になった。翌年、この訴訟は、如何に違法な堰とはいえ、申し立て等の手続きもなしに取り壊したことは軽率な行為であるとして、敷地村が大平村に詫び、大平村が以後新堰を設けることを禁ずるということで和解が成立した。

現在の一ノ井堰

敷地川沿いには上流から虫生村、大平村、家田村、敷地村、大当所村があり、本宮山を水源とするが、深い山々が続くような山塊を水源にしているわけではない。河床も低いため、堰を作り苦労して水田の用水を確保したという。

一ノ井堰と金井戸ヶ谷

敷地村の一ノ井堰は現在も敷地川右岸の家田、敷地、大当所の水田を潤していて、一ノ井堰用水管理組合がある。近世においても右岸側では最も規模の大きい大事な堰、用水であった。天保十年（一八三七）には五月六日から七月中旬まで雨が降らず、未曾有の旱天《かんてん》となった。一ノ井堰を管理する組合の村々の庄屋、小前百姓が相談し、北西の上納山の金井戸ヶ谷に、組合出資で溜池を築くことになった。この時に作られた議定書が『豊岡村史　資料編1近世』（二百九十六号）に掲載されている。連判しているのは家田村、大当所村などの組、村の各庄屋たちであった。この金井戸ヶ谷は現在でも溜池として機能し、一ノ井堰用水とは補完関係にある。

現在の金井戸ヶ谷の溜池

やゑの一件

大平村において、『豊岡村史　通史編』にも、記録が残っているだけでも天保七年（一八三七）から万延元年（一八六〇）まで立て続けに十件ほどの旱害、大雨の災害に遭い、領主からの救米の支給もあった。災害、特に旱天《かんてん》による水不足で窮状を訴えることが続いた。

天保七年（一八三七）八月は台風、大水の被害で、潰家も数軒出る事態となった。翌年には村中で面倒をみてきた極貧の家二軒に救米が支給され、他にも二十一軒の家で飢え同然の状態になり、六両二分の拝借金を得た。翌々年にもやはり旱害で種芋もなくなる状態となり、年貢容赦の願いを出した。

その時の窮状を示す証文が『浅岡家文書』の中の「頼入申一札之事」（写真）である。やゑという当年十四歳になる娘が大平村にいた。十二歳で両親と死別し伯父に養われるが、そこでも生活できず、この年伯父が丑太郎という者に斡旋を頼んでやゑを奉公に出すことにした。奉公先は東海道宿場で、飯売下女としてである。十三年十ケ月の給金として金二両を兄が受け取ったという証文である。この飯売下女とは万治二年（一六五九）に東海道宿駅に出された遊女禁止令の後でも黙認された遊女であった。

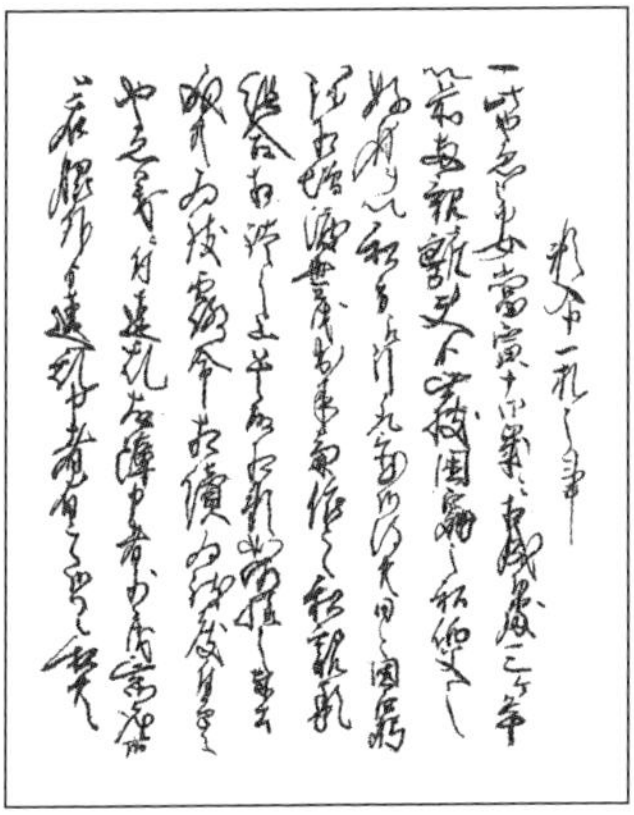

「頼入申一札之事」（『浅岡家文書』）

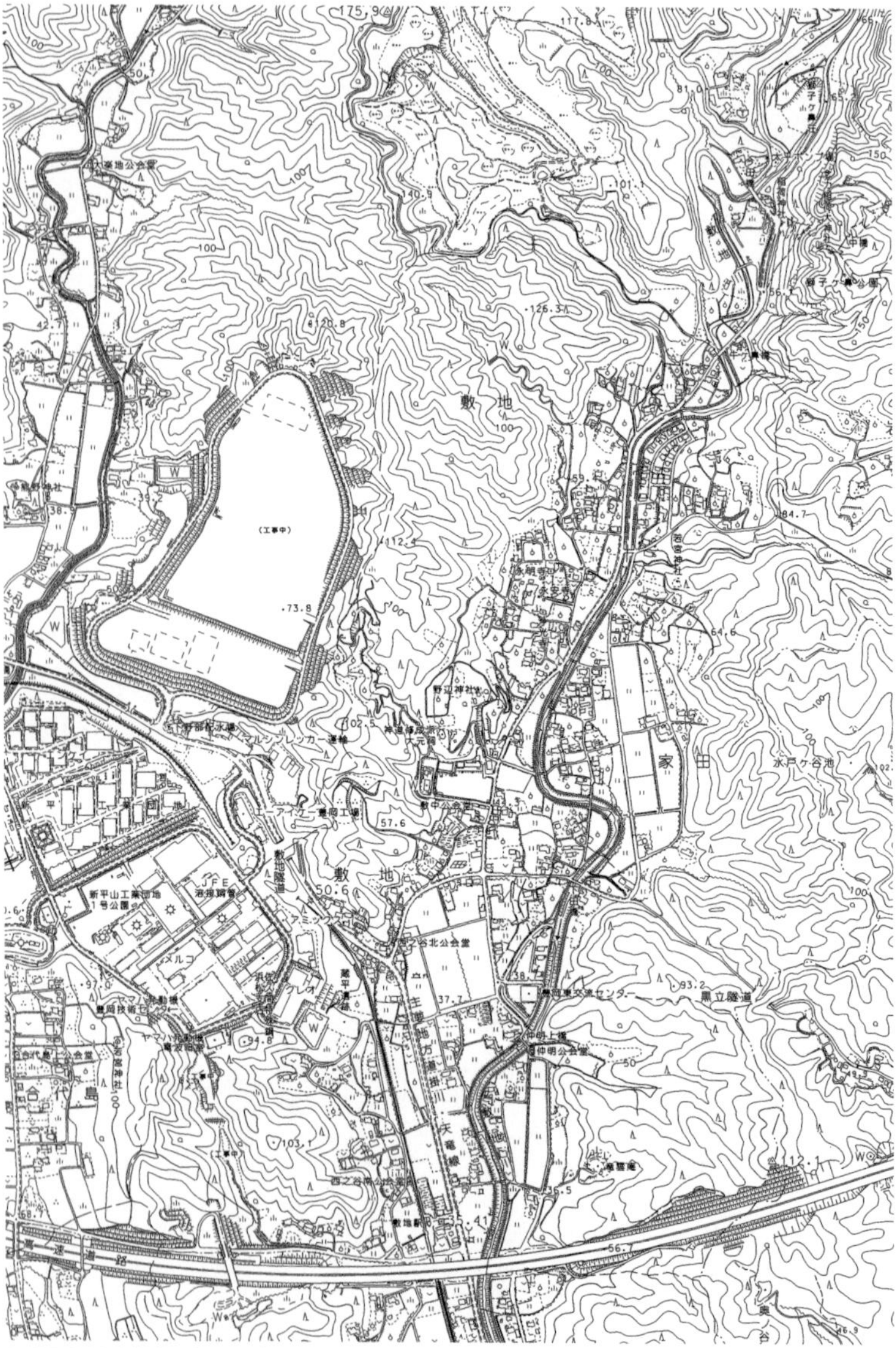

1/25,000 地形図（磐田市）を 170%に拡大

三　伊藤丹宮模写『四季農業図』九コマ　明和八年（一七七一）

伊藤家は豊田郡敷地村の野部神社（山王権現社）の神官家であり、当主は通称を勘兵衛または玄蕃《げんば》を名乗り、宮方組の庄屋を兼帯したこともある家である。現在の伊藤家（現在の当主は伊藤文彦氏）に伝わる「伊藤家歴代記」によると寛永六年に没した伊藤次郎右衛門高清を初代とし、現在の文彦氏は十一代目に当たる。伊藤家五代目当主が伊藤亀之助（勘兵衛、藤原高重、丹宮《たんきゅう》）であった。画人としては伊藤丹宮を名乗り、山水画、文人画を巧みに描いた。丹宮の描いた絵画は現在も伊藤文彦家に多数残されている。丹宮も玄蕃を名乗っているが、現在、伊藤玄蕃というと、幕末から明治にかけて活躍した伊藤八重喜を指すようになっている。

この伊藤丹宮が描いた「四時農業図」が伊藤家の母屋に表装して掲出されている。「絵本通宝志巻之一目録　四時農業図　明和八辛卯三月廿九日　伊藤亀之助写之弐拾三歳之時」とある。『絵本通宝志』は、享保十四年（一七二九）に大坂の絵師　橘守国が農作業の様子を洒脱に描いた絵画集で、農書の普及とともに木版画で流布するようになった本である。この絵手本は、九州から東北地方まで全国に広がり、文人や町絵師が盛んに模写した。伊藤丹宮も明和八年（一七七一）、二十三歳のときにこの『絵本通宝志』を写し描いた。現在は一連の長さ四メートルほどの墨書の絵図になっ

㊀籾浸し

㈡籾播き

㈢田起し

ているが、九つの場面に分けることができる。ここでは以下の㈠〜㈨に水田稲作の作業名を付して仮題とした。橘守国の『絵本通宝志』は農書絵図として江戸時代明和年間の関西地方における水田稲作の技術としてしばしば紹介されるほどに、当時の農作業を詳細に観察し表現している。丹宮はやはり眼前でその農作業を見聞しているが故に、詳細な所作まで描き切っている。筆致も滑らかで部分的には原本以上に躍動的ですらある。㈠から㈨の作業がここ敷地村でも展開されていたかは不明であるが、丹宮の筆は眼前に展開されている農作業であるかのようである。ここでは九つの場面をこの丹宮の「四時農業図」に合わせて概説する。

㈠籾《もみ》浸し　ここでは三つの作業の絵が組み合わせられている。右の絵には「もみを池水へつける」とあり、籾を俵に詰め、池の水に浸そうとしている作業が読み取れる。中央の絵は「もみを水よりとりあぐる」とあり、竿で籾の入った俵をかき寄せて池から取り上げる様子が見える。左の図は俵から籾を取り出し、筵《むしろ》の上に広げる様を描いている。これらの作業は種もやしと呼ばれ、苗代に籾を播《ま》く前に籾を池や川に浸けて発芽を促す作業工程を示している。

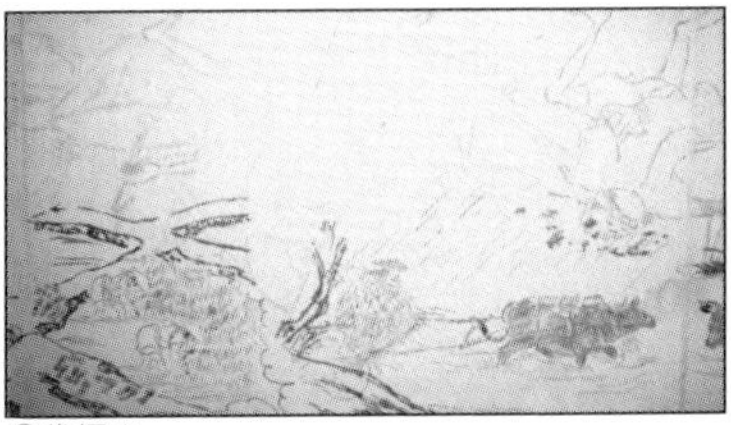
㊃代掻き

㊄田植え

㊁**籾播《ま》き**　ここでは右側に男が籾の入った篭《かご》を前においてて控え、それに子供達がすっぽんをかざして戯れている様子が描かれている。中央では二人の男が篭に入った籾を苗代に播《ま》いている。その左側にはスズメが飛び交い、鳴子《なるこ》が鳴ってそれを追っている様子である。縄に鳴子が付けられていて、その縄を畔に座った男が引っ張ってゆすっている。

㊂**田起し**　一枚の絵で田起しの様子を描いている。田には水口から勢いよく水が導水されているのが分かる。牛が犂《すき》を引いている様子が躍動的である。牛の背に装着されている小鞍も詳細に正確に描かれている。犂を操作する農夫のしぐさも牛を扱いながら犂を巧みに操るようすが窺える。

㊃**代掻《しろか》き**　この代掻きの様子も巧みである。馬鍬《まぐわ》を操る男は雨の中、蓑をまとって力作業である代掻きをやっている。馬鍬も民具図に負けないほど詳細に描いている。季節感を示すためか柳が描かれている。農書でよく見られる柳と代掻きという構図である。左に女性が苗代で苗を採っている作業が描かれている。

㊄**田植え**　右側に男が天秤棒で苗を担ぎ、苗代から田植えをする早乙女まで運ぶ作業を描いている。この天秤棒の前後にはパイスケと呼ばれる浅い篭状のものを男が吊り下げて運んでいる。中央に早乙女が六人横並びになっ

⑥稲刈り

⑦脱粒

て田植えをしている。後ろに下がりながらの動的な作業風景である。左では素手で田の草を三人の女性が取っている。

⑥**稲刈り**　右の場面は田植えよりも一時期早い頃の水田に水をくみ上げる作業を描いている。中央からその左にかけては秋の稲刈りの様子である。三人の屈強な男が手に鎌を持って稲刈りをしている。その左では牛が刈り取った大量の稲束を背負い運んでいる。この牛を引くのは子どもである。

⑦**脱粒**　右側には二人の女性がコキ箸《ばし》で籾を稲束から脱粒させている。千歯こきを用いず、一人がコキ箸を両手で持って、一人が稲束を引いている様子が見事に描かれている。中央ではカラ竿を六人の男女が振るっている。手前三人と向こう側の三人が息を合わせて、リズミカルに竿を操っているのが分かる。そしてその左側では一人の女性が風選をしている。風にもみ殻、糠《ぬか》を飛ばさせている。手前の女性は風選した玄米を俵に詰めている。

⑧**籾摺《もみす》り**　右側では籾摺《もみす》り、玄米を精米する作業をしている。三人で籾摺りの把手に取り付きまわしている姿が躍動的である。その把手を操り、籾を上から落とす作業をしている女性の姿も生き生きとしている。中央手前で

㊇籾摺り

㊈竜骨

は玄米を計量している。それを桶に入れ、俵に詰める作業、その俵を縄で締める作業が見える。左側では一人の屈強な男が一俵を担いで倉庫まで運んでいる。

㊈竜骨《りゅうこつ》　この「竜骨」としたものは、現在伊藤家に残された一枚に表装された「農業図」の左端、最終の位置にあるが、実際の水田稲作の農作業からいえば㊄田植えと㊅稲刈りの間にあったものであろう。右側には梅の花が咲き、使役した牛をかまう男が描かれている。腰には鎌が挿入されている。中央には四人の男が裸になって竜骨を力強く操っている。水位を一段上げる作業である。水が欲しい田植えの時期から秋までの過酷な労働の様子である。左側は橋の上を一人の女性がお茶、飯を田まで運ぶ姿であろう。

四　『敷地村誌』（大正二年（一九一三））の農業

『敷地村誌』（大正二年（一九一三）刊）には敷地村の「生業」について「村民多クハ農業従事スルモ余暇ニハ薪炭木材石材等ヲ運搬シテ賃金ヲ得ルモノアリ職業ヲ区分スレバ農二百六十五戸工二戸ナリ」とある。表は敷地村の農林業の産物一覧である。この時期の敷地の農林業の内容がよく読み取れる。水田稲作が中心で他の農林産物で補っている感がある。茶の統計はこの表からは外れているが、四万五千五百貫、九千百円で、総産額の十一・八パーセントを占める。米が圧倒的であり、二毛作の裏である麦、菜種があり、畑地では茶、甘藷、生姜、桑、柿、栗、ミカンが栽培されていたことが分かる。林業生産も重要な産業の位置にあり、林産物として炭、薪、椎茸が生産されていた。

『豊岡村史　通史編』には、明治近代から大正期にかけての各村の産業の特色が示されている。野部村、広瀬村、敷地村の産物、生産量及び生産額が掲載され、その特色を比較している。「広瀬村は養蚕を軸とした畑作中心、敷地村は林産業を合わせ行う米作中心、野部村はその中間に位置するといえる。」と表現している。

敷地村では大正初年のこの時期、全二百七十九戸のうち農業戸数は二百六十五戸、九十五パーセントであった。広瀬村は七十七・八パーセント、野部村は六十九・二パーセントであった。

敷地村の農林業の産物一覧（明治44年（1911）調）

農産物

	種類	収穫高	価格（円）
1	米	1853石	33,354
2	麦	824石	6,592
3	粟	10石	70
4	黍（キビ）	4石	35
5	大豆	40石	520
6	小豆	5石	5
7	菜種	80石	800
8	蕎麦	75石	164
9	大根	17500貫	175
10	甘藷	28000貫	209
11	馬鈴薯	6500貫	30
12	薑（しょうが）	6500貫	750
13	楮	650貫	260
14	三椏	290貫	96
15	桑	850貫	850
16	梅	12石	60
17	柿	2000貫	240
18	栗	2000貫	500
19	蜜柑	1420貫	450
20	其ノ他果実		300
		計	44,780

林産物

	種類	数量	価格（円）
1	木材	750尺	3,750
2	丸太	280尺	1,680
3	炭	45,000貫	5,600
4	薪	480棚	2,400
5	椎茸	129石	3,380
6	竹	2300束	1,500
7	葛藤蔓	1050束	1,200
8	自然薯	370貫	180
9	石材	18000個	350
		計	20,040

製茶　製出高　45,500貫　価格　9,100円
養蚕　収繭　52石　価格　2,388円
製紙（和紙）　製出高　100締　価格　350円
製縄　製出高　4000束　価格　750円

五　佐々木篤寿さん（万瀬）の農林業

万瀬の農林業

万瀬村は近世より記録にある、敷地地区の最も北に位置する集落である。万瀬村の集落の中心は三森神社東側より流れ出る下沢沿いにあり、それより更に尾根沿いに東の長沢の最上流部まで屋敷が点在する。村域は下百古里に接する東西の尾根、現在の林道光南線の南側、最西端は三森神社で、敷地川に合流する下沢、竹沢、長沢沿いになる。

佐々木篤寿さん（万瀬）

万瀬地区は北組、南組、勝越《かっこし》組の三組に分かれている。この勝越という字名については家康伝説が語られる（コラムの「家康伝説」を参照いただきたい）。この勝越で農林業を営んで来た佐々木篤寿さんからこの万瀬村の農林業についてお話を聞かせていただいた。佐々木さんは昭和四年（一九二九）に万瀬に生まれ、この地で山仕事をし、棚田で米を作り、周辺の畑で茶、麦を栽培してきた。ここでは昭和三十・四十年代の万瀬の農業について主に報告したい。

佐々木家は個人所有の二町歩の山林を周辺に持ち、昭和五十年頃まで二反ほどの棚田で稲作を行い、二反ほどの畑（うち茶畑は一反ほど）を耕していた。81ページに佐々木篤寿さんの生業暦を示した。正月、盆、三森神社の祭礼のときを除けば、土・日曜、休みなく山へ、棚田へ、畑へと作業に行った。「よく働いたよ。」とニコリと満足そうに、その仕事ぶりを振りかえってくれた。

万瀬の採草地

山林は主には下百古里との境の東西の尾根南にあった。二町歩の自分の山を管理しながら、万瀬財産区の山の分収林を借りて山へ入った。当時、分収林は一枚が二反ほどで、林地を三枚ほど借り、三十年契約で伐期が来て伐採したのち財産区に返すことを繰り返していた。万瀬財産区から採草地も借りていた。万瀬では財産区が一軒の家に二反の採草地を三枚ずつ貸し出していたという。

昭和三十年代、採草地から秣《まぐさ》を刈り出すことが頻繁で重労働だった。刈り出したススキなどの草は束にして運び出し、棚田に敷き込み、茶畑の畝間に敷き込み、裁断して牛、豚の餌とし、そして堆肥《たいひ》小屋に運び入れた。堆肥作りは入念に手間暇かけてやったという。堆肥小屋は豚舎（庭先養豚の小屋）の南側にある一間×二間ほどの小屋であったが、溢れるばかりに積み上げて堆肥を作った。沢水、家畜・人間の糞尿を適宜混ぜ込みながら作った。上質の堆肥を作らないと、麦類、サトイモ、サツマイモ、コンニャクはいいものが育たないという。採草地からの草は佐々木家の農業において欠く事のできない資材であった。

佐々木さんの家から南側に下りていったところに南北に三百メートル《メートル》も続く棚田ができていた。ここ

佐々木篤寿さんと堆肥小屋跡

だけで二反ほどの水田が確保できたという。この棚田は竹沢という沢の最奥の場所で、沢沿いに沢水がかかるように造成された。竹沢は下沢の一本東側の沢で、大平の集落が伸びていて、数軒の農林業家が屋敷を構えていた。この棚田は昭和四十九年（一九七四）の七夕豪雨で壊滅状態になり、それ以後復旧できず、水田としては耕作できなくなってしまった。この七夕豪雨は万瀬の集落にあった棚田をことごとく土砂に埋め、流し去ってしまった。この時以降、万瀬では水田稲作がほとんど放棄される状態になったという。旧豊岡村の平地部に住む人からは、「万瀬には水田がない。なかった。」という話を何度か聞いたが、この時期まで万瀬では下沢、竹沢の絞り水で棚田経営を盛んに行っていた。

万瀬の暮らし・生業

佐々木さんの家の茶畑は、屋敷の北側に南に向けて東西に斜面を切り開いて一反ほど広がっている。昭和四十年代、やぶきたがブームのように押し寄せて来て高値が付いた頃、茶栽培が生業の中心となった時代があったという。佐々木さんが白畑という、麦、サツマイモ、サトイモ、コンニャクなどの作物を作った畑が屋敷前（南）に東西に長くあった。

佐々木さんは「万瀬の人は白い米は食えんだろう。」というが、家では麦と米を半々くらい食べた。アワ、ヒエはたまにしか入らなかった。日々の食事で確かに麦と米を半々くらいにして炊いて食べることが多かった、という。棚田での米の収穫は年間六・七俵あった。

佐々木さんは狩猟もやった。昭和五十年代までは年間猟期に十五、六日出て、イノシシを主に追った。万瀬で十人ほどの猟師仲間がいた。猟犬も飼っている家があり、成人男子の間では狩猟の話が尽きないほど、狩猟を通じてつながっていた。多い年で十頭ほどイノシシが獲れた。ウサギも撃った。ウサギは一猟期で三十～四十羽は獲れたという。

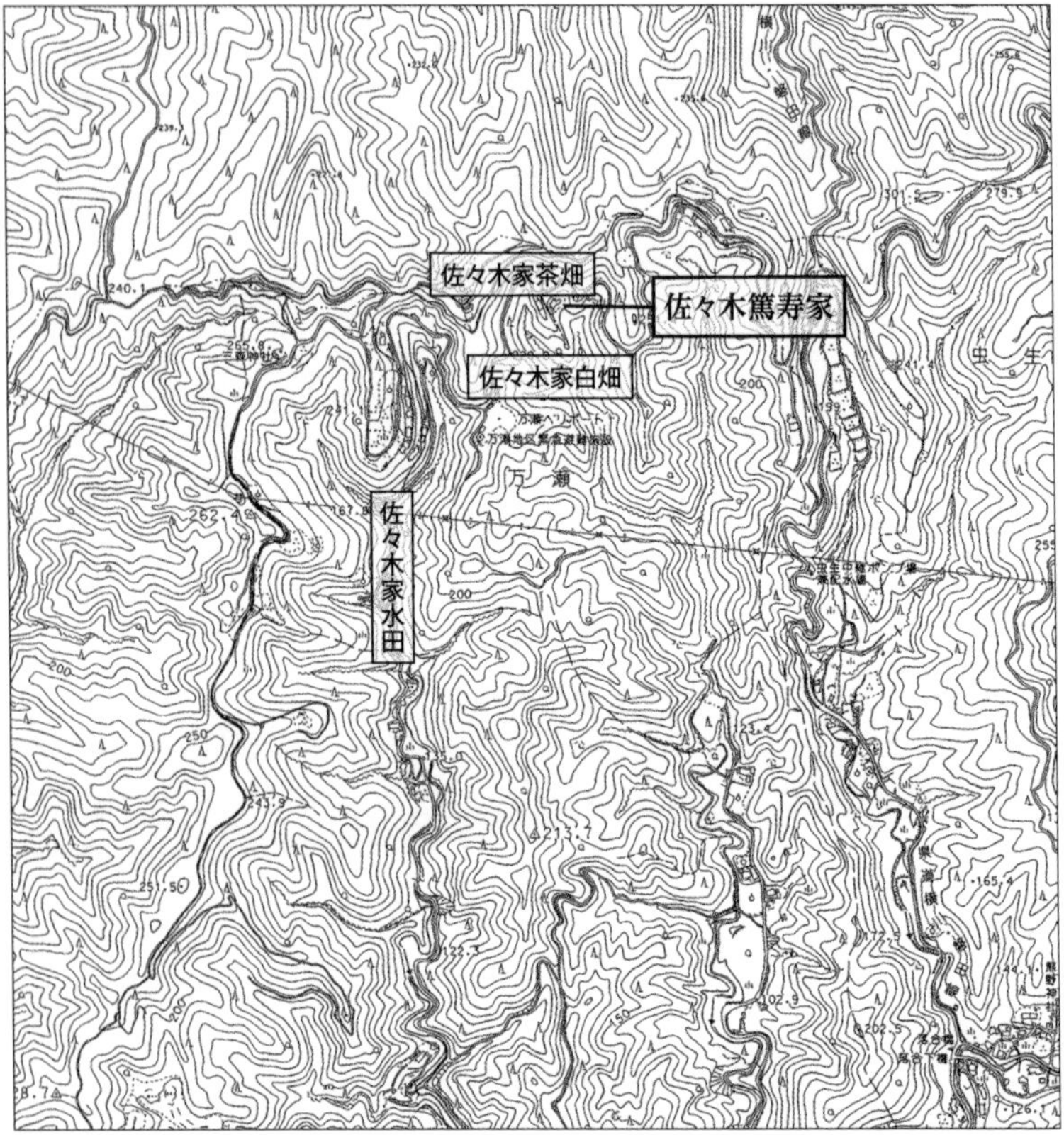
佐々木家茶畑
佐々木篤寿家
佐々木家白畑
佐々木家水田
万　瀬
虫　生

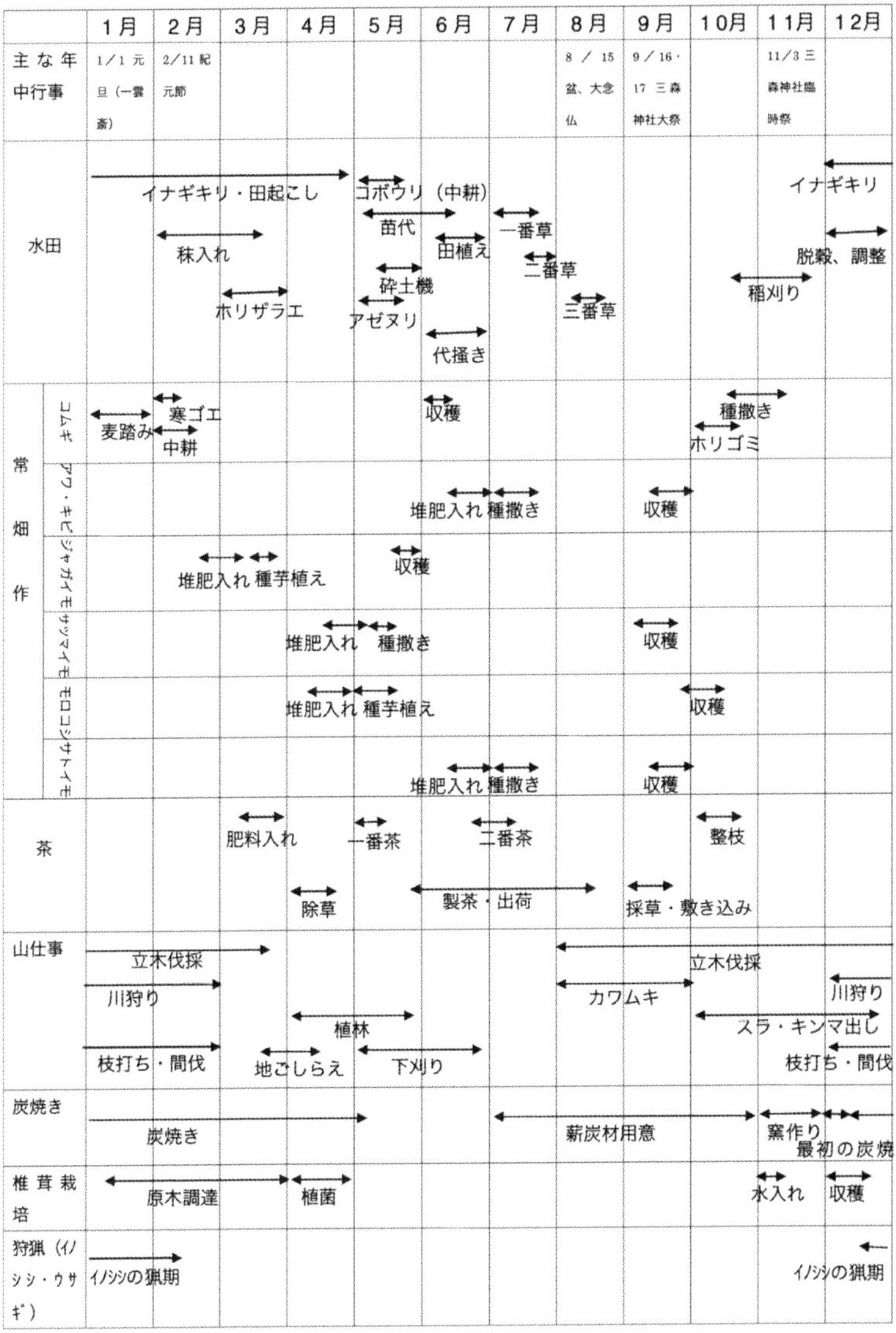
1月
2月
3月
4月
5月
6月
7月
8月
9月
10月
11月
12月
主な年中行事
1/1元旦（一雲斎）
2/11紀元節
8/15盆、大念仏
9/16・17三森神社大祭
11/3三森神社臨時祭
水田
イナギキリ・田起こし
コボウリ（中耕）
イナギキリ
苗代
一番草
株入れ
田植え
脱穀、調整
二番草
砕土機
稲刈り
ホリザラエ
アゼヌリ
三番草
代掻き
常畑作
コムギ
寒ゴエ
収穫
種撒き
麦踏み
中耕
ホリゴミ
アワ・キビ
堆肥入れ
種撒き
収穫
ジャガイモ
堆肥入れ
種芋植え
収穫
サツマイモ
堆肥入れ
種撒き
収穫
モロコシ
堆肥入れ
種芋植え
収穫
サトイモ
堆肥入れ
種撒き
収穫
茶
肥料入れ
一番茶
二番茶
整枝
除草
製茶・出荷
採草・敷き込み
山仕事
立木伐採
立木伐採
川狩り
カワムキ
川狩り
植林
スラ・キンマ出し
枝打ち・間伐
地ごしらえ
下刈り
枝打ち・間伐
炭焼き
炭焼き
薪炭材用意
窯作り
最初の炭焼
椎茸栽培
原木調達
植菌
水入れ
収穫
狩猟（イノシシ・ウサギ）
イノシシの猟期
イノシシの猟期
万瀬の生業暦（佐々木篤寿さんからの聞き取りによる）

六　鈴木正士さん（大平）の農林業

大平村の鈴木正士さん

大平村は近世村落として江戸時代より独自に存立し続けてきた。内山真龍の『遠江風土記伝』には石高百十六石六斗七升三合の村とあり、万瀬村と虫生村と合わせて三村は「水田無し、園生の茶穀、木柿、山生の署預、葛根、萱、炭、薪を以て産と為す」とある。「署預《じょうよ》」とは自然薯のことである。つまり寛政十一年（一七九九）頃の万瀬村、虫生村、大平村で記録すべき産物は茶、柿、自然薯、葛根《かっこん》、萱《かや》、炭、薪であり、水田はなかったとしている。確かに江戸時代、これら三村には検地の対象となる田はなかったのかもしれない。ただ、本編でも明らかにしているように、確実に七夕豪雨（一九七四年）までは棚田で水田稲作が行われていた。十分とは言えないかもしれないが三村の百姓たちは、棚田で米を作り、白い飯を食していた。広大な共有地・秣山を持ち、農林業に従事していた。

鈴木正士さんのお宅は大平の敷地川右岸にある。敷地川は本宮山に水源を発し、南西に流れ、虫生の集落を貫流し、北側から下沢という沢が南流して敷地川と合流する。その合流地点のやや平坦になっている空間に大平がある。この合流点に集落が形成された。この下沢との合流点から敷地川は真南へ流れる。南流する流れの左岸側に、敷地の人たちが「岩山通り」と呼ぶ獅子ヶ鼻などの奇岩が聳《そび》える峻嶮な尾根が南へ連なる。敷地川が南流し始めてから五百メートルも行かないところで大きく蛇行するところがある。二万五千分の一の地形図でもほぼ円形に蛇行している様子が読み取れる。この円形に張り出した右岸の緩斜面に鈴木正士さん宅がある。

鈴木家は大平で山を持ち、山仕事をしながら、敷地川沿いに畑、水田を拓いて農業を生業にしてきた。正士さんは二十㌶ほどの山林、三反ほどの水田、二反ほどの茶畑、栗、柿、野菜など一反ほどの畑を持ち、農林業に従事してきた。正士さんの農林業を作業暦にして91ページの図に示した。

二十町歩の山林は虫生の入口付近等に広がる。農地については、敷地川両岸の六ヶ所に以下のとおりある。89ページの鈴木家の農地の図の①〜⑥に対応させて見ていただきたい。

鈴木正士さん

①平松の畑 ― 正士さんの屋敷の前西側、二反ほどの白畑である。戦前からサツマイモ、サトイモ、ヤマイモ、小麦、大麦、ソバ、コンニャク、ゴマなどを栽培した。屋敷に近い畑で、現在ではクリ園、みょうが、サツマイモ、その他の家庭菜園となっている。

②東ダシの茶園 ― 屋敷から三百㍍ほど敷地川沿いに下った、右岸側の緩斜面にある茶畑である。南へ、東

へ開け、日当たりがよく、茶の栽培に向いている。

③常森の茶園 ― 更に南へ三百メートルほど下流の右岸にある茶園である。南西隣には財産区の採草地が広がっている。茶園は東ダレとこの常森の茶園とで二反ほどあり、正士さんは現在この二ヶ所の茶畑で茶の栽培をしている。

④桶ヶ沢の水田 ― 桶ヶ沢と字名がついているとおり、東岩山通りの山からの絞り水が小さな沢となってこの地に入り、かつては棚田が広がっていた地である。沢の水で潤される田でできた米は美味しく、飯米として利用していたが、効率の良い水田経営ができず、現在では耕作放棄されている。

⑤井土ヶ谷のクリ園 ― 獅子ヶ鼻公園下の敷地川の右岸側に一反ほどのクリ園がある。

⑥天中田の水田 ― 「敷地米」が美味しかったのは、敷地川からの清冽な水があり、秣山からのマグサを田に多量に敷き込んだからだと正士さんはいう。この天中田は家田の小畔《おぐろ》である。三反ほどの広さで、現在でも二月に採草地の草を猫の手クラブ（後述）の人たちが刈り取り束にして、トラックでこの天中田の田に運び敷き込んでいる。

正士さんの家の作業暦を91ページの図に示した。二十町歩の山林と三反の水田、二反五畝の茶園、二反の白畑、一．五反の棚田を経営する農林業である。平成二十三年に父の敏さんが亡くなり、実質一人でこれらの作業をこなすことは不可能である。現在、猫の手クラブ（後述）の人たちに協力を仰ぎ、その労働力に支援されてこれだけの林地、農地を守ることができている。このほか元気里山というグループもあり、この地で放置され荒れた茶園を手入れして茶業を引き継ごうという活動を続けている。

正士さんの作業暦には記載されていないが、大平において大切な生業として正士さんは漁撈とワラビ採りを挙げている。敷地川では、セッショウ好きな者や子どもたちが川漁を行った。肉を食する機会があまりなかった昭和二十・三十年代、川漁は大切なたんぱく源で、釣りやモリなどで捕った。ウナギ、ナマズ、カワムツ、ズイゴ、ハヤ、アブラハヤなどがよく捕れたという。家に持ち帰り、焼いたり煮たりして御馳走になったという。

ワラビは秣山の採草地に、毎年四月頃よく出た。大平の子どもたちは、採草地がどこにあり、その年どこへ行けばワラビがたくさん採れるのかをよく知っていた。子どもにとっては、駄賃、こづかい稼ぎの又とない機会であった。子どもたちは学校から帰ってくると、ランドセルを放って、秣山へ駆け込んだ。ワラビを買い上げる地元の商人がいて、子どもたちはわずかな金銭をもらって両手いっぱいに採ってきたワラビをその商人に渡した。楽しく、心待ちにした春の行事であった。

茶摘ツアー

鈴木正士さんの茶園では「鈴木正士のこだわり煎茶」を作っている。茶園ではヤブキタ、さやまかおり、在来種の三種を栽培している。さやまかおりは日本三大茶の埼玉県狭山の代表的品種である。

鈴木正士さん宅
（後方の屋敷、敷地川が蛇行してぐるりと囲むようにして流れている。）

正士さんは毎年四月下旬の土曜日にお茶摘みツアーを開催する。筍掘り、そば打ち、茶摘み、蕨取り、コンサートを企画し、全国から百人近くの人が参加する。好評なのはバイキング形式のランチである。地元の素材を使い、参加した人たちがみんなで作る手料理である。素材は筍、コンニャク、サトイモ、茶葉、ワラビ、ジャガイモ、ソバなどである。そのときツアーに参加してくれた人に上記のお茶三種の注文票を配り、参加者は気に入ったものを注文する。このイベントが終わり、八十八夜を迎え、三種の製茶を終えると、正士さんは全国の参加者の自宅へ配送する。これが喜ばれるという。三種のお茶はそれぞれ個性がある。参加者は気に入ったものを自宅に帰った後に飲むことができる。

猫の手クラブ

鈴木正士さんは、敷地の水田、畑地、山林のことを考え、地域にとってどのようにしてこの豊かな自然環境を守っていくことができるかを考えている。そんな正士さんの農林業の取組に共鳴し、労働力を提供しようとする人たちがいる。鈴木厚正さん（千葉県在住）は農水省関東農政局で農政を担当されていた方で、退職後、全国の農林業で労働力不足に困っているところを手助けする活動を続けている。鈴木厚正さんは平成七年（一九九五）から本格的に磐田市敷地の鈴木正士さんの取組を支援している。

敷地駅のホームに立つ猫の手クラブの倒メンバーと学生

鈴木厚正さんの活動は猫の手クラブと称し「猫の手も借りたいくらい忙しい人の所へ、猫の手よりもましなお手伝いを！」というものである。ここ十年くらい前からは、正士さんのところに毎月二泊三日で全国から集まり、共同で宿泊、食事をして農林業に従事することを続けている。山林の下草刈り、山道整備、倒木の処理、畑地の草刈り採草、茶園の整備、採草した草を水田・茶畑への敷き込み、農地の草刈り、茶摘、椎茸のホダ木準備、わらび取り、たけのこ掘り、ソバ打ち、など、必要な労働力をみんなで提供する。二〇〇九年にはこの猫の手クラブに三百人の登録者が確認できたという。二〇二二年現在、毎月十名前後の人がこの猫の手クラブの活動に参加している。

鈴木厚正さんは『雑報　縄文』を発刊しており、令和五年（二〇二三）九月現在で№六百六十になる。会員数は二百十名を数える。この表題の上には「急ぎすぎだよ人類は。ゆるやかなネットワークを目指す。ＩＴより逢いてェ　いろんな考えがあるから面白い　いろんな人がいるから楽しい」とある。この『雑報　縄文』では、鈴木正士さんのところでの作業の様子、内容を詳細に臨場感あふれる表現で報告している。二〇二〇年十二月号（№五百七十）の十七頁目に掲載された通信文を紹介する。

猫の手クラブの倒木処理作業

「二〇二二年、十二月九日の猫の手クラブの作業を見学させていただいた。作業は倒木処理である。二〇二二年九月二十三日の大雨でこの敷地の山はいたるところで土砂崩れが起こり、林道が倒木のため通れなくなるなど、山林へのダメージが大きかった。作業は、財産区の山と正士さんの山の間の林道に径五十センチ以上もの大径木が何本も倒れかかっているのを処理するというものである。鈴木厚正さんはじめ五人の山仕事に慣れた方々がチェーンソウで倒木を一間ほどの長さに切り、道にかかっていた倒木を除去した。五人が呼吸を合わせ、見事に切り、トビで除去する。径五十センチ以上の巨木である。山仕事に精通した者でも難しい重労働である。その見事なチームワーク、手際の良さは感動的であった。」

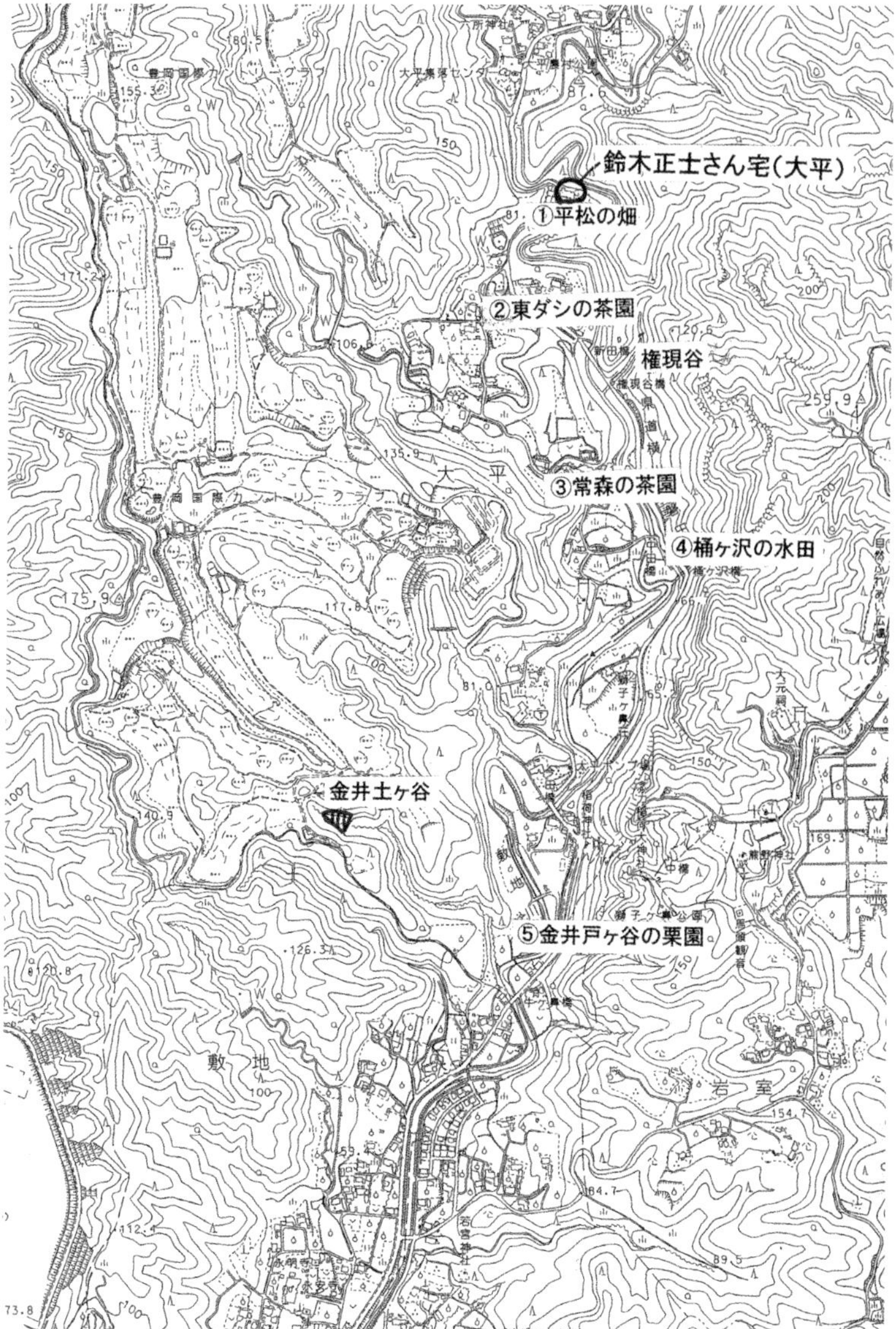
鈴木正士さん宅(大平)
①平松の畑
②東ダシの茶園
権現谷
③常森の茶園
④桶ヶ沢の水田
金井土ヶ谷
⑤金井戸ヶ谷の栗園
⑥天中田の水田
大平
敷地
岩室

猫の手クラブの茶園

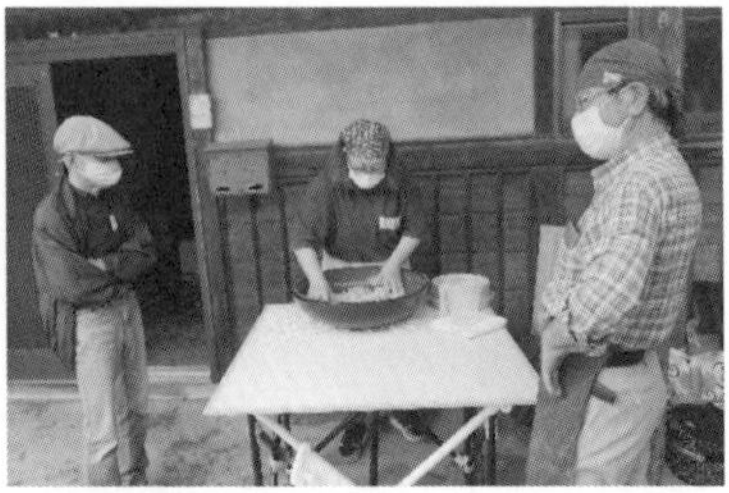

猫の手クラブ　ソバ打ち

猫の手クラブが秼を入れる水田

大平にある鈴木正士さん宅

採草・草刈り

水田に採草を敷き込む

刈った草を運ぶ

茶園の手入れ

大平の生業暦（鈴木正士さん）

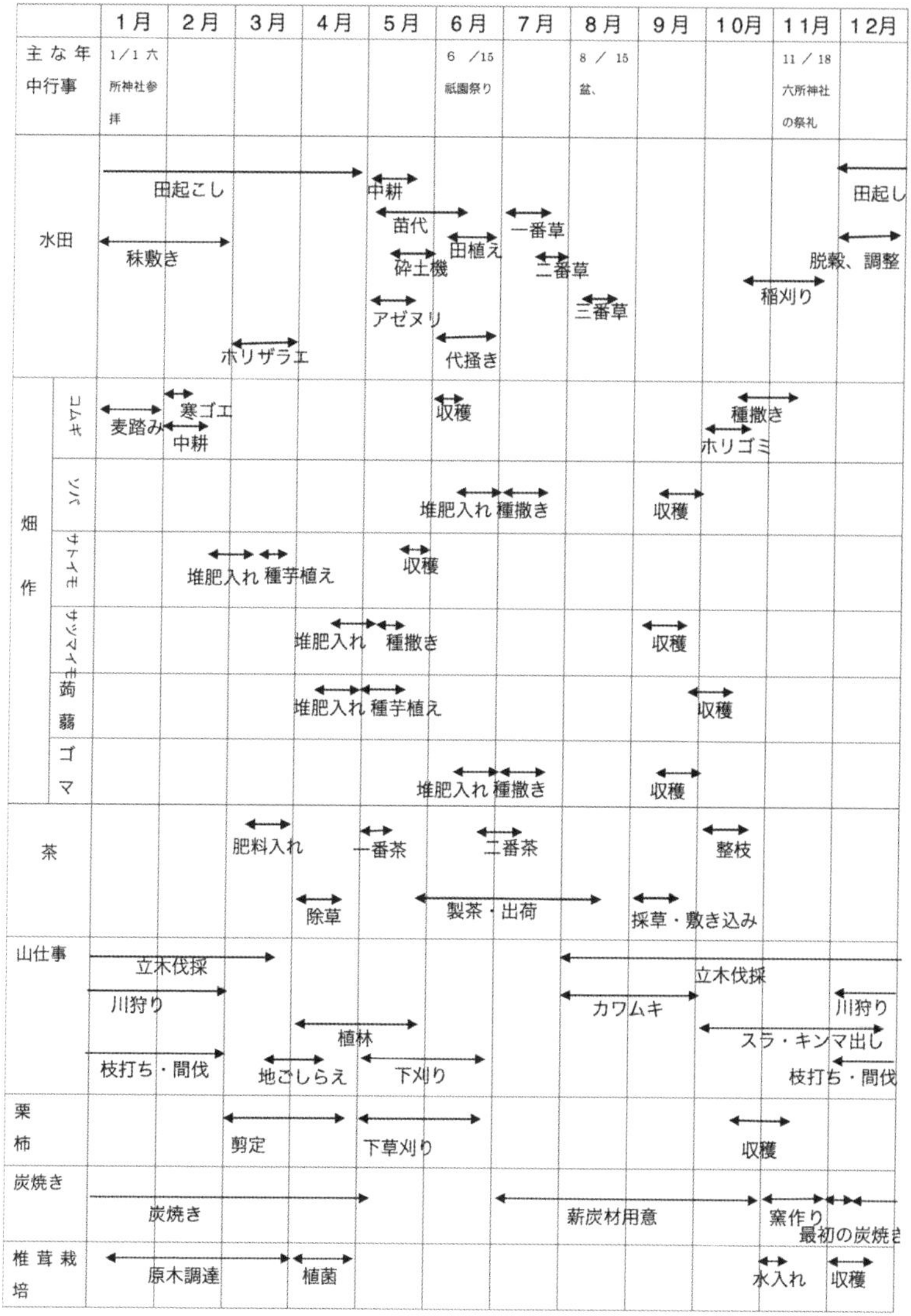
1月
2月
3月
4月
5月
6月
7月
8月
9月
10月
11月
12月
主な年中行事
1/1 六所神社参拝
6／15 祇園祭り
8／15 盆、
11／18 六所神社の祭礼
水田
田起こし
中耕
田起し
苗代
一番草
籾敷き
田植え
脱穀、調整
砕土機
二番草
稲刈り
アゼヌリ
三番草
ホリザラエ
代掻き
畑作
コムギ
寒ゴエ
収穫
種撒き
麦踏み
中耕
ホリゴミ
ソバ
堆肥入れ
種撒き
収穫
サトイモ
堆肥入れ
種芋植え
収穫
サツマイモ
堆肥入れ
種撒き
収穫
蒟蒻
堆肥入れ
種芋植え
収穫
ゴマ
堆肥入れ
種撒き
収穫
茶
肥料入れ
一番茶
二番茶
整枝
除草
製茶・出荷
採草・敷き込み
山仕事
立木伐採
立木伐採
川狩り
カワムキ
川狩り
植林
スラ・キンマ出し
枝打ち・間伐
地ごしらえ
下刈り
枝打ち・間伐
栗
柿
剪定
下草刈り
収穫
炭焼き
炭焼き
薪炭材用意
窯作り
最初の炭焼き
椎茸栽培
原木調達
植菌
水入れ
収穫

山仕事（11月大平）

今回は、すばらしい天候に恵まれた。11月9日(月)、東京を出る時はパッとしなかったが次第によくなり、富士こそ見えねど快晴に。

伊藤(泰)、原田、山崎さんとぼくの4名、敷地駅で正士・久米さんに迎えられる。

買物のあと、坂上ケンイチさんの柿園の草刈り。3年前から手入れがされず、柿は1個もなっていない。隣りには太陽光発電のパネルが設置されていた。①

←着手前　作業後→

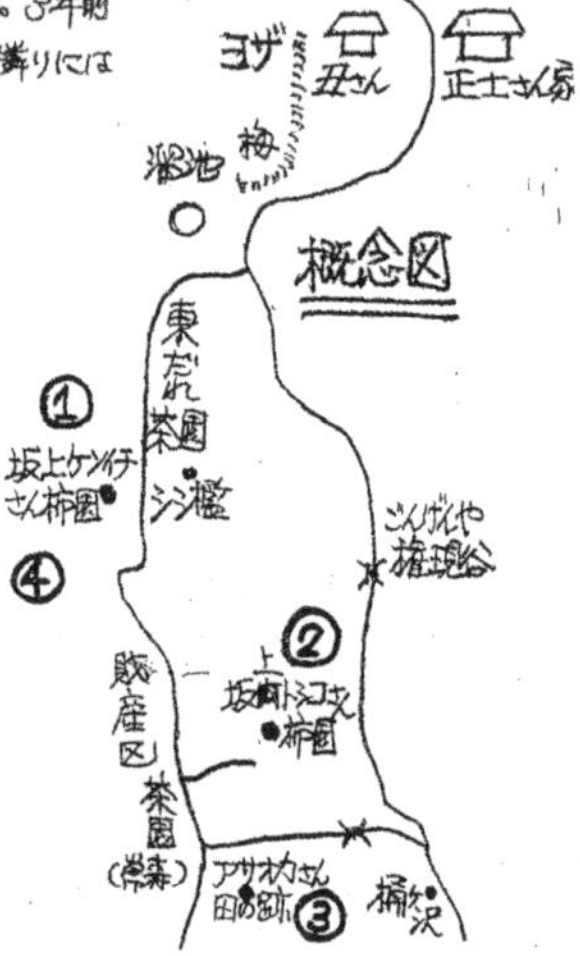

坂上ケンチイさんの柿園が終った後、夕暮れまで隣りの東だれの草を刈る。

今回、調子の悪いスチール2台を下取りに出し、共立に買い替える。

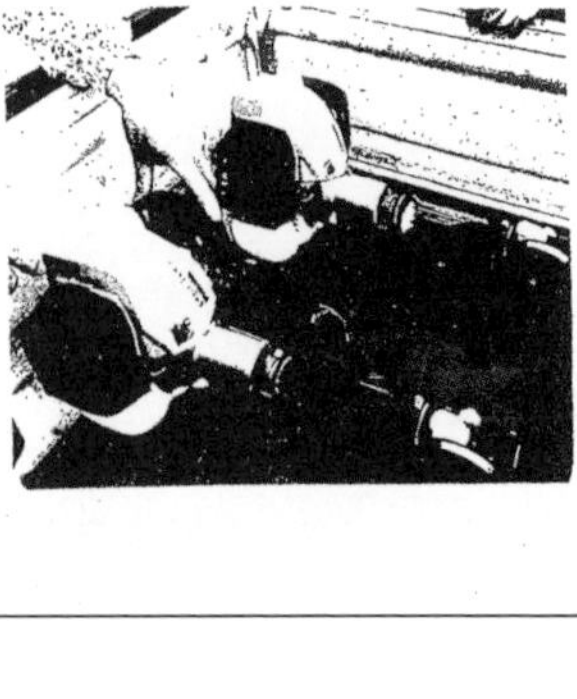

（夕食）リンゴとカテージチーズのサラダ、ナスの天ぷら、ニンジンのきんぴら、枝豆、久米さんが育てた原木シイタケの炭火焼き、豚肉と白菜の中華炒め、キムチ。それに、正士さんの手打ちそばを久米さんのだしとかえしで。

朝岡さんから「麦とホップ」とつまみが。

久しぶりに合唱。

七　高木敏さん（西之谷北）の農業

高木家とその裏山

高木敏さんは昭和四年（一九二九）、敷地の西之谷北に農家の長男として生まれた。西之谷は敷地の下手にあり、長峰通りの南端の山稜から敷地川までの地域である。蔵平遺跡、銅鐸出土地も西之谷にある。高木さんの屋敷は、長峰通りの丘陵と敷地川が作り出す谷底平野の接点に位置する。西側の山林は秣山として用い、採草場にもなっていた。屋敷の東側の山稜の裾には栗林がある。屋敷の南東側の畑地には以前は茶園が広がっていた。屋敷の南から東側にかけては柿園と水田が広がる。敷地川から屋敷までは五百メートル程の距離があるが、その間に栗林、茶畑、柿園、水田が広がる。

高木敏さんは戦後、ＪＡに勤め、敷地所長、光明支所長などを歴任した。退職後は父の農業を本格的に継ぎ、ＪＡ勤務で得た技術を発揮して柿栽培、茶園、水田稲作を精力的に展開してきた。また高木家は敷地外四ヶ字財産区の会員として財産区の林地で林業にも従事してきた。

西之谷における高木家の農業を水田稲作と柿栽培に焦点を当てながら報告したい。高木家は三反八畝の水田、一反三畝の柿園、一反の茶園、二畝の栗園、三畝の白畑で農業を展開してきた。昭和四十年頃までの農業、林業の年間の仕事を99ページにまとめた。父の熊平さんの代にはこの表にあるすべての作業をしていた。水田稲作、白畑での畑作、茶園、栗園、そして山仕事である。

高木家の水田稲作と一ノ井用水

西之谷の水田でできた米は「敷地米」と呼ばれる。敷地米というと寿司米に用いられる上質な米として磐田地区では名高い。高木さんは、この西之谷の米が美味しかったのは、敷地川の水と秣山から採草した刈り敷きを十分に施したからだという。岩室橋から三百メートルほど上流のこの一ノ井堰で取水し、敷地川右岸の敷地地区、大当所地区の水田を潤している。旧敷地村における最大規模の井堰と用水である。

一ノ井堰

一ノ井用水は永安寺、野部神社の東を南流し、旧敷地村役場の南に広がる水田に水を配給する。用水の幹線は長峰通りの山稜の東裾を経て大当所の西端に出る。この用水の幹線と敷地川の間は支線が巡らせてあり、敷地川の水が隅々の田に行き渡るようになっている。一ノ井管理組合が組織され、水門の管理など、配水の管理を行っている。

金井戸ヶ谷

一ノ井堰の西岸の山中に金井戸ヶ谷の溜池がある。永安寺北にある沢を上がったところに設けられている溜池である。この溜池の記録は『豊岡村史　近世資料編』にある。

高木家の前に広がる水田

一ノ井用水のパイプライン

この金井戸ヶ谷の溜池の水は、一ノ井用水が不足したときに配水される。金井戸ヶ谷には木製の栓が設けられていて、一ノ井用水組合の者が判断してこの栓を抜き、一ノ井用水に溜池の水を足した。安永寺東に一ノ井用水との合流地点がある。高木さんの父、熊平さんは一ノ井用水の役員をやっていたとき、頻繁にこの溜池に行き、池に入って栓を抜いたという。このように敷地川右岸の敷地、大当所の水田の水は、一ノ井堰と金井戸ヶ谷の溜池によって村人によって管理され、確保されてきた。

一ノ井堰用水と敷地川決壊

令和五年（二〇二三）六月三日、台風二号の影響で大雨が降り、敷地川は決壊した。敷地川は敷地米にとって大切な水の供給源であるが、この治水については、永年この両岸の村々にとって苦難の歴史が語られてきた。高木さんは敷地川決壊について特に次の三回が印象的だったと語る。昭和十九年（一九四四）の一ノ井堰西岸附近での決壊。昭和二十九年（一九五四）の下田橋付での決壊。そして昭和四十九年（一九七四）の七夕豪雨のときの、一ノ井堰東岸での決壊である。昭

敷地米を産する敷地の水田

堆肥小屋だった長屋の北端

和十九年（一九四四）の決壊では敷地、大当所地区が浸水し、水田はほぼ壊滅状態になった。この復旧工事の陣頭指揮に立ったのが伊藤功であった。伊藤村政の主要課題の一つがこの敷地川の治水であった。昭和四十九年の七夕豪雨のときも、東岸側の仲明地区の水田は壊滅状態だったという。この一ノ井堰用水付近の破堤が、敷地村では大きな災害となり、大変苦しめられてきた。

採草と堆肥づくり

高木家の農業において、堆肥づくりは重要な仕事として位置づけられていた。堆肥は晩秋から翌年春にかけて入念に作られ、それを白畑、水田、茶畑、柿園にも入れた。畑および田の裏作の小麦栽培には欠かすことができない元肥となった。高木家の農業の施肥を支えていたものである。

母屋の東にある長屋の北端に堆肥小屋を設けていた。この堆肥小屋は二間×九尺の大きさで、屋根は杉皮で葺かれていた。屋敷の西側の山の裾に生える草を刈り干して後、この小屋に運び込んだ。三十～四十センチの草を積んでは牛糞、人糞尿、水を載せ、また三十～四十センチ草を積み、を繰り返す。高さ一間以上まで積み上げる。これを稲の収穫後の十、十一月に行う。積み上げた最初の頃、風の無い日には臭いが立ち込めたという。堆肥は発酵して熱を持ち、一月の厳寒の頃、湯気がこの堆肥小屋から立ち上ることもある。三、四ケ月発酵させると堆肥ができあがる。でき上がる頃には臭いはなくなり、完全に発酵が終わると、茶褐色のサラサラの堆肥が出来上がる。

この堆肥を戦前には多量に作っていた。その材料は財産区の採草地の草であった。高木家では昭和十四、十五年頃には財産区秣山の竹沢東にある採草場を借り受け、そこの草（ススキ、カヤが主であったという。）を刈り取り、屋敷に運んで、堆肥小屋に敷き込んだ。敏さんは小学生の頃、この竹沢にある採草場に父親と一緒に入り、厚刃の手鎌でススキを刈ったことを覚えているという。子どもにはかなり過重な労働だったが、奥山の竹沢に入り込むのは、家の山仕事を手伝っている意識があって楽しくもあったという。高木家では財産区から採草地を借り受けるのは昭和三十年頃までで、畑の麦の元肥も化学肥料に切り替えたことにより、必要がなくなって止めたという。

財産区の山での仕事

高木家では部分植付林として財産区から山林を一世代借り受け、山仕事を続けて来た。西ヶ谷、大当所という敷地村の一番南の水田地帯の農家でも、財産区から山林を借りて、水田経営と茶・

高木敏さんと栗林

柿の栽培と一緒に山仕事を行ってきた家が多い。高木家も財産区との縁は江戸時代からずっとあり、山仕事を農業の合間に行ってきた。その年間の作業暦は99ページの表で読み取ることができる。高木家では、西之谷の農家七、八軒とともに虫生の相ノ沢や権現谷に部分植付林を財産区から一世代で借り受け、共同で林業を営んだ。伐採後の林地に入り、整地して、スギの苗木を浜北から購入して植林し、それ以後夏を中心とした農閑期に山に入り、下草刈り、間伐、枝打ち、林道整備などの山仕事を行った。当時は三十年ほどが伐期であったので、成木になると立木を買い付ける業者に売り、借り受けた家々で収益を等分配した。野部の鶴田製材、敷地の森林組合、敷地の稲葉木材店などが買い付けていた。昭和五十年代までは敷地でも成木を売却することで収益を得る林業が成り立っていたが、木材の自由化による国内林業不況の影響で材価が低迷し、山仕事に従事することが敬遠され、財産区においても部分植付林の貸付は極端に減少していく。

敷地の生業暦

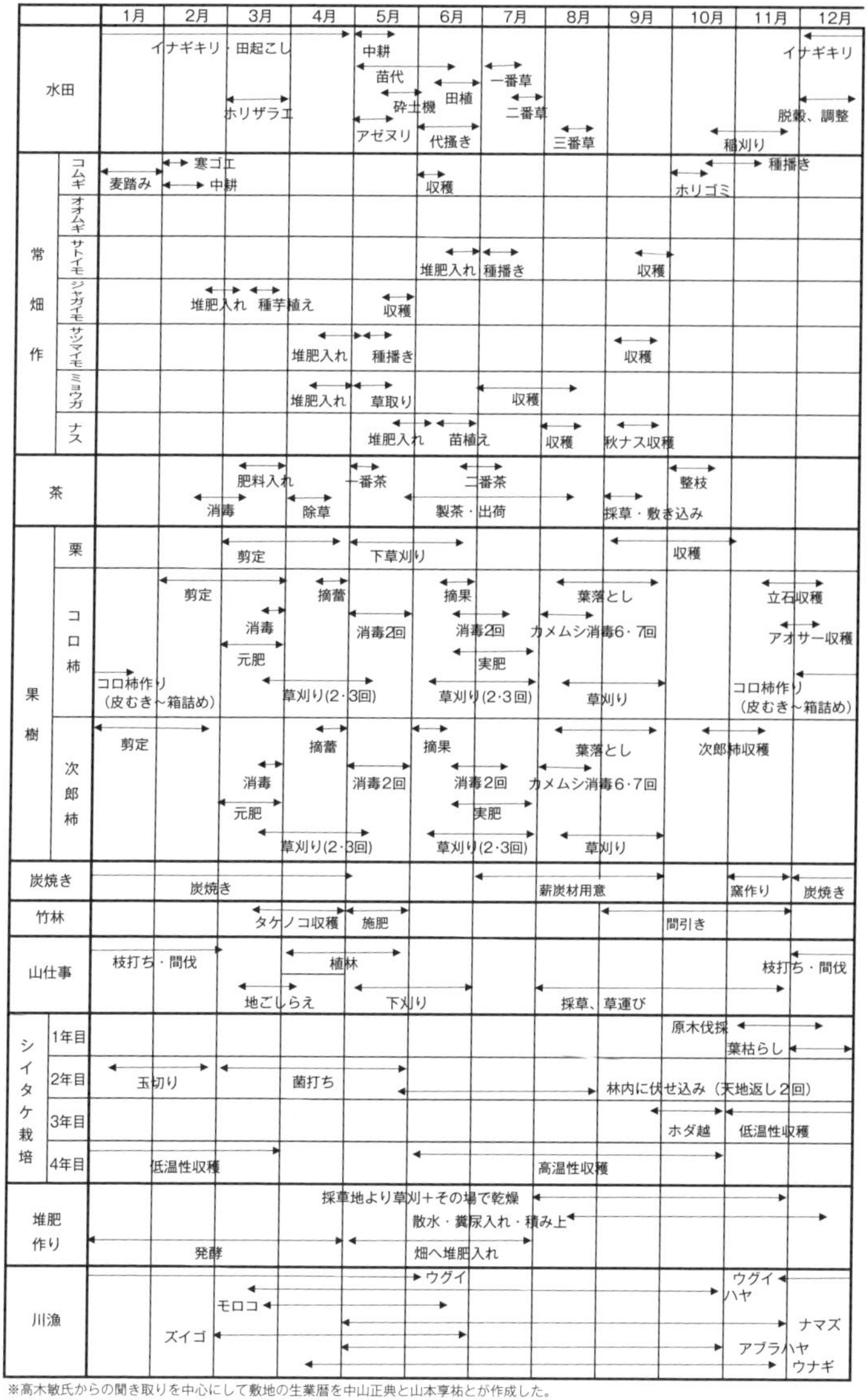

※高木敏氏からの聞き取りを中心にして敷地の生業暦を中山正典と山本享祐とが作成した。

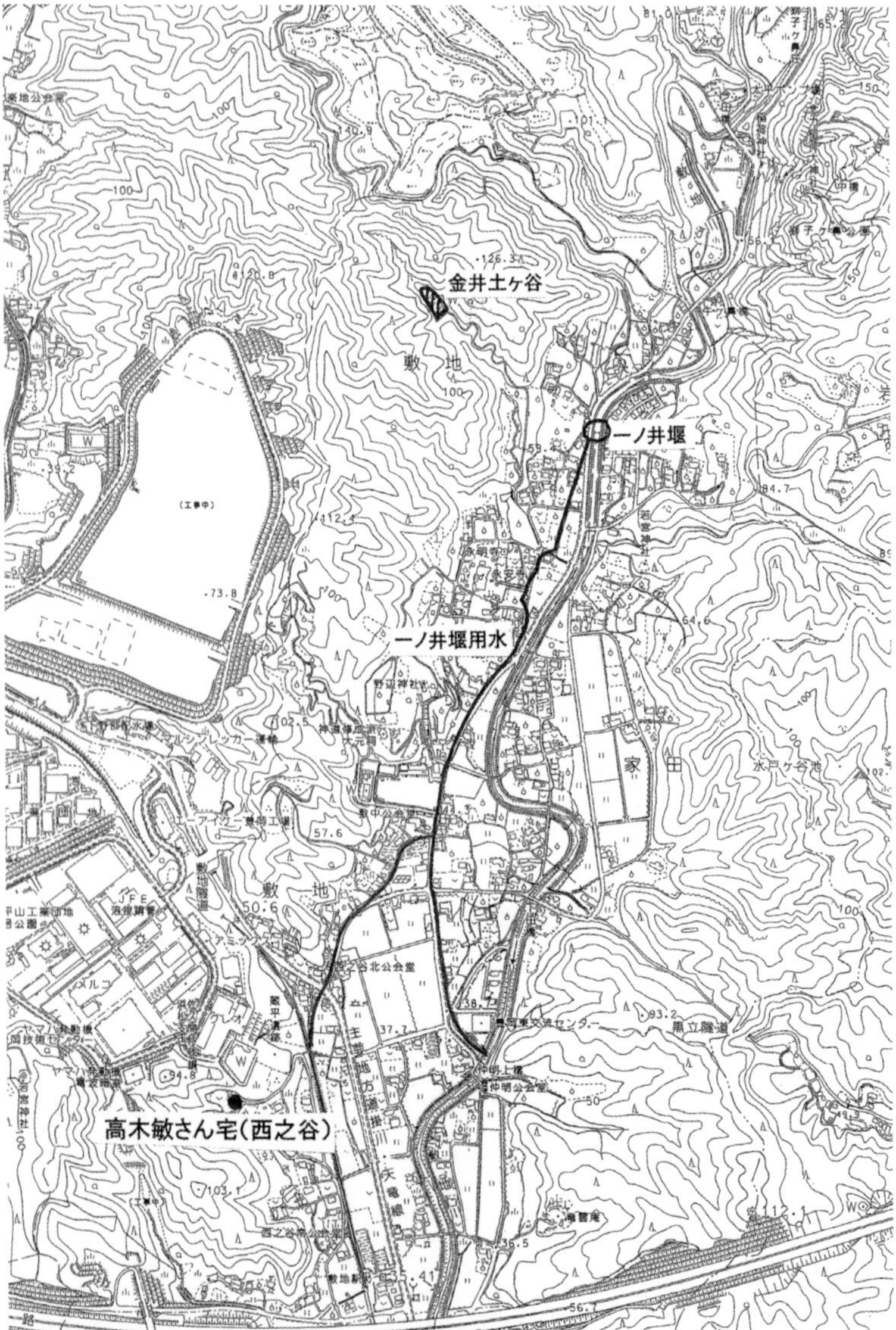
金井土ヶ谷
一ノ井堰
一ノ井堰用水
高木敏さん宅(西之谷)
敷地
家田

八　敷地の次郎柿栽培・コロ柿作り

敷地の立石柿

敷地の次郎柿

　現在、敷地で栽培される柿は、甘柿の次郎柿とコロ柿に加工するシブ柿の二種に大別できる。敷地地区には柿の生産者組合があり、次郎柿とコロ柿を名産品として位置づけ、地区を挙げて振興に取り組んでいる。令和四年現在、敷地柿組合に二十九軒の柿農家が加盟している。六地区に分かれていて、大平三軒、岩室二軒、家田七軒、敷北八軒、敷中五軒、敷南四軒である。栽培面積にすると全体の柿園の八割ほどが次郎柿、二割ほどがコロ柿を作っている。コロ柿を作っている農家は五軒ほどにとどまる。二十四軒の農家は次郎柿専門にしている。現在の組合長は山下昌彦さんである。

敷地次郎柿

　敷地の甘柿は「次郎」と地元では呼ばれている。遠州森町が原産である四角い四本溝の大振りの甘柿が、敷地でも定着したものである。

　次郎柿については『遠州森町の治郎柿』（治郎柿原木保存会刊二〇一四年）では、「松本治郎」が天保末年頃（一八四三年頃）に栽

次郎柿の収穫

伊藤一吉さんの次郎柿収穫

培を始めたとしている。この『遠州森町の治郎柿』によると、「治郎柿」の初出は『大日本農会報』に掲載された森下広太郎の柿記事（明治二十五年）であったといい、発見者は「元農夫・治郎」であったとする。松本治郎が「次郎」と誤植され、「次郎柿」の名称が用いられるようになる。多くの場合「次郎柿」の表記が用いられることになったが、「甚郎」、「次郎」、「治郎」なども、おのおのこの甘柿の通称として冠せられた。昭和十九年（一九四四）に静岡県の天然記念物になったときの名称は「治郎柿」であった。『遠州森町の治郎柿』では、農夫「治郎」が発見したものであるので、元来は「治郎」柿であったろうとしている。ちなみに現在遠州中央農協では「次郎（治郎）柿」と呼んでいる。この甘柿は敷地では「敷地次郎柿」の字を当てているので、ここでは次郎柿とした。

明治に入ると次郎柿は、森町農会、周智郡農会が普及活動を展開し、品種改良、栽培方法の改良を重ね、森町、周智郡はもとより、周辺にも甘柿の「富有に匹敵すへき優良種」として栽培範囲が拡大していった。この普及について『森の治郎柿』（周智農林学校　昭和七年か）では、昭和初年頃に磐田郡において甘柿が百町歩の栽培面積を持ち、七万本の「治郎柿」が栽培されていた。明治、大正期に磐田郡敷地村へも普及していったことが分かる。

『磐田郡誌』（大正十年）には、大正八年の磐田郡における柿栽培について

「柿　生柿　収穫高　三万五千八百十二石　価格三千五百八十一円

柿　干柿　収穫高　三百七十五石　価格百四十二円」

とあり、生柿つまり甘柿がほとんどであった。『敷地村誌』には果樹栽培について、果樹の筆頭に柿が「収穫高二千貫　価格二百四十円」と、栗と並んで記載されている。

現在敷地では甘柿として次郎柿が九割ほどを占めているが、水上了洋さんの柿園では晩生の甘柿として「富有《ふゆ》」柿を栽培している。次郎の収穫は十月中旬ほどから始まるが、富有は十一月中旬頃に始まる。十一月二十日に、エビス講があるが、この頃に富有柿の収穫が始まり、次郎柿が一番美味しくなるという。「エビス講」が豊穣を願う行事とすれば、その日が正に敷地の豊穣の日なのだという。

立石柿の収穫

敷地のコロ柿

敷地では渋柿も栽培し、栽培農家で渋を抜いて干柿にして出荷している。この製品のことを「コロ柿」とよんでいる。敷地では渋柿のことを「コロ柿」「立石柿」「市田柿」「あんぽ柿」、場合によっては「ヒラタネ」「豆柿」「サルナカセ」「ヤミゾウ」「アオサー」などということばも聞くこ

敷地柿組合

西之谷の立石柿「タイショウ」とよばれる百年の老木

とができる。これらの言い方が渋柿の品種のことを指しているのか、干柿の製造方法を指しているのか、ここでは明確にするのは難しい。現在、敷地柿組合では「立石柿」を栽培して干柿にした製品を「コロ柿」と呼んで、これが主力産物としている。

　このコロ柿製造は、敷地村最後の村長であった伊藤功が導入し、定着させたものであることは間違いない。在来種の渋柿があり、家内消費として渋を抜いた干柿を食することはあったが、昭和に入った頃から昭和二十年代まで伊藤功を中心として渋柿の製造方法を導入し、敷地村の名産品として売り出すまでに至るのである。昭和二十九年（一九五四）に発表された「新農村建設計画」、「敷地農村建設計画」の中で、柿は「耕種改善計画」（『弘報誌「村の動き」特輯号　昭和二十九年』）の冒頭に来る農産品であった。この「敷地村新農村建設計画」は伊藤功が村長のとき、父泰治の「敷地村振興計画」を大いに意識して立案したものである。秣山財産区を積極的に活用した農業を中心とした復興計画であった。柿は百八十五反の農地で「品種の改新」「仕立法の改善」に努め、「甘柿も早生次郎への転換が必要である。開墾地の新植は渋柿が有利である。」としている。

アオサーの収穫

敷地西之谷の立石柿

立石柿と市田柿

敷地の人は渋柿のことを「タテイシ」とよく呼ぶ。渋柿を畑で栽培することを「タテイシを育てる」という。南信濃の「立石」から持ってきた渋柿の品種だという意識がある。立石柿は現在でも飯田市三穂立石地区あたりで作られる小型で粉《こ》のふいた干柿である。飯田市の立石には真言宗の立石寺《りっしゃくじ》がある。この立石寺の十一面観音は「立石観音」あるいは「柿観音」とも呼ばれている。この地域では江戸時代から干柿作りが盛んで、種なしの美味しい干柿は伊那谷の名物として、立石観音の霊験とともに近郷近在に知られていた。

敷地では信濃の著名な干柿である「市田柿」が導入されたことを言い表すということで「市田柿」という言い方も伝わる。市田柿は長野県高森町を中心に作られる干柿である。『柿づくし』（濱崎貞弘　農文協二〇一六年）によると、市田柿は干柿の中でも最も人気があるもので、コロ柿の代名詞的存在でもある。ちなみにコロ柿とは水分の七割ほどが飛んだ、よく乾燥が進んで肉が引き締まった歯ごたえのある干柿のことをいう。コロ柿に対して「あんぽ柿」（元来あんぽ柿は、福島県伊達市の五十沢《いさざわ》地区を発祥とする干柿）という水分をあまり飛ばさない半乾燥

立石柿の皮むき

冬季の柿の整枝

でジューシーな柔らかい干柿がある。現在、敷地では、よく干した干柿を「コロ柿」といい、アオサーとよばれる大粒の渋柿の品種を半乾燥させたものを「あんぽ柿」とよんでいる。

伊藤功の柿導入

伊藤文彦家には、伊藤功が柿、特に渋柿の製造方法を導入するときの苦労話を記録した『柿栽培雑記帳』などが残されている。『豊岡村百話』に「敷地のころ柿」として紹介されている。伊藤功は銀行員だった頃（昭和十年前後のことと思われる。）、山梨県で老人から聞いてきた火力乾燥室と脱渋室の必要性を敷地で説いて廻ったという。小規模農家が多かった敷地で、伊藤は渋柿製造の乾燥室として夜具の戸棚を利用することを提案したという。常には夜具入れとして用い、コロ柿を乾燥させるときにはその夜具入れを、練炭を焚いて乾燥室として用いた。また、この夜具入れは、コロ柿の燻蒸用に三十分ほど硫黄で蒸すときにも用いられた。これら伊藤の渋柿導入の工夫もあって、昭和二十年代から飛躍的にその需要が高まり、生産増大につながっていった。

伊藤栄勇さんは五反の柿園を経営し、敷地の柿園が次郎柿づくりを主力にする農家が多い中で、立石柿を栽培し上質なコロ柿を製造している柿専門の農家である。伊藤さんは敷地柿組合の存在の大きさを説いてくれる。昭和六年（一九三一）、敷地村の農業のリーダー「八人組」が結集して立ち上げられた、柿の共同出荷をする組織であったという。この柿組合が伊藤功のリードの下、農業振興の一つの先駆けにもなった。

西之谷の乗松洋一さん（白壁館店主）が、伊藤功の柿導入での奮闘ぶりを話してくれた。「コロ柿」という干柿の名称は、伊藤村長が全国を「コロコロ」と回り、その栽培技術を学ぶことに骨身を惜しまなかったことから付けられたという。山梨県へ、長野県へ、渋抜き方法を聞きに聞き取り調査に回った話があったが、ほかにも福島県、群馬県、岐阜県、和歌山県など全国を巡って、それこそ「コロコロコロ」、転々とコロ柿製造のため、その製造技術を聞くため全国を行脚したという。

コロ柿を揉む

高木家の柿栽培

高木敏さんは、西之谷で次郎柿を栽培し甘柿として出荷し、また立石柿を栽培しコロ柿を製造して出荷している。高木家の柿栽培とコロ柿づくりを見ていく。

現在は一反三畝の柿園を経営している。屋敷のすぐ南東に広がる柿園は、以前は水田であったところが大半であるが、排水を施し、次郎柿がたわわに実る柿園になっている。ここは一反ほど

火力乾燥室

の広さがあり、次郎柿が七十本ほど植えられている。接ぎ木して五十年が経過し、老木の域に達している柿の木である。樹勢は旺盛で、毎年見事な次郎柿が出来る。高木さんはいう。「化学肥料のおかげもあろうが、表裏の作柄の変化もあまり気にならない。ご先祖さまが肥えた地を作ってくれた。ここは一ノ井用水の水が来た水田が広がっていたところです。堆肥も入れ、山グロ（山裾）の草を田に敷き込んだからなあ。」

　敷地の柿栽培については鈴木正士さん（大平在住）が詳しい。正士さんによると、伊藤功たち八人組は、昭和の初め頃に在来の渋柿に森の甘柿の次郎柿を接ぎ木して、甘柿栽培を軌道に乗せようとした。森町と似た自然環境のこの敷地で、甘柿栽培は順調に進んだ。次に伊藤功は渋柿に着目し、伊那谷で当時すでに生産地として地位を確保していた干柿の市田柿、立石柿などを学び、敷地に持ち込んだ。今でも敷地の人は「立石」ということばが人の名なのか、地名なのか、何を意味することばなのかを知らなくて、敷地における渋柿の代表的な品種として栽培し続けている。敷地の人は市田柿をよく粉《こ》（果実の表面に白く結晶したブドウ糖）が付着した甘い干柿、というイメージで呼んでいるようだ。

　正月明けから柿園に枝の剪定に行く。十二月には柿の葉はほぼ枯れて落ちる。葉が全て枯れてから剪定は行う。無駄と思う枝をはさみで刈り込んでいく。伸ばしたくない方向の枝は刈り込む。半日かがりでも数本の柿の木を終えるのが精いっぱいである。枝張りのよい老木になると脚

佐藤一正家（岩室）の乾燥棚

立も必要で、半日で一本の柿の木ということもある。三月には元肥を入れる。現在は化学肥料であるが、昭和四十年前後までは堆肥小屋の堆肥を丁寧に蒔いて施した。新芽が出るまえの三月中に消毒を終える。四月に入ると新芽が出てくる。この頃から柿園では雑草が生えてくる。四月中に摘蕾《てきらい》といって目立つ不要な蕾をはさみで取り除く。五月の消毒前に二、三回巡るように雑草刈りをする。五月消毒後六月に入ると、本格的な摘果作業を丁寧に一本一本をやっていく。柿の実が過密にならないよう、疎にならないよう、結実をイメージしながら摘果していく。梅雨に入る前までにこの摘果を終えるとよいが、六月中に終えるのが精一杯である。梅雨が明ける前までに二回消毒を施す。実肥《みごえ》と呼ぶ結実のための化学肥料を施す。梅雨の雨が降る中でも、草が目立つと順次草刈りをしていく。草刈りは手を抜くと秋の収穫に影響するのが、経験的に高木さんには分かるという。草刈りは絶対に手を抜かないことを自らに言い聞かせて草刈りは何度も何度も梅雨明けまで続ける。八月に入り、カメムシの発生に注意する。ほとんどその姿が見えなくても一、二度、カメムシ用の消毒を施し、姿が見えるときはその発生状況により消毒の頻度を増すことも考える。カメムシの被害で収穫が皆無に至る可能性もあり、収穫物の劣化にもつながる。高木家では最も用心する害虫である。

九、十月には葉落としをする。柿の実にある程度の陽光が射すよう、繁茂した葉を日当たりがよい程度に落とす。日当たりが悪いと柿の実のヘタの下に水分が入り、その水分が抜けないとその部分にサビ（茶褐色の劣化した部分）が出てくる。柿園全体で柿の実に適度の日当たりが確保できるように工夫する。雑草が生えないように適宜草刈りすることも病虫害予防につながる大切なことだという。

次郎柿の収穫は十月下旬頃になる。近年では十月二十三日に目ぞろいといってその年の次郎柿の等級決めを行っている。標準の次郎柿の品質を決め、それに従い「秀」「優」「良」「外」の等級を決めていく。ここから本格的な収穫作業に入る。次郎柿の収穫は十月下旬から十一月初旬に最盛期を迎える。十一月上旬には終了する。

敷地西之谷の立石柿　パイロット事業の柿園（岩室）

立石柿の収穫は十一月中旬以降に始まる。令和四年度は十一月十七日に開始した。渋柿の収穫は次郎柿の収穫終了後に開始し、収穫後にコロ柿製造工程があることを考慮に入れて収穫時期を決める。敷地では、近年あんぽ柿によく用いられるようになったアオサーという大振りの渋柿が栽培されるようになったが、このアオサーの収穫は十一月下旬から始まる。

コロ柿づくり

　現在、岩室、敷地で行われているコロ柿づくりについて記録する。敷地では各柿園でコロ柿の製造方法は若干異なる。西之谷の高木敏さん、同西之谷の水上了洋さん、敷地の伊藤一吉さん、岩室の佐藤一正さん、家田の佐野房代さんのコロ柿づくりを見せていただき、聞き取り調査したもののうち、概要を報告する。

　立石柿は、実がついた枝の部分も残して収穫する。これを「T字」と呼んでいるが、この後、吊るして干すときも、硫黄燻蒸するときも、最後出荷する際の見栄えをよくするときも、このT字が、三《センチ》ほどの枝が実の縦軸に対して垂直にある形だと好都合であるという。収穫後、まず皮むきから始まる。まずヘタの周りを専用の皮剥器、カミソリで皮むきし、その後、手際よくぐるぐるとむいでいく。皮がむけた柿を、タコ糸で連結し、それを三尺ほどの竹に吊るし下げる。これを燻蒸用のムロに入れるのだが、この三尺の竹竿の長さは、このムロの間口の長さになる。伊藤功が昭和の初め頃に各戸の夜具入れの小間を硫黄燻蒸に用いた際に、この竹竿の長さが対応した。三十分ほど硫黄燻蒸する。この硫黄燻蒸は殺菌効果もあるが、でき上った色目が飴色、柿色になるようにするものでもある。これをしないとでき上がりが黒褐色になってしまうという。

コロ柿の乾燥

敷地西之谷北の柿栽培作業暦（高木敏さん、水上了洋さんからの聞き取り）

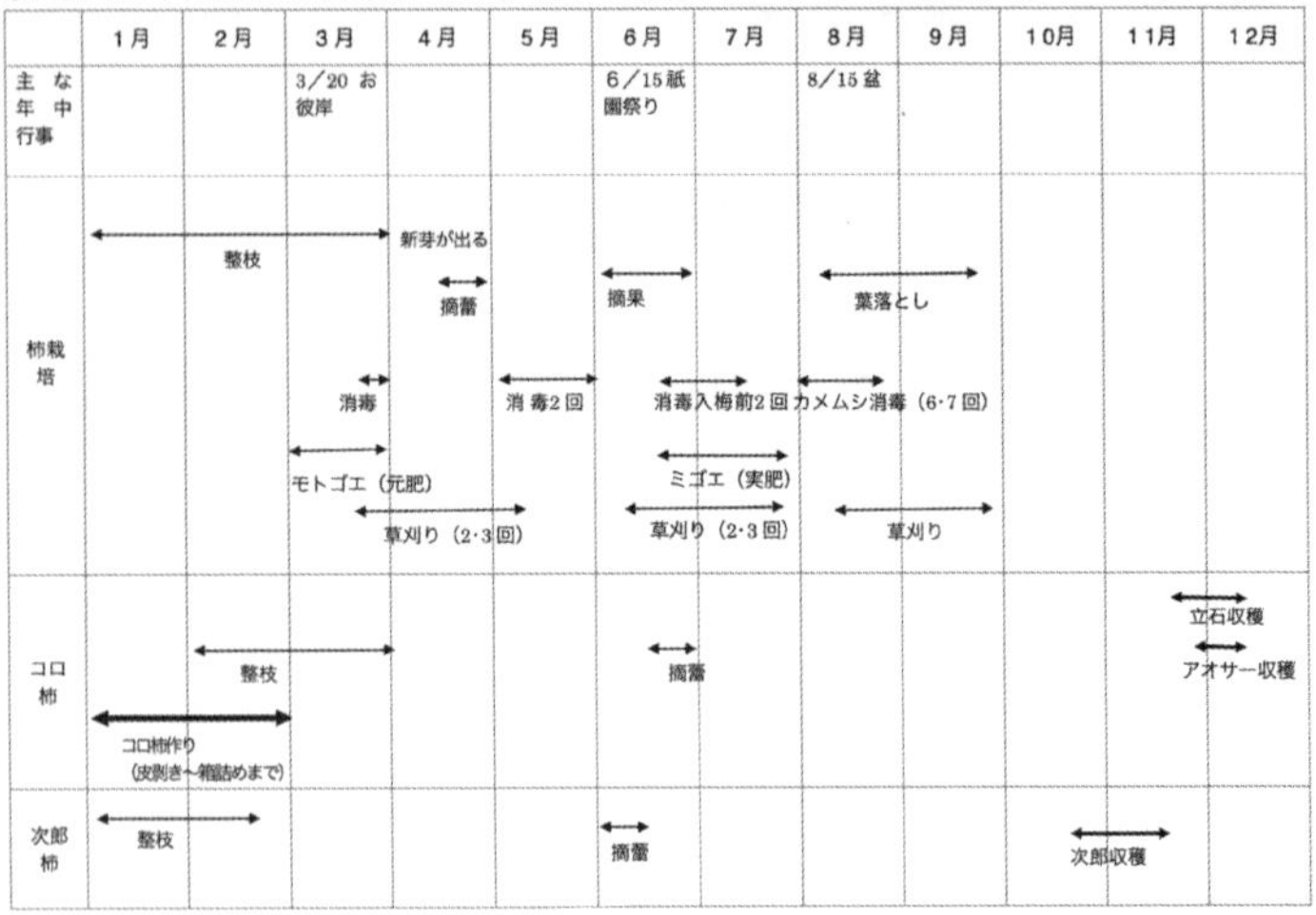

その翌日から三十日間ほど風通しのよい軒先、屋根の下に吊るして干す。直射日光は常には当たらないようにするが、一部当たるところは竹竿を入れ替えて調整する。乾燥を始めて二十日間ほどしたところで、半乾燥した柿を手の指先で揉む。揉むのは、渋を抜くこと、形を整えること、種を果肉から離すこと、という効果がある。乾燥期間の三十日間は十二月から一月であり、適度な寒さと乾燥した風、快晴の天気が続くと上質なものが出来上がるという。この乾燥期間、遠州のカラッ風がよく吹く晴天が続くと、よく乾燥した上質のコロ柿ができ上がると高木さんはいう。

干し上がったところでもう一度ムロに入れて最後の仕上げ乾燥をする。干し上がった柿をムロの中に吊るし、練炭を床上で焚いて丸一日練炭で燻る。これで雑菌がなくなり、色目も飴色に仕上がる。ムロ内で冷まし、中まで常温になったところで出荷する。

第二節　林業

一　松井栄治郎さん昭和二十三年生まれ（虫生）のお話

松井栄治郎さん（昭和二十三年生まれ・虫生）は植林下刈り、枝打ち、間伐、伐採、運搬（出し）、市場出荷等の仕事を請負い、忙しい時は同郷の友三人を適時雇って仕事をしている。山に入っての仕事は年の半分で、他はほかの地域に出て、屋敷林、社・寺林等の手入れ、伐採等の仕事をしている。父の時代は雇人五、六人で年中山仕事をしていた。山仕事の服装は乗馬ズボンで、地下足袋を着用する。三十年前まで乗馬ズボンは磐田市新開に乗馬ズボン専門の仕立屋があった。乗馬ズボンは空間が大きく、動きが楽である。地下足袋は足首から二十五センチの高さまでこはぜでまきつけ、枝や蔓にかからないようにしている。

山の高さによって林地への往復時間が変わる。

水窪　夏季　六時に家を出る―七時林地着―十五時下山―十六時家に着く。

敷地　七時半　家を出る―八時林地着―十五時半下山―十六時家に着く。三十年前までは林地に着くと、急いで焚火で湯を沸かし、お茶を飲んでから仕事を始めた。現在は水筒やおやつは個人で用意する。

労働時間（林地）　八時三十分―働く―十時―休み―十時三十分―働く―十二時―昼食―十三

時―働く―十四時四十五分―休み―十五時十五分―働く―十六時三十分

敷地の山は水窪の山と比べて低く、雨量も少なく、日照時間が長い。水窪の山より、木の伸びが劣り木質もやや劣る。木材搬出のために林道の拡充は必要であるが、山の中腹に通すと、林道上部の林地は乾燥し、成育が悪くなる。

松井栄治郎さん

植林（春四月）

山林所有者から立木の売却の話があると、この山に植林をする費用を見込んで価格を決める。

植林地整地は、秋の伐採時に植林を考えて枝剥がしをし、植地を空けておく。一反整地するのに五人工かかる。三十年以前は一反歩あたり三百本を植林したが、現在は間伐費用を考えて二百本植林している。苗は浜松市浜北区、磐田市大藤地区から買っている。三十年以前は苗を仮植し、適宜植えた。アルミで苗を包んでおくと十日間適宜植えることができるようになった。五年前からはポット苗ができ、年中植えることができるようになった。植林にはあひるの口ばしに似た「あひる」と呼ばれている鉄鍬で穴を掘り、一人工で二百本を植林する。ポット苗は鉄棒を地に刺し、棒をぐるぐると廻して穴を掘り植える。

ポット苗は植えるのに体力的には楽だが苗の代金が少々高い。

間をあけて植林すると早く太くなるが、木材の年輪が大きく価値が少なくなる。

苗運びは背負籠で二十五本束を四束、ポット苗五十本を運ぶ。ワイヤーで苗を山上げする。十年前から敷地の山に鹿が出没するようになり、植林した苗の幹や枝の芽を食べるようになった。鹿除けの網、柵等で食害を防ぐ方法はあるが、何分にも経費がかかり過ぎる。

下草刈り七・八月

反二百本植えの地は十年間、反三百本植えの地は五年間下草刈りをする。下枝が張り、下草の成長度が下がると下草刈は止める。

下草刈りは二<ruby>メートル</ruby>弱の長柄に鉈《なた》のような刃をつけた鎌で、両手で柄を振り下草を刈った。一日一人一反歩を刈った。約五十年前に動力草刈り機が導入されてからは、一日一人二反歩刈るようになった。初期の動力草刈り機は重く、鎌の下草刈りよりも疲れが甚だしかった。下刈り鎌は、休みのたびに研いだ。動力草刈り機の鋸刃は、平やすりで時々目立てをした。現在の草刈り機の刃は、チップそうといって先端に点のような金属が付いて、何日でも使える。植林、下刈、間伐は役所に申請すれば、それぞれ補助金が出る。ただし、当地は森林組合がないので申請の窓口がない。自力での対応となればすべて山主の負担になる。

間伐

植林して十年時、二十年時、四十年時の三回、成長の悪い木、曲がった木を間伐し、反八十本を成木として育てる。成木一本（六十年生）で二．五石の木材がとれる。反当たり二百石取りを目安とする。間伐は十年時に二割、二十年時に二割、四十年時に六割をチェンソーで、地上二十

《センチ》のところで伐採する。一日一人一反できる。鋸間伐の三倍の能率である。

現在、間伐材は売れないことはないが値が安く、出荷しても経済性がないので、山に放置してある。昭和五十年代までは間伐材は杭、建築・土木の足場等に使われていた。当時は二十年四十年の間伐材売上で間伐費用が賄え、持ち出しなく間伐ができた。十年時の間伐費は山持ち負担であった。国の補助金制度は売却石数によって補助されるので、経済性を考えて、市場に出すこともある。

枝打ち

植林後十年から十五年の間で二回の枝打で地上十五尺（四《メートル》五十《センチ》）までの枝を切り落とす。切り落とす枝の太さはビールびんの太さまでである。枝を多く切り落すと成長が悪くなる。また幹を傷つけないよう枝部分が幹に少し残るよう枝を切り落とす。この二つの注意が求められる。

枝打ちは、梯子四《メートル》、または二《メートル》を繋げる一本棒の梯子を使う。四《メートル》五十《センチ》の高さまで枝打ちをする。桧は鋸で、枝を五《ミリ》から一《センチ》幹に付けて切り落とす。

杉は鉈《なた》で桧同様な仕方で枝を切り落とす。

枝打ちした木材は、枝打ちしない木材の三倍の値段で売れた。桧、杉材とも、無節の柱材とした。節が現れた場合は、部屋から見えないように柱の向きを工夫して使う。直径四寸の丸太からは三寸五分の柱、直径五寸の丸太からは四寸五分の柱が取れる。現在では木材価格と労賃の比較、集成材の普及により十五年前からは枝打ちは行われていない。かつて阿多古川水系の林地では枝打ちが行われ、良質な木材が生産されていた。現在は枝打ち材とそうでない材との格差が小さくなっており、枝打ちに対する意欲が失われている。

伐採（十月～二月）

伐採前にこの山からどれだけの石数が出るか立木を見て予想し、来春の植林費も見込んで、山主と値段を交渉し、契約した後伐採に入る。

立木を切り倒す時には尺五寸（四五センチ）の鋸《のこぎり》と樫《かし》の木の楔《くさび》、鉞斧《まさかり》、鉈、ハンマー等を用意する。立木の地上部は根が横に張り、急に太くなっている。この太くなっている部分を鉞斧《まさかり》で幹の上部と真直ぐになるよう削る。この根元の作業に多くの時間がかかる。次に倒す側の幹に地上五センチの所にたて十センチ奥行七、八センチの三角彫りを鉞斧《まさかり》で彫る。三角彫りの反対側の幹から、三角彫をめがけて鋸を引く。幹を六割程度切ると切目に樫の楔を打ち、鋸の引き目を開けて引き易くする。また鋸を引き、また楔を打ち、幹が倒したい方向に確実に倒れるようにする。

伐採した木の幹から枝を落とし、木取りをする。長さ十二尺欲しい場合には一寸から二寸の余裕をもって切る。末口（細い方の面）六寸以下のものは十三尺余裕一寸から二寸つけて切る。

手鋸の頃は一日一人五、六本切っていた。道具の目立て、研ぎは全部自分でしていた。

昭和四十年代頃からチェンソーという動力の鋸が普及した。一日一人二十五本前後の伐採をするようになった。根本の三角彫り、幹の伐採、枝落とし、丸太の木取り等すべて動力でできるようになった。昭和五十年代までは根本低くまで伐採することが進められたが、現在は根本がやや曲がっている所の上を切るようにして能率を上げている。

現在は択伐と言って良い立木から約五割伐採し、二十年から三十年後に残り五割の立木を伐採するようにしている。山の保全策である。伐採跡地には植林する。

杉皮とり

屋根葺きに使う杉皮を四十年前には取っていた。屋根裏の板に杉皮を敷き、五センチ幅に竹を割り、その竹で杉皮を止める。杉皮の上に練った軽い土を盛り、盛土の上に瓦を葺いた。杉皮だけの屋根もあった。杉皮は腐らず雨もりせず長もちした。

八月盆の頃、立木のまま根元から九十センチの所で木おい鎌という道具で杉皮を切り、剥ぎ取る。時期が来たら伐採する。伐採した木の幹は地面との間が開くように倒しておく。春皮は五月から六月上旬、秋皮は九月中旬から十月中旬にかけて、刃先の薄い専門の鉈を使って剝ぐ。杉皮を取ると、少し幹に傷が付く。

丸太搬出

春伐りの丸太は秋搬出、秋伐りの丸太は春搬出する。半年置く間に重さは半分になる。

木馬

きんま(木馬)と言う橇《そり》を使って搬出を行った。橇道は谷底の沢沿いに八十センチ程度の橇道があり、道には横木が二十五センチ間隔に埋めてあった。橇は長さ三メートル、直径十センチの丸太を二本並べ横木で留めてあった。まくらという六十センチの横木が四本あり、丸太を載せる広さを大きくしている。橇の先に一本の手木が出ていて橇の進む方向を決め、橇道の急な所には杭や木にロープが巻きつけてあり、そのロープを手木にまきつけて坂を下り、ブレーキとした。橇道は山林地主の共有で誰でも自由に使えた。丸太は重いので下に動かした。鳶口《とびくち》といって、三メートルの柄の先に鳶の口ばしに似た鉄製の鉤を付けた道具で丸太を動かしたり、転がしたりして、そり道まで下ろす。そして丸太を木馬に乗せ鎹《かすがい》で木を留めて積む。鎹とは小指くらいの鉄棒を両端五センチ曲げ先端を尖らせたもので、両端をハンマーで二つの丸太に打ち付けて、動かないようにする。鎹には大小様々なものがある。そり道は水の流れに沿っているのでやや下り坂になっている。そり道の横木（板木）に足を付けて引っ張る。そり道と林道が交わる所まで、橇を引き進む。雨の日は事故の危険度が高い。橇の滑りが悪い所は道の横木に安価な油を塗り滑りを良くした。丸太のある林地へは橇を肩に担いで行った。林地を渡り歩く木馬を引く職人もいた。木馬職人の労賃が一番高かった。木馬は三組ぐらいの人が組を作り、丸太積み、丸太おろしを助け合って行った。橇には一回五石を積んだ。直径一尺、長さ十二尺二寸の丸太を五本積んだ（一石とは縦一尺、横一尺、高さ十尺。一尺は約三十センチ）。木馬で運べない大木は木挽《こび》きという専門の樵《きこり》が対処した。木挽は大鋸《おおが》という幅六十センチ長さ六十センチもある大きな鋸で、現地で製材し、橇で運べるように丸太を分解した。

ロープで丸太を運ぶ

丸太のロープ運搬は昭和十年代に始まり、昭和四十年頃動力が導入された。丸太を伐り出した上の土場と、丸太の集積地である下の土場にそれぞれ支柱を立て、支柱の間に丸太を吊るす太いロープと、丸太を引っ張る細いロープを渡し、支柱の上部に輪になったロープを留めた。上の土場からロープに丸太を吊るし、丸太の自重とロープを引っ張ることで下の土場に運ぶもので、ロープウェイと同じ仕掛けである。上の土場と下の土場の距離は長い時には千《メートル》にも及ぶ。ロープ張りの段取りに十日から一ヶ月もかかることがあった。ロープを張るときはロープの下になる山の持ち主にあらかじめ許可をもらう。ロープを張る際、現在は火薬を使ってナイロンテープを飛ばし、ナイロンテープにロープを結んで引っ張っている。太い丸太は一本、細い丸太は二、三本吊るして搬出した。ロープ運搬以前は、二人で丸太をかつぐか、下へころがす以外に方法はなかった。ロープ搬出の装置は設置に手間がかかるため、ある程度広い伐採地で行った。ロープは、伐採地が一反（十アール）以上の場合は百～二百《メートル》、三反（三十アール）以上の場合は五百～千《メートル》の長さだった。

丸太の販売

昭和五十年代までは各地に製材業者があったので、製材業者に売ったこともある。現在では浜松市浜北区にある材木市場に出荷している。

現在の丸太の最大の購入者は、沼津市の「ノダ」と言う業者で「集成材」を作っている。県内産の二割の木材を購入している。木材の需給に関係なく、年間を通じて安定した価格で購入している。集成材とはいろいろな材木を特殊な接着剤で貼り合わせ、大小いろいろな製品が自由にできる材である。例えば柱は長い直方体を作り、これに無節の木の皮を貼り付けて作る。

集成材は曲がったり割れ目が入ったりする歪みが全く生じない利点がある。テレビで四十階のビルを集成材で建てたり、白蟻を防ぐガラス粉を混ぜたペンキの実用化を研究していると報じていた。

林業の課題

国では木材の低価格が低所得を招いているとして、能率的な作業をするため機械化を進めている。しかし機械が高額で小規模の業者では購入が困難である。機械は外国製で価格は

林業用フォワーダ（枝打ち造材）十三トン　二千万
クラップル（材木をつかむ）二千万
トラック　クラップル付　十トン　二千万
ラジコンキャリー（ワイヤーでつり上げ出材）六百万

である。能率よく仕事ができても、山の仕事がない。過剰投資は絶対してはならない。今ある機械は雨除けを徹底して、長持ちさせるよう心掛けている。

機械は補助金制度はあるが、毎年の仕事量の計画や実績の報告等事務量が多く、専任の事務をする人が欲しい。敷地地区には森林組合がないので、法律、事務の知識が不足している。

小面積の山林地主は、他産業から所得を得ているため、山林の手入れ、管理に関心がなくなって放置しがちである。近年はイノシシ、サル、シカ等の野獣が増え、特にシカは植林した苗の先端の芽を食べるので、成木にならない木が多くなってきた。シカ障けの網はあるが、設置費用

が高い。

財産区の林業

虫生は昔から二十戸程度の戸数で、五十町歩の山林を所有している。全山林が財産区の直営で、分収林はない。全戸が年三日程度の労役を提供し、収益は区内の神社や寺、道路等の保全管理に使われた。

財産区の山林は、植林地が五割、雑木山五割となっていた。雑木山の二割は草刈場であった。雑木は十五年ごとに切り、炭焼き材、椎茸の榾《ほだ》木、薪に使われた。雑木は切れば根元から芽が出て成長し、新旧の木の更新が行われた。草刈場は場所割され、時々場所替えが行われた。草は堆肥田畑の敷草等に使われた。虫生は敷地川の源流にあり、棚田が開かれ、全戸二十戸の米は自給できた。敷地米は美味で寿司米になると久しく言われてきたが、この堆肥の効果である。雑木、草の場所割はすべて入札で決めていた。

二　市川敏仁さん（大平）のお話

市川敏仁さん（昭和二十六年生まれ・大平）から次のお話を伺った。父の代は山仕事を請負う仕事をし、自分も父と一緒に仕事をした。途中から木材に関係する会社に勤め、退職後も少し山仕事を請負った。

植林　地ごしらえ

二〜三人で枝や蔓《つる》を巻いて、円筒状に並べ、その中に杭を打ち止めておく。

苗木は浜北方面の苗木屋さんから財産区がまとめて注文し、植林前にトラック等でその年の注文者宅まで配達してもらっていた。畑に仮植後、植林地に運ぶ。二十五本を一束にし、八束（二百本）を背板（ショイコ）で背負って運んだ。またリュックサックのような袋でも運んだ。一人工で百二十五本くらい植えた。坪植といって、一反歩三百本を十字の金鍬《かなぐわ》（つる、あひる）を使って植えた。残った苗木は現地に仮植しておいた。

下刈り

七、八月の暑い時、一．五ｍ《メートル》の長柄の鉈のように厚い刃の鎌で、山の下方から横に雑木を切りながら進む。休みは十時、十二時、三時にとり、自分で鎌を研いだ。年一回、十年間下刈りをすると、隣の木の枝と接するようになる。汗だくだくになる仕事である。

昭和五十年頃から動力の草刈機で下刈りをするようになった。能率がどのくらい上がったかはよく分からない。

市川敏仁さん

捨て切り間伐

十年　捨て切り

曲がりや成長の悪い木を一割から二割切り、山に捨て置く。

二十〜二十五年に一割から二割間伐する。

稲架《はずなる》の横木、建築の足場、こいのぼりの柱、海苔の柵等に間伐材を使い、昭和四十年代までは売れた。

三十五年間伐　二割売れる

木と木の間を空ければ、木の成長はよい。空け過ぎると風で倒れる。

枝打ち

枝打ちをし、葉を少なくすると成長が悪くなる。敷地地区では枝打ちをせず、太くして石数を多くすることをした。桧も枝打ちをしない。

杉皮取り

七月に、根本の十五㌢幅の杉皮を鉈ではぎ、水止めをする。一枚目は八月下旬立木のまま、まわし鎌というS字のような鎌で立木のまわりに幅三尺の切り線を入れ、皮むき鉈というL字形に刃のついた鉈で、杉皮をはぐ。二枚目以降は伐採した木を枕木の上に横に倒し、幹と地の間が空くようにして、順次杉皮を取りつつ玉切りをした。杉皮は縦三尺横三尺の杉皮百五十段を一ハイと言い、杉皮一ハイを三十三束にし、持ち運びできるように縛った。杉皮縛りの専門の職人もいた。杉皮一ハイが一人工の収入になった。ビニールが利用されるようになって、杉皮の需要はなくなった。

伐採

昭和二十六年生まれなので、鋸での伐採経験はない。チェンソーは昭和四十年代に導入されたと思う。鋸とチェンソーの比較はできない。伐採は根張りのまわりにチェンソーで横切りを入れ、斜め縦切を入れ、倒す方向の切り口を作り、他の根張りを切り落とす。倒す木材が折れたり割れたりしないように衝撃の少ない横方向に倒した。太い枝はチェンソー、細い枝はよきで落とした。択伐は昭和の終わり頃からするようになった。それまでは皆伐であった。

造材（木取り）

板材は十三尺　　杉材が多い

柱材は十尺　　一階の建物用　桧、杉材が多い。

　二十尺　　二階の建物用　桧、杉材が多い。

この木取りは製材所の指示によって、樵《きこり》が判断して行った。

・素材生産者と言う専門業者もいた。山の立木を買い、丸太にして製材業者に出荷した。

・製材所の山林部が平均的な木の太さ長さを目測して、全体の立木の石数を出す。（玉取り）

そして立木を買い取り、伐採、玉切りをして搬出した。

搬出

木馬は、経験はないが、先人からのいい伝えを記すことにする。

杉材で縦六～七尺の木材二本に横一尺三寸位の横木三本、二尺の横木三本を留めて梯子をつくる。縦材の裏には樫の一・五寸角の木を打ち、留める。山の上部から傾斜を見て木馬道をつくる。木馬がひっくり返らないよう、平らに道をつくることが肝要である。道幅は三尺弱で、道に横木を一尺間隔に留め、木馬が滑りやすくつくる。沢には丸太で橋を架け、木馬道とした。木馬に丸太を積み、鎹《かずがい》で留める。積み木の一本をやや前側に出すように積み、手木として方向づけや、ブレーキのワイヤーロープを巻く木とした。木馬道の急な所にはロープを道沿いの立木に巻き付け、そのロープ（ブレーキワイヤー）を手木に巻き、少しずつロープを緩めながら木馬を滑らせた。平らな所は積荷から木馬を操る人の胸肩にロープをかけ、手とロープの力で木馬を滑らせた。滑りの悪い所は、安価な油を塗り木馬を滑らせた。木馬道の横木を足場として木馬を引いた。木馬は三組で助け合って仕事をした。土場に木をおろすと、木馬の横木の間から頭を出し、肩で木馬をかつぎ、道具はリュック状の袋を背負い、木馬道を小土場まで歩いて行った。木馬はロープが足腰にからまりけがが多かった。

自分の時代はロープの動力で集材した。輸送はトラックで、馬車輸送を見た経験はない。

三　青木森一さん昭和十年生まれ（大平）のお話

青木森一さん（昭和十年生まれ・大平）から次のお話を伺った。

自宅の東の山は自家の山で、杉桧の山が見える。これは父や祖父が植えた山で、自分が伐採し売った経験はない。下草刈りを手伝った経験はある。木馬で山から木材をおろし、馬車牛車で木材運びをしたのを実地に見たことがある。

木馬

木馬は、長さ七尺の二本の木材を約一尺の間に空けて並べ、梯子のように横木で留める。横木四本は二尺の長さにし、木材を多く積めるようにした。地に着く所は樫材、上部は杉材を使った。鉄の釘は使わず、すべての材に穴をあけ、竹釘で留めて作った。

そり道

山の高い所の伐採地から荷車、馬車が通る道まで、木馬で丸太を運ぶ木馬道を作った。今でも木馬道という地名が残っている。山林地主から許可を取って、幅三尺の木馬道を作った。伐採地の雑木を三尺の長さに切り、一尺ごとに横に並べ、横木に杭を打ち、動かぬようにした。

木馬で搬出

伐採地で枝を払い、杉皮をむき、玉切りといって丸太を決められた長さに切る。半年位そのままにして軽くした。木馬に積みこむ所まで、二人で肩に担ぎ運ぶ。木馬には丸太を積み、鎹《かすがい》で丸太を留めた。木馬には木馬をひく人の肩胸にかける巾十センチの長方形の連尺のある綱があり、綱を引く力と木馬の自重で木馬が動く。手木で方向を決め、急な坂の所は立木に綱が結んであり、手木に綱を巻きつけて、綱をブレーキにして少しずつ木馬を動かした。木馬の動きの悪い所は、横木に油を塗り、滑りを良くした。木馬の動く音がキーキーと聞えた。木馬の丸太をおろす所を「土

青木森一さん

場」と言った。

昭和三十年頃までは、馬車が通れたのは大平までで、万瀬は大八車がようやく通れるだけの道であった。万瀬の木材は地元の人が大八車で大平のお寺の近くの土場まで運び、そこで馬車に積みかえて、製材所へ運んだ。自分の家では、昭和二十年頃は、三又やこうぞ（かんず）の木の皮をはぎ、窯で煮て渋皮を取り、敷地川で濯《すす》ぎ、乾かして商人に売った。

茶は、祖父は茶葉を買って手で揉み、森町へ売った。父は昭和四十年代、茶工場をつくり、自園の茶葉を揉んだ。

炭焼きは、野部に雑木山があり、そこで白炭を焼いた（炭には黒炭と白炭がある）。炭窯を自分で作り、焚き口の穴を調節して、煙の色を注意して焼いた。一窯で四～五俵焼いた。

竹は、竹籠をつくる材料として真竹を業者に売った。

山羊も一頭、家庭用として飼っていた。

四　佐々木徳寿さん（万瀬）のお話

佐々木徳寿さん（昭和四年生まれ・万瀬）から次のお話を伺った。

田二反畑二反で、米麦、さつま、野菜、椎茸、お茶をやり、農閑期になる八月末から四月下旬まで、二十キロメートル離れた天竜川の西にある下阿多古の親方の所へ山仕事に出た。親方は八〜九ヶ月の仕事量の山の立木を買い、雇人五〜六人に伐採と出材の仕事をさせた。阿多古までは自動車で通った。

八時　　現地に着く

八時半　仕事を始める　　親方も一緒に作業をした

十時　　一服お茶を飲む

十時半　仕事をする

十二時　昼食　弁当持参

十三時　仕事

十五時　一服お茶を飲む

十五時半　仕事

十七時　仕事終了

十六時半　冬仕事終了

伐採　八月末〜十二月末

チェンソーは自分持ち。

根張り切り口をつくる。チェンソーを横にひき、斜め縦に引く。他の根張りは横引き縦引きをする。木材の損傷のないよう伐採する。

木取り

柱（主に桧）　十尺　一階建て用
杉は少し　二十一尺　二階建て用
板（杉材多し）十三尺一寸
出材　四月下旬まで

ワイヤーで出材した。ワイヤーは終戦時くらいから使った。ロープウェイと同じ仕掛けである。長い時は千メートルくらいの距離を出材した。土場ではさげる担ぐの作業はなく、ワイヤーを動力で動かした。ワイヤーは木の上、林の中も張り、木の通る空間をよく見て作業した。

佐々木徳寿さん宅

昭和二十年頃までの記憶。万瀬では木馬、つまり橇《そり》は自重で坂道を下がるのが基本と考えていたところ、木馬に坂を上らせていたことを聞きびっくりした。下の土場で、二人で五～十本の丸太を鎹《かすがい》で積み上の土場で「しゃち」という機械で、四人が巻き上げた。しゃちは円筒の上部に十字に横棒を出した機械で、横棒に一人ずつ付き、円筒を回してロープを巻き、木馬を引き上げた。木馬に一人が付き、方向を決めて上方へ誘導した。橇道の横には木馬が道からそれないように、板木を打った。板木は樫材を使った。

椎茸

秋に雑木を伐採し、四尺前後の長さに切り、椎茸菌を打って榾木《ほたぎ》をつくる。四月に横木に立てかける。一年たつと椎茸が出る。シデは木の皮が薄く早く出るが、木の皮が落ちて寿命が短い。コナラは大量に出る。クヌギは木の質が良く、長年出る。

炭焼き

炭窯は自家の雑木山にあり、雑木林が二町歩ある。麦蒔きが終わると雑木を切る。六尺の長さに切り、太い木は二つ割にした。窯に立てて積み込む。火をつけると、煙の色が初めは濃く、だんだん色が薄れてくる。二～三日で煙がなくなる。煙がなくなると焚き口を「すばい」という土を水で練ったもので閉じる。「すばい」は灰と土が混じった土である。焚き口を閉じて三日～一週間して窯から出す。これが黒炭である。炭窯の煙の色がなくなると、赤く焼けた木を三メートルくらいの鉄棒でかき出し、「すばい」をかけて火を消した炭を白灰という。

五　椎茸栽培のお話

虫生で椎茸栽培を専業で営まれている松井平六さん（昭和二十八年生まれ）、弟さん（昭和三十五年生まれ）、母親（昭和二年生まれ）、平野雄一さん（昭和二十五年生まれ）、平野恭子さん（昭和三十七年生まれ）から次のお話を伺った。

椎茸栽培を始めるまで

祖父の代（戦前～戦後しばらく）までは、山仕事と農業（水田、麦、芋類など）が主であったようである。炭焼きはいつ頃から始めたか分からないが、父の代になって昭和四十年頃までやっていたと思う。出荷先は、農協とか山の燃料店だった。自家山林がないので、雑木山を切らせてもらって、炭を焼き、切った跡地に杉、桧を植林し、下刈りなどの管理をした。その時にナラなどの椎茸原木があれば菌を打つ程度で、本格的にはやっていなかった。農業の方は、みかんやサツマイモ、しょうがなどをやっていた。炭焼きは、木炭が売れなくなってやめたと思う。その後お茶が良いとのことで、虫生のほとんどの家で、お茶栽培を始め、みかんもお茶に切りかえた。その頃から椎茸栽培も増えていき、虫生でも六～七軒やっていたと思う。当時は良い原木林が近くになく、引佐町、掛川市の山間部にまで原木を切りに行った。しばらくお茶と椎茸の二本立てでやっていたが、二十年位前から、お茶の値段が下がり始めたのをきっかけに椎茸専業になり、現在に至っている。原木は近くの財産区などから、立木で購入し、自分で切り出しをしている。ただし良い場所は杉桧が植林してあって、条件の良くない場所が多く、六十年以上の大きなものが多く、作業は楽ではない。それもだんだん少なくなってきた。

松井平六さん

椎茸栽培について

原木椎茸栽培には大きく分けて、次の二種類ある。
㈠低温性　秋～春　十月～四月ごろ発生
㈡高温性　春～秋　五月～十月ごろ発生
元来は秋～春にかけての、山中での露地栽培で、自然発生的なものだった。それが品種改良により、夏でもできるようになった。年間を通してやるようになったのは、農業を減らし、椎茸を主力にするようになってからのことである。椎茸菌を打ち、安定して収穫できるようになった。生活程度が向上して、生椎茸を食べるようになった。

作業手順

㈠原木伐採
自家山林はなく、原木はほとんど立木購入して、自分で切出しをしている。条件が悪く、スギ、ヒノキの植林ができなくて残っている場所で六十年生以上のものが多く、直径四十チセン《チセン》くらいまである。周辺はナラの木が多く、シデなども原木にしている。伐採は秋紅葉が始まる頃で、以前は十月終わり頃から始めたが、温暖化のために、紅葉が遅くなり、十一月下旬～十二月初め頃になっている。ほとんど皆伐である。
㈡玉切り
伐採してから一ヶ月くらい　葉枯しをし、年が明けてから一メートル《メートル》の長さに玉切りをして、山から出す。玉切りが終わるのは二月頃となる。

㈢菌打ち作業

以前は菌打ち専用のハンマーで穴をあけ菌を打ち込んでいた。今は発電機でドリルを回し、穴をあけ、菌をハンマーで打ち込んでいる。原木の太さによって菌の打ち込み数は違い、平均三十個くらいである。菌打ちの原木は五千本〜七千本程度で、原木は立木で購入するため、毎年本数が変わってくる。本数は数えず、打った菌の数で数える。今日は二千個打ったとか、今年は五万個打ったというように言う。当家では最も多かった年で二十五万個くらいだった。最近は十五万個程度で、一日の作業量は人によって大きく違う。一人で作業した場合、手の早い人で四千個、遅い人で二千個くらいである。

二月〜四月くらいは春の椎茸発生時季と重なるため、収穫と菌打ちを交互にするようになるので、菌打ちが六月くらいになる場合もある。

椎茸菌を売る会社が五、六社あり、高温性、低温性の各二種類を購入している。

㈣仮伏せ（榾木《ほたぎ》つくり）

仮伏せは、接種した種菌の活着と早期に蔓延させることで、平地や人工ホダ場（柱を立て、ネットなどをかけた場所）に仮伏せする場合は、シートをかけたり、散水したりするが、うちでは条件の良い林内に仮伏せするため、散水やおおいはしていない。本伏せは、梅雨前までにするようにしている。

㈤本伏せ

林地に並べて、風通し、日除け、散水など、夏場の高温対策が管理上の重要なポイントである。均一な榾木を育成するためには、天地返しが不可欠となる。

この状態でふた夏おく。十月頃収穫しやすい所に移動させる。これを「ホダ越し」と言う。

㈥茸の収穫

低温菌は、翌年秋から自然発生で茸の収穫ができる。

高温菌は、五十本くらいずつ伏せ込み場所から出し、タンクに入れ、一晩くらい浸水させてタンクから出し、ハウス内に入れる。ハウスは、金属管を継いで自分で建てた。高温を防ぐため、南面に竹薮があり、屋根はシートがかけてある。ハウス内は、高さ一《メートル》弱の横木があり、ホダ木を横木に左右から立てかける。その後一週間くらいで茸が発生する。それを夏の間三～四回くり返す。高温菌はほとんど一年で使い終わるが、低温菌のものは、約三年間は発生する。

運搬は、榾木、茸ともキャタピラの付いた運搬機を使い、山から作業場まではトラックを使う。収穫は夏はほぼ毎日で、成長が早いので朝と夕方二回行う。冬は一日おきくらいになる時がある。

㈦出荷

夏は全量生椎茸として浜北大橋手前の「元気村」直売所に出荷する。直売所ができる前（約二十年前）は、浜松や磐田の青果市場に出していた。百《グラム》ずつプラスチックのトレーに入れ、ラップをかけて出荷している。道具は、ハカリと手動のラップ機のみで、自動のラップ機もあるが、高価なのと量が大量ではないため使っていない。

　低温菌の茸も、基本は生で直売所に出荷するが、十一月と三月は特に発生が集中するため乾燥椎茸をつくる。乾燥したものはいつでも出荷できるので、直売所農協に出荷している。乾燥は灯油を使う専用の乾燥器を使う。十一月と三月は発生が集中するので、乾燥機は二台ある。新品は一台百五十万円くらいするので、二十年くらい前に中古で購入した。発生集中期はそれぞれ一週間程度、この間は毎日百《キログラム》くらい収穫し、乾燥機に入れ、四十時間程度乾燥させる。生で百《キログラム》あったものが、十分の一の十《キログラム》程の重量になる。

　生で出荷した方が効率は良いが、集中時にはとても売り切る事ができないので、乾燥させる。乾燥させておけば、年中いつでも売る事ができるというメリットがある。

　菌床栽培は専用の施設が必要で、年間通してやる場合は、エアコンも必要になる。本格的にやるには一千万円以上の投資が必要で、人員も相応に必要になってくる。原木栽培と菌床栽培の両方をやっている人はほとんどいない。

問題点

㈠重労働であること。原木は自伐のため、直径三十センチ以上から、細い枝の部分は三センチくらいのものまで使う。運搬以外はすべて手作業で、機械化は困難である。

㈡天候に左右され、収量が安定しないこと。特に近年は異常気象、高温化で、先が読めない状況になっている。

㈢価格が二十年～三十年前と比べて、全く上がっていないこと。

㈣原木確保がだんだん難しくなっていること。ナラ、クヌギ等の苗の植林もやっているが、使えるようになるまでに、十五年～二十年はかかる。他県からＪＡを通して購入することができるが、福島の原発事故後、最も多かった福島産が放射線のため出荷できなくなり、今は山梨、長野産が多くなったが、積雪などで出荷できない場合があり、遅れることがある。価格は福島産が一本二百円だったものが、今では四百～六百円と非常に高くなり、採算をとるのが難しくなっている。

㈤中山間地域から人がいなくなり、若年層が減ったため、後継者がいないこと。

※菌床栽培は、施設さえあれば都市部でも可能で、菌床一個当り、一・五キログラム～二・五キログラムと軽く、取り扱いやすいため、他産業、法人からの参入も増えている。現在、生椎茸の比率は菌床が九十パーセント以上となり、今後も増加していくと思われる。

COLUMN 4

循環型社会・敷地村

養父志乃夫は『里地里山文化論―循環型社会の基層と形成』（農文協二〇〇九年）において「古代から近代、昭和二十〜三十年代まで、わが国では徹底循環型の里地里山生活が展開した。」と説いた。今回、昭和三十年頃まで秣山《まぐさやま》が機能し、棚田で水田が営まれ、茶畑、柿園、栗園で農林業が展開されていた頃の敷地では、循環型社会の構図が読み取れる素地があることに気づいた。

この敷地は、江戸時代、七ヶ村に分れていたが、近代に入り「敷地村」となり、敷地川沿いの一つの共同体として、農林業中心の地域である。三百ヘクタールにおよぶ秣山は、この敷地村の生業の中心的存在であった。秣山とは入会地、共有地、今の財産区のことであり、「秣」（飼葉、馬の餌となる植物）を採集する山を意味しただけの生業の場ではない。入会とは、個人所有の山ではなく村の共有の山林や原野を共同利用し、樹木、柴、下草、落葉、キノコ類などを採集したり、放牧地に利用する慣行をいい、一つの村ないし複数の村の住民が共同で管理する共有地を指す。昭和三十年代までは、本報告書の第2章で描かれているように、この敷地村での農林業は、水田稲作、定畑での畑作、茶、柿（渋柿、甘柿）、栗、椎茸の栽培、炭焼き、筍、ワラビ採り、そして林業経営・山仕事が複合されていた。この生業がいかに複合化されていたかは、第2章の敷地の生業暦（99ページ）で確認することができる。

秣山は、令和五年の現在においても、「敷地他四ヶ字財産区」として存在し、住民によって管理、運営されている。明治二十二年（一八八九）、秣山に大植林計画を実施して、それを財政の根幹として無税の理想村落建設が初代敷地村村長・伊藤泰治によって計画された。それは秣山を中心とする循環型社会を創出しようとした構想であった。敷地村は昭和三十年（一九五五）、合併により消滅し、その構想は戦後日本の高度経済成長の波に飲み込まれていった。

（文：中山正典、イラスト：天貝はな）

敷地村の循環型社会模式イラスト（天貝はな作図）

COLUMN 5

「財産区」後世に残された秣山

山本 享祐

静岡県磐田市の北部に位置する敷地村には秣山《まぐさやま》と呼ばれる財産区が存在している。この財産区について『豊岡村史通史編』（一九九五年）等を参照し整理してみた。この土地は共同の地として一六〇九年に七村（大当所、敷地、家田、岩室、大平、虫生、万瀬）が金十両を出し合って払い下げを受けたものである。幕府もこの入会制度に対し相当の関心を持っており「占有的にならないように土民互いに利用せよ」といった意味の布達を出している。

当初は上記の村々で共有管理していたが、境界などの問題で何度も紛争が勃発したため五村（大当所、敷地、家田、岩室、大平）と虫生村、万瀬村の三つに分割をして利用するようになった。争いが発生するほど当時の秣山に価値があったことが見てとれる。

秣山は「馬草山」とも書かれ、兵馬や家畜の飼料、田畑の肥料敷草といったものを採取する採草地としても利用されてきた。しかし、村民が濫伐などをしていたため荒廃が進み、明治時代には個人の経営に移そうと分割を望む者も出てきた。つまり、共同の地ではなく私有化しようとしていたのだ。そんな中、当時の敷地村村長である伊藤泰治《いとうたいじ》が、七村の保持していた秣山を敷地村の共有の秣山とし大植林計画を立て、その林業収益を財政の根幹として「無税の理想村を建設しよう」という計画を立てた。しかし、村民は造林地を増やすことによる秣場の減少を懸念し、計画に賛同しなかったため、すぐには規約の設定が進まなかった。それでも、村長の熱意と管理規約による利害損失を説くことで反対意見は減少し、明治二十四年に「敷地四ヶ字共有秣山規定」を設けることに成功する。この規約では植林に適する場所を部分林とし、そこに適当な樹種を植栽、毎年平均一か所を輪伐することとし、自然木についても保護培養をして輪伐をする方法を立てて管理を行った。植林や育成林、採草にも不適当なところでは天然林を育成させて薪山とした。この当時は五十年を伐採期としていたが、三十年で伐採した時期もあった。

明治二十四年の秣山規定設定以降は、計画的に人工林植栽に努めその山林収入のほとんどが村の公共事業の費用として使途された。昭和二十年代は山林景気が良かったため植林を進めたが、昭和五十年代頃になると木は売れず、管理者たちの収入は決して多いとはいえなくなった。そのため、木々が伐採期を迎えても、コストや人手といった点で伐採が難しい状態にある。採草地に関しては化学肥料の普及により必要とする人が減少し、今は採草地として運営されている場所はなくなっている。ただ、秣山からの収入が全くないわけではなく、一部はゴルフ場への貸下げにより毎年収入を得ている。

現在は昔と比べ利用が減ってしまった秣山だが、この土地が敷地の人々へ与えた恩恵を忘れてはいけない。そして、この秣山をどのように残していくか、敷地の人たち皆で考えていかねばならないであろう。（山本享祐）

採草地（大平）

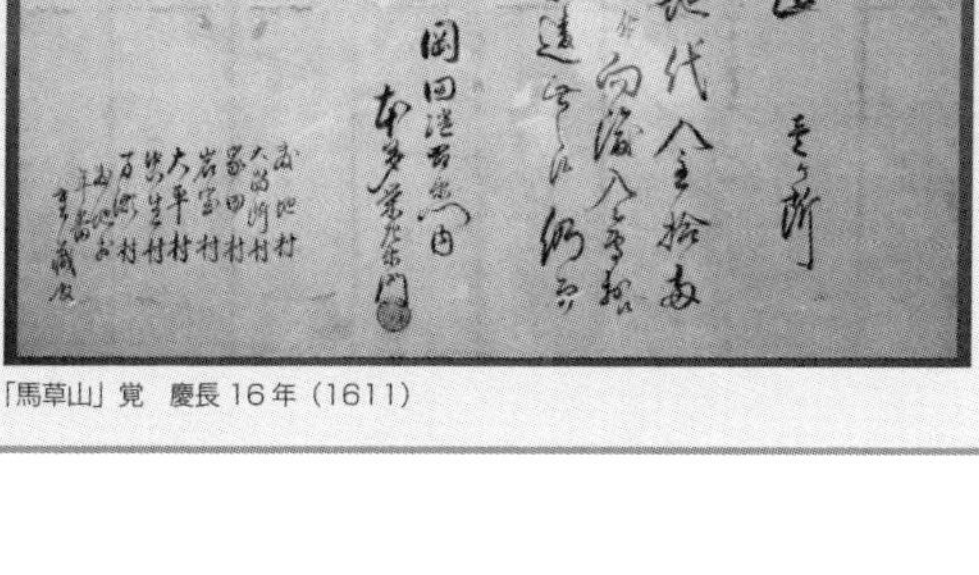

「馬草山」覚　慶長 16 年（1611）

COLUMN 6

敷地のメロン温室栽培

敷地では温室メロン栽培が行われており、今回は白澤禎一さんの温室へ伺わせていただいた。敷地の生産者はクラウンメロン支所に所属しており、戦後の組合再結成からしばらくしてから所属した者が多い。元々稲作をしていた生産者が、田んぼの土壌がメロン栽培に適していたこともあって、温室メロン栽培を始めた例が静岡県内では多くある。敷地の温室メロン農家もその一例であり、田んぼを埋め立て、その上に温室を建設し、田んぼの土を温室内に設置した隔離ベッドに入れて栽培を行っている。敷地でのメロン栽培の特徴として、農業用水の他に、山間部に位置していることから山中の水を引いて、その水を使用した潅水《かんすい》を行っていた点や、山間部にある「草刈場」や堤防の草（主にカヤなど）を一か所に集め、水をかけて発酵させることでできた肥料を使っていた点などが挙げられる。現在では双方とも時代が進むにつれて廃れてしまったが、現在でもその痕跡を見ることができる。

静岡県の温室メロン栽培は、今日に至るまでに百年以上の歴史がある。その歴史を『静岡県温室発達史』（一九八四年）を参照してまとめてみた。静岡県内でのメロン栽培は、明治二十三年（一八九三）に当時、東京農林学校（現：東京大学農学部にあたる）に所属していた福羽逸人によって三保に西洋野菜、イチゴと共にメロンの種子が贈られたことから始まる。三保にガラスフレーム二種を試作し、そこで野菜の促成栽培がおこなわれ、明治三十九年（一九〇六）には同村の柴田両太郎がマスクメロンの試作を始めた。大正初期には、温室を使用した促成栽培を行うものが増えたため、各々の地域で組合を設置するようになった。昭和初期になると温室でのメロン栽培が行われ始め、昭和十年（一九三五）になると、中遠温室組合の組合員は六十九名、温室約四千棟までに成長した。第二次世界大戦後の昭和二十一年

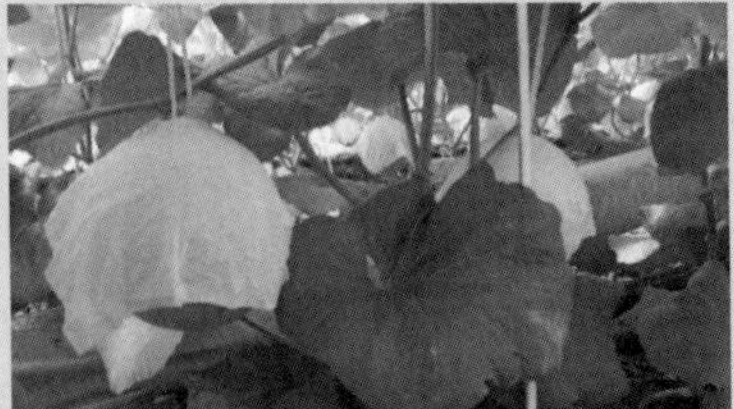

白澤禎一さん栽培のメロン

（一九四六）には、戦争の影響で解散した組合を再結成する活動が行われ、昭和二十四年（一九四九）に市場でメロンが高額で取引されたことを機に静岡県内の温室メロン栽培が活性化した。その後は組合間での合併を繰り返し、昭和三十八年には静岡県温室農業協同組合静南支所（現：アローマメロン支所）が、昭和三十九年には磐田温室農協丸静支所（現：クラウンメロン支所）が結成された。

静岡県の温室メロンには、育成から出荷にかけていくつかの厳しい基準が設けられており、その中でもメロンの品質を示す「階級」はこれまでに培われてきた生産者の技術と経験のもとに成り立っている。階級を決定する数値は、糖度と重量以外には基本的には存在せず、外観は人の目によって判断される。もちろん曖昧に決めるのではなく、生産者の長年の経験と消費者への想いによって厳しく選別されている。そのため、静岡メロンの階級の頂点である「富士」は「千箱に一箱」の割合で出るか出ないかと言われており、品質上の信頼を勝ち得ている。

白澤禎一さん（敷地）

昭和を中心に栄えてきた温室メロンだが、近年では高齢化や過疎化、担い手不足や、燃料などの経費の高騰といった課題が多く挙げられている。現在、敷地では五軒のメロン農家が上質の温室メロンを栽培しようと日々努力を積み重ねている。（菅沼千颯）

第三章　戦争

第三章　戦争

第一節　陸軍少年戦車兵学校の青春

高木敏さん（昭和四年生まれ、西之谷北）は、現在の富士宮市、当時富士郡上井出村にあった陸軍少年戦車兵学校在校中に終戦を迎えた従軍経験者である。同校は、千葉県穴川にあった千葉陸軍戦車学校内に昭和十四年（一九三九）に設置された少年戦車兵生徒隊が前身となり、昭和十六年（一九四一）に分離独立した陸軍少年戦車兵学校が、昭和十七年（一九四二）、静岡県上井出に建設された新校舎に移転したものである。

現在、少年戦車兵学校の旧敷地の一角には、戦死した教官や生徒六百名余りの御霊を祀った若獅子神社が建立され、慰霊塔・若獅子の塔（元材料廠跡）のほか、「帰還戦車」と呼ばれる大破した戦車第九連隊所属の九七式中戦車（チハ車）が展示されている。

高木さんは五反農家の長男で、敷地尋常高等小学校高等科二年だった昭和十八年（一九四三）、戦局の悪化で陸海軍とも徴兵前の少年兵の募集が活発になる中、卒業後の進路として陸軍少年戦車兵学校を志願し、同級生と共に十二月に浜松高等工業学校（現在の静岡大学工学部）で一次試験を、翌昭和十九年（一九四四）一月に二次試験を受けた。合否の連絡がなかったため、四月に森町の周智農林学校に入学したが、五月になる頃採用通知が届き、周智農林を中途退学した。一緒に受けた高等科の同級生五人のうち、採用は高木さん一人だけだったという。

高木さんの父 熊平さんは、十八歳で陸軍を志願し、歩兵第六十七連隊（浜松）に入営、大正十三年（一九二四）まで八年務め、下士官の最高位の曹長で帰ってきた方だった。その間、満州の奉天に二年いたので、外地加算がついて実役十年となり、年額百六十円の軍人恩給がついた。米一俵十円の時代で、かなり家計が助かったという。そのような父であったので、息子の軍隊志願に理解があったと話している。

出発日が近づくと、近所の人たちで二俣の光明山まいりをしたり、家の前に万国旗をたててくれたりした。五月二十八日の出発当日は朝十時頃、村中の人が出て、役場の隣にあった公会堂の前で送別式が行われた。村長のあいさつもあり、そこから二俣線の敷地駅まで歩いた。沿道には幟《のぼり》が立ち、皆が日の丸の小旗を振って見送りをしてくれ、感激しながら村を後にした。母とは自宅で別れ、父は富士宮まで送り届けて帰り、一人となって指定の旅館に泊まった。

高木　敏さん

翌二十九日朝、学校のトラックが迎えに来て、富士宮から更に十数キロ北の富士郡上井出村にある学校に向かい、到着と同時に入校手続をした。中隊長から「合格」の言葉があり、他の入校生たちと喜びあった。軍服、帯剣、日用品等ほか、四大節の際に着る制服と制帽、戦車兵用のつなぎの服や頭部を保護する帽子等が支給され、六月一日に六期生約六百八十人の一人として入校式に臨んだ。同期に近在では森町の円田が一人、掛川の原谷が一人、浜松が三人いた。修業期間は二年で、卒業時には兵の最高位である兵長になることが約束されていた。六期生の入校と入れ替わりに四期生約六百人が五月に卒業した。この四期生のうち、一個小隊三十人がサイパンに派遣され、玉砕したとのことである。

一学年の六期は三つの中隊の編制で、髙木さんは満十五歳一か月余の一番若い生徒だったので、第六中隊に配属された。校長は少将、中隊長は少尉か中尉だった。兵舎は二階が教室、一階が居室で、一部屋に生徒二十人が入った。部屋の真ん中に通路があり、その両側にベッドが十台並んでいた。ベッドは二台ずつくっつけられていた。この二部屋の四十人で一個小隊となり、一つの内務班を編制した。内務班は期ごとに編成され、違う期の生徒とは一緒にならなかった。下士官の班長と班長付が指導した。六つの内務班で一つの中隊を編制した。

朝六時起床、六時半朝食、その後一旦内務班に戻り、八時から訓練を開始した。昼食は、訓練が近くの時は学校で、遠い時は握り飯持参だった。昼食後、一時半から五時まで訓練を行い、帰ってきて夕食、入浴後、夜八時まで二階の教室で戦車の構造や修理関係の学科などの座学が二時間行われた。旧制中学レベルだったという。入浴は毎日あり、九時に消灯だった。

食事は大食堂で摂り、一内務班が一つの通りに座った。ご飯や味噌汁は大きな食缶に入れて運んだ。大豆飯も出たりした。水が硬水のため、下痢をしやすかったという。一冬生活したが、多い時は五十センチの積雪があり、雪かきもした。居室にはストーブがあり、トラックで焚く原木を切ってきたこともあった。外出できるのは祝日くらいしかなく、交代で二、三人で白糸の滝や近所の寺に行った。入校後の最初の三か月は、歩兵の各個教練を行い、小銃の射撃等を訓練した。次の三か月はトラック運転の習得で、一度、一泊で富士五湖を回ったことがあり、トラック一台に教官と生徒五人が乗り、教官と運転する生徒以外は荷台に乗って、交代で運転の訓練をした。途中の学校の校庭でテントを張って野営をした。

その後、戦車の訓練に入り、生徒を操縦、射撃、通信の三部門に分けて順に進められた。高木さんは戦車砲の射撃訓練から始まった。トラックに乗って射撃場に行き、戦車砲の射撃訓練などを行った。二百メートル先の標的目がけて撃ち、標的近くにいる人が○×のプラカードを挙げて弾着を知らせた。高木さんは射撃が得意だったというが、耳栓を支給されなかったので難聴になり、復員後苦労したという。

高木さんは射撃訓練の次は、戦車の操縦訓練の順番だったが、そこまで行かずに終わった。学校にはトラックと戦車が豊富にあり、各班に戦車は一台ずつ、トラックは二台ずつあったという。戦車は、三十七ミリ砲の九五式軽戦車と、五十七ミリ砲の九七式中戦車があった。中戦車は二本のレバーで操縦し、九五式軽戦車には半クラッチがあったという。

本土空襲では、Ｂ29は南から富士山を目当てに侵入し、西と東に分かれて爆撃地に向かうため、学校はそのコースの真下にあり、上空を通過するキーンという音をよく聞いた。戦車兵学校は工場ではなかったので、攻撃されることはほとんどなかったが、一度米軍の戦闘機数機が昼頃、昼食の準備をしている時に来襲したことがあり、機銃掃射のほか、爆弾も落とされ、袋井の人が銃撃を受けて足を飛ばされたという。

戦局がますます悪化する中、本土決戦で上陸してくる米軍を迎え撃つ戦車乗員の速やかな育成と供給に迫られ、五期生は修業期間の二か年を待たずに昭和十九年（一九四四）十一月に二百七十人、翌年一月に六百三十人が繰り上げ卒業となった。髙木さんたち六期生も約六百八十人のうち、約二百人を操縦手、約二百人を戦車砲射撃手、残りを学校防衛の残留として、短期の猛訓練を開始し、昭和二十年（一九四五）七月に約百人の生徒を繰り上げ卒業させ、陸軍兵長として九州の守備隊等に送り出した。髙木さんは残留組となり、駿河湾から上陸が予想される米軍に備える戦闘態勢に入り、訓練と同時に戦車壕や地下壕を掘る作業に明け暮れた。

そして八月十五日正午、校庭で玉音放送を聞いたが、雑音が多くてよくわからず、兵舎に帰って放送の真相の説明を待ち、数時間後、日本の無条件降伏を知らされ、放心状態となった。そして学校長から「当分の間、休暇を付与す。よって別命あるまで出校に及ばず」の命令が出されて帰郷することになった。

八月十八日、戦闘帽をかぶり、私物もほとんどないので、水筒、飯盒程度を持って朝一番にトラックで学校を出発し、昼前に富士宮に着き、渡された復員用乗車券で国鉄に乗り、その日の明るいうちに二俣線敷地駅に降り立ち、自宅に帰った。

復員した髙木さんは、中途で退学していた周智農林学校に二年生の二学期から復学することになり、九月から登校した。髙木さんとともに、海軍少年兵三人、陸軍航空兵二人の計六人が復学したという。周智農林を十八歳で卒業後は、掛川の茶組合に就職し、数年勤めた後に地元の敷地村農協に戻り、昭和五十八年（一九八三）の定年まで勤められた。退職後は、商工会の事務局を四年勤めた後、豊岡村文化協会役員等、様々な役を務められた。令和三年（二〇二一）十二月にお話を伺った際も、次郎柿一反と野菜を作りながら、御家族と穏やかに暮らされていた。帰りの際には、髙木さん運転の車で敷地駅までお送りくださり、恐縮した次第である。

第二節　終戦五十周年記念文集「うつせみのこえ」より

平成七年（一九九五）八月に旧豊岡村の有志が刊行した、「うつせみのこえ」という戦争体験文集がある。旧豊岡村に在住の八十五人の方々が、従軍、銃後それぞれの立場から自身の体験を綴られている。今回の調査時点で戦後八十年近くが経ち、前の大戦を実体験として語ることのできる方がほとんどいなくなる中、次の世代に戦争を伝えるうえで、この記録の持つ意味は大きいと思

文集「うつせみのこえ」

われる。手記に記されている体験のいくつかを紹介する。

一　海での戦い

安藤静一さん（上神増）は、十八歳で海軍を志願し、機関兵として数々の艦船に勤務した。昭和十七年（一九四二）五月には乗艦していた水上機母艦瑞穂が大島沖で撃沈され、駆逐艦に救助された。昭和十九年（一九四四）八月には、戦艦大和と同型の船体を航空母艦に転用した当時世界最大級の空母信濃に艤装員として乗り込み、竣工間もなく横須賀から呉に回航中の十一月二十九日未明、和歌山沖で潜水艦の魚雷攻撃を受けて撃沈された。夜の海の中、安藤さんは材木につかまって救助されたが、機密保持のため、その後一か月広島の小島に監禁されたという。

河合茂平さん（壱貫地）は、志願兵として昭和十七年（一九四二）五月に横須賀海兵団に入団し、三か月の基礎訓練後、八月に駆逐艦五月雨への乗艦命令を受け、船を三回乗り換えて、ソロモン諸島のブーゲンビルの島の間でようやく合流した。ちょうど敵機との対空戦の直後で、戦闘で火傷をした兵士が通路に足の踏み場もないほど寝ていた。負傷者を商船のような大きな船に移した後、砲塔内には血や肉の固まりが散らばっていたので、こそげて拭き取る作業をし、その後の食事が喉に通らなかったという。まもなくガダルカナル島の艦砲射撃作戦に駆逐艦二十隻とともに参加し、未明から早朝に米軍の哨戒圏内に入る行動を定期的に繰り返し、その都度一、二隻が消えていった。十一月十二～十三日の第三次ソロモン海戦では、発砲回数の多さから砲身の螺旋が擦れて使用不能になり、破損していた駆逐艦峰雲の砲身と取り換えた。

その後、昭和十八年（一九四三）五月中旬に横須賀に帰港し、外出を待ちわびていたところ、アリューシャンへの出港命令が出され、二日間で積込作業を終えて出港した。約十日で半そでシャツから防寒外套に変わり、カムチャッカ半島の先にある幌延の島間にある基地に着いたが、島は五月でも水面から上が雪で真っ白だった。ここで、キスカ島撤退作戦に加わり、巡洋艦を先頭に駆逐艦等十隻程度で接近を試みたが、何度も霧に阻まれた。ある日まれにみる晴天となってキスカ島に着くことができ、港の中に入って陸上との合図に魚雷を陸に向けて二発発射した。陸上ではすべての施設を爆破し、上陸用舟艇で守備隊員を駆逐艦に収容して撤退を終えた。キスカ島は翌日米軍の大空襲に見舞われ、間一髪であったという。

二　中国戦線

旧豊岡村からの陸軍の出征兵の多くは、郷土部隊である歩兵第三十四連隊（静岡）や歩兵第十八連隊（豊橋）、歩兵第二百二十九連隊（豊橋）等に配属され、中国大陸などに赴いた。

鈴木勝男さん（西之谷北）は、昭和十四年（一九三九）八月に召集令状を受け、豊橋歩兵第二百二十九連隊第七中隊に編入されて、十月十三日に豊橋を夜間に出発し、十月二十二日から広東省江門新会県地区警備作戦に参加した。翌年五月十日から六月二十二日までの両広会戦は雨期の最中で、昼夜を問わず連日一日五里の強行軍で泥んこになり、歩きながら寝ているのか寝ながら歩いているのか分からず、雨とも戦いながら交戦、一日五里前進した。一日二合の米と粉味噌汁だけの食糧で、行軍中誰一人しゃべる者はなく、ある日暗夜の中での夕食で、ひさしぶりの青野菜がとれたとかで、少量の残飯にこの野菜を入れおじやのような食事となり、大変おいしく食べた。しかし翌朝、中隊の八割方が下痢となり、原因は昨夜の野菜がタバコの葉であったことがわかったが、笑い事ではなかった。雨とは反対の時折の日照は耐えがたい暑さで、マラリアにも悩まされたという。この会戦では部隊の死傷者が数百人に及んだ。

そして昭和十六年（一九四一）五月三十日、晴れた午後二時頃に望到底山で突撃の折に鈴木さんは敵の狙撃に遭い、右上腰及び右腰背部に貫通銃創を受け、青竹で強くたたかれたようなショックを受けた。この異郷の地で死ぬのかと思うと同時に肉親の顔が次々に浮かび故郷の神社が浮かんで消えたという。以後意識が全くなくなり、看護兵の手当のおかげで、うめき声がしきりに聞こえる雨の夜、負傷者で一杯の収容所で気がついた。中隊の戦友が二人来てくれて、無理を言ってもらった水筒のふた二杯の水が本当に甘かったという。

雨上がりの翌朝、重傷患者として見知らぬ老兵の工兵四人が痛がる鈴木さんを担架で担ぎ、山を登り谷を下りながら二日間、がんばれと声をかけながら運んでくれた。その先も即製の筏で川を下り、トラックのハンモックに揺られてアンペラ藪の野戦病院に運ばれた。五日ほど過ぎて、内地送還のため広東陸軍病院から高雄、小倉、豊橋、吉奈温泉を経て、名古屋第二陸軍病院に転送、入院生活一年五か月余り後、予備役免除で帰郷した。

和田長五郎さん（下神増）は、昭和十三年（一九三八）徴兵で昭和十四年（一九三九）五月に豊橋第十八連隊に入隊した。同年八月に大阪港を出港し、中国中部の戦線に赴いた。昭和十六年（一九四一）十一月に長沙作戦が始まり、さしたる抵抗もなく十二月三十一日に長沙城近くまで進撃した。ここで先発隊が城門に近づいた時、四方の小高い丘から一斉に射撃が始まり、部隊は身動きできず、地にへばりついて夜を待って反撃した。城の近くの獅子嶺山争奪戦は激戦となり、和田さんはそこで負傷した。目の前が真っ赤になり、細い鉄棒で強く左腕をなぐられた感覚がしてひっくり返り、「やられた」と叫んだ。横にいた戦友が「おい大丈夫か」とにじり

昭和 13 年の華中明細図（出典：『週報』第 100 号附録）
※傍線は文中に出てくる地名

寄ってきたが激痛で返事ができず、携帯していた三角布で左手を吊ってもらった。何とか動けるうちは本隊について行動しないと危険なので、遅れがちながらもついていった。翌日傷を見た小隊長から衛生隊に行けといわれた。

衛生隊には足をやられていた同年兵がいて、それからその同年兵と二人三脚が始まり、歩く時は同年兵に肩を貸し、食事は同年兵が作ってくれた。四日目の夕方に和田さんが薪取りに出た後に衛生隊が夜襲攻撃を受け、和田さんは陰にひそんでいた。静かになってから帰ると、同年兵は飯盒の米を前にこぼして背中を撃たれて死んでいた。これが戦争と思いつつも涙がとめどなく流れたという。

その後、武昌の陸軍病院を目指して衛生隊と共に歩き、携帯食糧が底をついてからは食べずに歩いた。煙硝のため傷が膿んで肩まで腫れあがり、熱でふらふらだった。倒れて「このまま死ぬのかなあ」と思ったとき、「死ぬではないぞ」と大声で叫ぶ父の声を聴いた。「なにくそ死んでたまるか」と、体はくたくたで動けないのに気だけは強かった。見渡す限り広東白菜ばかりの道を通った時、白菜を片手で引き抜き、泥をこすってかぶりついた。生の白菜は水気があって甘く、こんなにうまいとは思わなかったという、残りは腕を吊っている三角布の間に入れて食糧とした。

武昌陸軍病院に近づくと、国防婦人会のたすきをかけた日本婦人が出迎えてくれた。兵隊相手に商売をしている長崎の人だといい、和田さんにしがみついて泣いてくれた。「私にもあなた位の息子がいてねえ、戦地にいるのだがどこにいるのかさっぱりわからん。息子もあんたみたいに苦労しているだろうと思うと人ごととは思えないよお」と言う。飲まず食わず、髭は伸び放題、泥と血で汚れ切った軍服、みるかげもなく貧弱な姿で傷を病んでいる顔は、この世のものとも思えない様子だったのだろう。

武昌、南京、上海、広島、名古屋と陸軍病院を転々と移送されながら治療してもらい、何回も手術をした。病院で中隊の上官や戦友の死を聞くたびに無常感を深めた。傷が治ってから岐阜県下呂の療養所に行った。曲がってしまった関節を伸ばすため、入浴しては伸ばす訓練をした。はじめは衛生兵二人におさえつけられて、按摩《あんま》に伸ばしてもらったが、言葉で言い表せない痛さだった。毎日一回やったが、これが終わるとやれやれだったという。下呂には二か月滞在し、昭和十八年（一九四三）四月に除隊となった。左腕には傷痕と障害が残ったという。

柳沢文治さん（家田）は大正七年（一九一八）生まれで、昭和十四年（一九三九）に教育召集を経て広東方面に出征した。昭和十九年（一九四四）六月には再度の召集で、神戸港から軍用船で釜山に上陸し、貨物列車で朝鮮半島を北上して満州の奉天、北京を経由して南京に到着し、南京からは船に乗り換え、揚子江上流にある武漢の第二船舶輸送司令部付きとなった。

ある時部隊は三隻の楼帆船に乗り、洞庭湖の中にある岳州に停泊していたところ、夜明けとともに空襲警報が発令され、荷物をまとめて郊外に駆け足で出た。出ると同時に空襲があり、他の部隊と中国人に多数の死者、負傷者が出た。その日の夕方出港し、長沙に向かう途中で夜が明け、米軍機の来襲に備えて船を退避すべく木陰に停船し、部隊は民家を探した。中国人は戦火を避けて逃げ去り、民家は空き家同然であった。

家の中に入ると暗い所で赤ちゃんの泣き声が聞こえ、そこには毛布に包まれた赤ちゃんがいた。遠くの林の中に中国人の群衆が見えたが、空襲下で田んぼの中を歩くのは危険な状態であった。退避した三隻の楼帆船も機銃掃射で沈没していた。それでも柳田さんたち数人が赤ちゃんをあやしながら群衆に近づき、「この子のムーチン（母親）はいないか」と大声で叫んだところ、一人の女性が走ってきた。彼女は「謝々、謝々（ありがとう、ありがとう）」といって涙を浮かべて喜んで子供を受け取り、群衆の中に帰った。三日後には空襲も少なくなり、村人も家に帰り、部隊も沈没した船の軍事物資の警備につくことができた。村人とも仲良くなり、農作物を無償で提供してくれ、お礼に塩や日本のお菓子等をあげた。数日後、迎えに来た船に軍事物資を積み替えて、部隊は目的地の長沙に向かったという。

三　シベリア抑留

終戦後、満州で武装解除された川合永一さん（本村）は、牡丹江液河に一か月余り駐留後、十月二十一日に貨車に乗車した。不安の中十三日目に下車を命ぜられたところは、極寒のシベリアであった。その後四年間の抑留生活のうち、最初の三か月間の出来事について、次のように記している。

防寒着は着ていたが日本のものはシベリアの寒さには通用しない。収容所は木造で周囲を二重にバリケードが張られ、二か所に望楼が在り、二十四時間自動小銃を持った兵隊が監視に当たっている。翌朝点呼である。広場に四列縦隊に並び数えるのだが何回数えても人員が合わない。気温零下二十度の朝に一時間以上立たされる。毎朝点呼は死ぬ思いであった。ソ連兵の頭の悪さには驚く。極寒のシベリアで逃亡する者もないのにと思うのだが…。夜はまた先住者が残していった南京虫の総攻撃である。

食糧事情は悪く、一週間馬に与えるフスマのスープであった。四年間の抑留生活の中で一番ひどい食事であった。幸い作業はなかったので助かった。しかし徐々に栄養失調が出始めた。昨夜まで食事もし話し合っていた者が朝起きないので声をかけても返事がない。よく見るともう帰らぬ人となっている。あまりにも空しい出来事であった。千名の中には色々な職業を持った者がいるもので幸い僧侶がいて懇《ねんご》ろに葬った。しかし、十二月から正月にかけて死者は増すばかりである。個人の埋葬では間に合わなくなってくる。支隊の安置所は裸にされた亡骸が十体二十体となる。仕方なく二十名くらいを一か所に埋葬するのだが、これが又大変で凍った大地はツルハシを受け付けない。薪を燃やして掘り、また燃やしては掘ることを繰返すが、一回で十《センチ》しか掘れない。数日かけて一《メートル》くらいしか掘れない。死体の頭と足を二人で持って丸太でも上げる様にして穴に入れていく。はじめは皆泣きながら葬ったが、何回かやっていると不思議に涙も出なくなる。何時自分もこうなるのかと思う。穴も深く掘れないので雪と土が混じったもので死体を覆い皆で合掌して終わる。裸にした衣類は我々が使用するのである。一日の作業が終わり飯盒の底が見えそうなスープに少しばかりの雑穀が入っている夕食をすませて床に付くが、寝付かれないので内地で食べた雑煮や寿司の話をしながらいつの間にか眠る毎日であった。やがて二月も半ばを過ぎた頃、収容所は病院となり、体の丈夫な者は奥地に向かって出発した。雪解けの頃となり、あの埋葬したところも雪が溶けて死体が出てはと不安だったとのことである。

四　豊川海軍工廠空襲

松島春路さん（亀井戸）は、昭和十八年（一九四三）七月から徴用で豊川海軍工廠に勤めた。六人で小國神社で祈願祭をしてもらい、二俣線遠江一宮駅で国防婦人会の人たちに日の丸の旗で送られ、豊川へと向かった。当時十七歳で、一緒に行った六人とも第二寄宿舎となり、朝礼、食事、掃除と毎日時間に追われて職場へ急ぐ毎日となった。火工部第二信管工場に入り、初めて機械を動かす旋盤工となって、半年近く現場で働き、その後は事務所へ配属された。

戦争が激しくなり、各地から勤労動員の学生が大勢入廠し、母校（森町高等女学校）の四年生も寄宿舎に入ったと聞いて、早速面会に行き、懐かしさで一杯になった。日が経つにつれて食糧事情が悪くなり、豆粕《まめかす》や高粱《こうりゃん》入りの御飯、副食は甘藷《かんしょ》づるや野菜の煮物、時にはイナゴの煮物などが出た。休日は友人と外出してふかし芋の買い出しをした。牛久保の農家の軒先で一個十銭で分けていただいたが、みんな並んでついているので、時には手に入らないこともあり、貴重なお芋だったという。

昭和十九年（一九四四）十二月七日に東南海地震があり、昭和二十年（一九四五）七月三十一日に浜松の艦砲射撃があった。そして八月七日の暑い日、午前十時半に空襲警報が発令され、急いで工場前の防空壕に入った途端、ヒューという音とともに第一弾が投下され、引き続き第二弾が轟音とともに炸裂《さくれつ》した。友の顔も真っ青、爆風で重なり合っていた体も「ドキンドキン」と大きく揺すれ、胸が圧迫されて生きた心地がしなかった。壕内には「お母さん助けて」の声が上がった。どのくらいたったか、外が静かになった頃、「早く出て工場外へ出よ」と呼ぶ声がした。おそるおそる出てみると、地上の光景は想像を絶する悲惨極まるものであった。

つい先刻まで照り輝いていた真夏の太陽は、渦巻く土煙と火焔と油の燃える黒煙などで赤黒く覆われて光を失い、焼けトタンが炎に舞っていた。あちこちに傷ついた友が転がって助けを呼んでいる。春路さんも急いだが、大きな穴があちこちにあり、気ばかり焦っても足が思うように出なかった。暑さと煙で息苦しく、何とか早く工場外へ出なくてはと、傷ついた友も助けてやれず、自分がようよう逃げ出すありさまだった。

職場の違う仲良しの石原さんは、「一信」の壕に入ったとたん生き埋めになり、爆弾の振動でポッカリ空いた穴を無事這い出して一人だけ助かったという。春路さんの寄宿舎も焼けて、他の寄宿舎に移り、翌日工場へ足を踏み入れたところ、焼け残った鉄骨のあちこちに手や足、肉の一片がへばりついている光景は目を覆うありさまでびっくりしたという。女子は後片付け、男子工は亡くなった方達の始末や、生き埋めになった勤労学徒の掘り出しをした。一人一人担架に乗せて運んで行った。足にゲートルをきちんと巻き、まるで眠っているようなあどけない顔だったという。春路さんの職場の親友も亡くなっていたと後で聞いた。何時も昼休みに春路さんのところに来て話をしていた、色白の可愛い人だったという。

数千の爆弾や焼夷弾が豊川工廠内だけに集中投下され、一瞬にしてこの世の地獄となり、軍人軍属はもとより、女子挺身隊員や勤労学生、国民学校の生徒に至るまで二千五百余りの命が奪われた。春路さんは、豊川工廠空襲の悲惨な実相があまり知られていないのを残念に思われていた。豊川稲荷の裏手の公園の一角に、立派な石造りの供養塔が建てられ、毎年八月七日に供養が行われ、生き残った同志は亡くなった方たちに逢える日を楽しみにお参りをしたという。

五　残された家族

藤見昭夫さん（川原）の父は大工をしていたが、昭和十二年（一九三七）十月に北支へ出征した。昭和十三年（一九三八）四月に徐州作戦が発令され、北支にいた父も徐州に動員された。父は五月十九日の徐州陥落の前日に麦畑で眉間を撃たれて即死したという。

戦死の公報が村に届いた日、小学五年生だった昭夫さんは担任の先生に言われてすぐ帰宅した。家には大勢の近所の人たちのほか、主な親戚の顔もあった。「力を落とすなよ」「お腹の子にさわるといけないよ」「昭ちゃんもいるから強くなれよ」などの母を力づけている声に、昭夫さんは父が戦死したことを知った。母は血走った目をこちらに向けて、「昭夫はまだ関係ないから、学校に戻って勉強して来なさい」と涙を見せずに言った。みんなの前だから泣きたくても我慢して強く見せているのだなと、昭夫さんは母の気持ちがよく分かったという。昭夫さんは学校に戻ったが、先生は見てはいけないものを見るような目で「大丈夫か、お母さんが学校へ行ってもよいと言ったのか」と何回も昭夫さんに言ってくれた。先生も心配してくれているし、友達も何かいつもと違う雰囲気だったので、昭夫さんも無理に気強く、明るくその日は振舞ったという。

昭和十三年（一九三八）八月十二日、野部村で初めての村葬が行われ、小学校の子供から婦人会、老人会まで参列し、偉い人たちの弔辞をたくさんいただいたという。

母はその後女の子を産み、父の忘れ形見と言って悲しみの中にも希望と勇気をもって行商をしながら頑張った。自転車の荷台に豆腐や油揚げ、駄菓子をつけて売り歩いた。その後、タバコ屋になり、豆腐や油揚げ、駄菓子も家で売るようになった。しかし昭和十七年（一九四二）の夏、忘れ形見だった妹は急死した。昭夫さんは後に小学校の教師となり、母に孝行を尽くしたという。

鈴木武さん（平松）の兄は、昭和十八年（一九四三）十二月に中国廬州の陸軍病院で二十五歳で戦病死した。戦線の混乱もさほどでなかった頃だったので、遺体は鄭重に焼かれ、遺骨は白木の箱に収まって、蜜柑《みかん》箱ほどの木箱にきっちり詰め込まれた遺品と共に家族のもとに届けられた。

中学三年だった武さんは、遺骨を中泉駅に出迎えて、包んだ白布を首にかけ、遺骨の箱を胸に抱いて、めったに乗ることのなかったタクシーを連ねて帰村した。村の小学校の講堂で村葬が行われた際、親族の最前列の席についていた武さんに父が、「式が始まる前には足を組んだりしないで両膝をきちんとそろえて腰かけているように」と注意したことを鮮やかに記憶していた。

骨箱が座敷の祭壇に祀られていたある日、庭で片付け仕事か何かをしていた母が、そそくさと座敷に上がってきて祭壇に線香を上げた。たまたま隣の部屋にいた武さんは、その気配を感じたが、母は武さんには気づかぬようだった。母は突然「かわいそうになあ」と言った後で声を立てて泣き出した。出迎えの時も弔問客の応対の時も、式の時も軍国の母であり続けた母が、抱いた骨箱を撫でさすって泣き崩れる姿が障子越しにうかがわれたとき、武さんが受けた印象は強烈極まりなかった。しばらくして母は何事もなかったように仕事に戻っていったという。

豊岡村慰霊塔

六　戦時下の学校生活

本多誠司さん（敷地中）は、戦時下の生活を次のように記している。

食糧は欠乏し、生産農家すら、満足に食べられる状態ではなかった。戦況が激しくなり、都会からの疎開家族が次から次へと農家の長屋、離れ、軒先へ間借りして、雨露をしのぐ生活を余儀なくされた。これらの非農家では、米麦は食べられず、さつま芋、里芋、南瓜、馬鈴薯などは上等な主食であった。

コメをたっぷり含ませた粥なども、量を増すための工夫として中にいろいろな具を入れた。砂糖などはないので、さつま芋で飴を造ったりもした。子供たちは菓子の代わりに椎の実やぐみの実、桑の実などを喜んで食べた。

学校の教師の服装も、背広姿ではなく、国防服（迷彩のための草色系の服）や国民服（軍服に類似のもの）にゲートル（脚絆《きゃはん》）、女性はかすりのモンペに簡単服の装いに変わっていった。子供たちはつぎはぎだらけの服に、半ズボンと藁草履《わらぞうり》、ポケットはすべて縫われて手を入れることもできず、冬の手足は毎日の雑巾がけで、しもやけ、あかぎれで化膿し、凍傷もままならなかった。

子供たちの体力増強も大変厳しいものがあり、冬の寒い早朝にも砂利道をはだしで駆け足をやった。冷水摩擦や崖登りなどもさせられて大変だったという。

佐野泉さん（大平）は昭和十八年（一九四三）に小学六年生だった。祖父の作ってくれる藁草履で通学したが、一日五キロの砂利道で二日でぼろぼろになった。炊《すい》とんをよく食べたという。

昭和十九年（一九四四）十二月七日の東南海地震では、敷地より南の地域で被害が大きかったため、後片付けの応援に行った。旧三川村の学校では、低学年生が校舎の下敷きになって亡くなった。この地震を境にB29の空襲が激しくなり、浜松などがひどくやられたと耳にしたという。

学校でも、運動場はさつま芋、南瓜、小麦の畑になり、体育は畑の中の細い境の道でやった。また、体力の増強と精神力の充実が目的なのか、早朝の駆け足は裸、裸足で走り回った。寒中には感覚がなくなり、歯を食いしばってがんばった。空襲警報が発令されると、授業を中止し、下級生を連れて下校しなくてはならなかった。朝登校したばかりなのに、すぐ帰らなくてはならないこともあり、落ち着いて学習などできなかった。午後になると作業の時間で、山に行って薪の背負い出しをした。家にある背負子《しょいこ》を背負って登校することが多くなった。友達よりも薪の数を多く運ぼうとするので、肩に重みがぎしぎしと食い込み、足腰にも痛みが走った。でも、子供心に戦争に勝たなくてはならないという思いが我慢をさせたのだと思うと振り返られていた。この作業は、中等学校の学徒動員令に合わせた国策で、高等科の一年、二年生の勤労奉仕の命令だったと思われるとのことだった。

昭和二十年（一九四五）になると、作業内容が変わり、家田の開拓となった。敷地川が昭和十六年の洪水で氾濫《はんらん》し、畑に土が積もっていて、その土砂を取り除く作業だった。二人でもっこをかつぐのだが、なかなか難しく、炎天下の作業は汗が吹き出して、首筋に白い塩が見られることもしばしばだったという。地主の家のおばさんが、天秤棒に麦茶の入ったバケツを二個ぶら下げて遠くに見えるのが楽しみで、うれしかった。でも、一列に並んで茶碗に二杯と決められているので満足できず、こっそり川に言って水をすくって飲んだりした。最上級生の高等科二年といえば、戦技訓練に、勤労作業にと、汗と涙で精を出した想い出がはっきりよみがえると記している。

ちなみに敷地の学校での朝の挨拶は、誰に会っても「勝ち抜きます。」と大きな声で叫んだという。

第四章　秋葉道（交通・交易）

第四章　秋葉道（交通・交易）

一　秋葉信仰とは

敷地地区の交通・交易を考えるとき、この地域における秋葉道の存在は大きな意味を持つ。そこでこの地区の秋葉道を探っていく事で、かつての交通を考えていこうと思う。

今更と言うくらい、この遠州地方では幼い頃より良く耳目する秋葉の信仰である。各町内や街道の辻には秋葉灯籠が設置され、火防の御札が家の軒先や内に貼られているのも珍しくない。石燈籠はかつては灯りを入れて、辻毎の街灯の役割も果たしていた。今では電灯が入ったり御札を納めていたりしているが、その御札を毎年持ち回りで可睡斎に受けに行く自治組織もまだ多く存在している。しかし「秋葉信仰とは」と改めて問われると、北に連なる山々の中の秋葉山を祭って火災予防のお祭りをしているという漠然とした感じではないだろうか。

秋葉灯籠

「秋葉信仰」とは秋葉大権現を祭る信仰であり、秋葉山を中心にして全国各所に秋葉神社が存在しているが、一言では語れない程歴史上では複雑な変遷をたどっている。様々な角度から検証され本も多く書かれているため、ここでは簡単に概要だけを記載しておく。

現在、遠州秋葉山に祭られている祭神は火の神である

「火之迦具土神《ホノカグツチノカミ》」であり、火防・火除けの霊験あらたかとされ信仰されている。だが実は、この伊弉冉尊《イザナミ》から生まれた最後の（伊弉冉尊を死に追いやった）神は、明治六年（一八七三）の神仏分離の際に廃寺にされた秋葉寺信仰の復活を願う地元の申出により、国家神道に沿う神である火之迦具土神を主祭神として祭ることで折り合いを付け、認められた神である。本来の秋葉信仰で大権現とされたのは「大巳貴命《オオナムチノミコト》」つまり大国主命であったという。また秋葉寺の本尊は聖観音（観世音菩薩）であった。秋葉寺縁起では天平時代の僧行基が興した（行基時代、当時の名称は大登山霊雲院のちに秋葉山秋葉寺と改名）と伝えられるが、全国の修験の地と思われる古寺はほぼ全て行基開祖説が伝えられており、真偽の程は確かでない。往々にして縁起や由来はより古く権威のある所に求められるものである。

もう一つの縁起である秋葉三尺坊大権現は、現在では秋葉の神を守る守護という位置に置かれている。三尺坊は信州の生まれで長岡蔵王権現で修行し天狗となったとされる僧で、白狐に乗って安住の地を求めたところ狐がとどまった山が秋葉山であるという。彼が飛来するまでこの山は別名であったが、三尺坊が飛来した折、現れたガマガエルの背中に「秋葉」の文字が浮かんでいたことから、山号寺号にしたという謂《いわ》れがある。

秋葉三尺坊大権現

いずれにせよ江戸時代までは秋葉山は神仏混交であり、歴史的にみれば、平安時代に修験者が修行を積み、鎌倉以降は天狗伝承が広がる中で、その存在の中核をなす霊山であったこと。宗派はその時代時代の権力によって変更されては来たが、古来から人々の信仰を集める山であり、今では「秋葉山」とは単に山の名前を指すのではなく、この地を中心にした宗教施設・信仰全てを含んでいるものと言える。江戸時代後期にはこの霊山への参詣が盛んとなり、各地から秋葉山を目指す行程が整備されていった。

二　信仰の道「秋葉道」

江戸時代は幕府が庶民の移動を制限しており、現在のような自由な旅行はできなかったが、唯一寺社参詣のための旅行と疾病湯治の旅は許されていたため、江戸の後期ともなると多少金銭に余裕のある人々を中心に、盛んに物見遊山を兼ねた参詣旅行がされるようになった。秋葉山参詣もこうした流れの中で庶民の信仰を集め、盛んになっていった。

その参拝旅行の隆盛に伴い整備されていったのが「秋葉道」であり、関東や関西・信州からの幾本もの秋葉道が現在でも伝えられている。江戸時代後期には現代でいうガイドブックの類いの読み物も盛んに出版されるようにもなり、人々の旅心をくすぐったのであろう。こういった文化面での発展は、世の中の政治の安定や暮らしの豊かさが反映されている。

この遠州地方で「秋葉道」とされている道は、東海道の掛川から森町を通り気田側から秋葉山に至る東のメイン街道と、浜松から天竜川を渡り、池田から二俣を抜け光明山・秋葉山へ行く街道、愛知県側より引佐を通り浜北から二俣をたどる西のルートなどが主な道として知られているが、秋葉山には見付宿の奉納札などが多く残されており、地元住民には主要幹線ではない道もよく使われていたと考えることができる。

敷地地区を通る秋葉道を記載した本は少ないが、「秋葉山参詣道法図（施印　長尾治右衛門製本　菱屋久八郎・永井宏親氏蔵）」という古地図には記されている。また現地にも秋葉道を記した道標石仏が数カ所に残されている。現在の道は袋井方面から来ると、大当所から森町へ向かう道と峠を越えて下百古里へ抜ける道とに分かれているが、かつては東海道から繋がるこの道はなかった。東海道の袋井宿から山の方へ向かって進む道は宇刈川に沿って上山梨へ続いていた。

秋葉参詣を描いた浮世絵

上山梨からは森町方面ではなく、一宮方面に向けて町並みが続いている。こちらの道の方が車を使用する現在でも磐田や袋井から森町へ行きやすい。天竜川の渡し船のあった池田宿からは、台地沿いに道が続いたようである。社山を抜け大楽地の一雲斎川沿いに秋葉燈籠や道標石仏があある。

いずれにせよ、現在車で通行する道は生活の利便性を求めて車社会中心に整備されたものであるため、かつての秋葉道をたどるには車を降りて歩くのが一番であろう。

三　現在に残る秋葉道

敷地から下百古里のみち

断片的ではあれ、残された道標石仏や道標を頼りに、現在たどれそうな秋葉古道を歩いてみることにした。

敷地側からは天竜浜名湖鉄道の敷地駅の西方に北に向かう道が延びており、第二東名の橋脚のたもとに道標となる石仏が置かれている。高さ五十センチ程の砂岩風で、刻印は読みづらいが「右秋葉」「左□□」がかろうじてわかる。馬頭観音のようでもあるが、風化が激しいので断言はできない。

敷地川に沿って野辺神社を抜け永安寺を少し北に向かうと「不動坂」と呼ばれる緩い西北に上る坂がある。坂の名前は昔この坂の途中にあったという聖不動（現在は永安寺に安置）に由来している。永安寺にある『不動尊縁起』には享保十九年（一七三四）に再建とあるため、それ以前よりあったものと考えられる古いものだが、大正十三年（一九二四）に現在の場所に遷座された。

敷地駅西にある石仏道標

この坂の入口付近には「大島屋」という旅館があり、明治期までは営業していたというが、現在は個人の住宅になっており面影は見られず、注意しなければ入口さえ見落としてしまうほどである。

三〜四軒ほどの住宅と農地を抜けて行くと、本来の秋葉道はゴルフ場になってしまっているため、ゴルフ場をぐるりと回るようなかたちで舗装道路を道なりに、緩いカーブを登り加減で進んでゆく。西北に取っていた道が北向きに進む。舗装道路は敷地地区を南北に延びる長峰山のゴルフ場のコースに沿って東側を削られて造られており、本来の秋葉道は峰伝いにあったと思われるが、道路の斜面を上側に登ってみても切り立った西斜面が迫るばかりの場所が多く、『遠江国風土記伝』（内山真龍：昭和五十五年復刻本。以下同）に記されているかつて遠州灘をゆく船の道標となっていたという燈明台はなかなか見つけられなかった。三度目の正直ならぬ数回の訪問の後、秋葉古道と思われる道の入り口を発見し、その道を登って行ったところでやっと見つけることができた。背後には朽ちかけているが「史跡奥灯明台跡」の立札もある。この俗称「金燈籠」と呼ばれる石造物は長径約八十五センチ短径約七十センチ程度のほぼ円形で、中央に直径十五センチ程の穴の空いた、厚さ三十五～四十センチの砂岩質のものである。色が白茶色なのは風化のためと思われる。「燈籠」というがその礎石部分が残った物であろう。現在は西に向かって傾き下部は埋没しているが、以前は全体が露出し水平に置かれていたという。

金燈籠の礎石

金燈籠を標す看板

辻の馬頭観音石標

　更に道をゆくと、西側に繋がる道との交差点に当たる崖の壁面に石仏を見つけた。一雲斎から東に来る別の秋葉道との合流点に当たる。石仏は台座を入れて高さ八十センチ、幅四十センチほどの馬頭観音で、「右秋葉　左いけだ」と刻まれているのが読める。西側に下る道は南北の道からは他にも何本も見受けられるが、㈲天竜フォレスターの管理下の森でもあり、山林管理の道であるとも考えられるうえ、基本的に山道は人の通った痕跡は少なく、すぐに藪にさえぎられて進めなくなる。

石仏が標す右の秋葉道を行く。峠を登ると道は東に向かい、しばらく行くと「三森神社」に出る。祭神は天照大神とされているが、神社には祭神名の記載はなく、縁起を記す物もない。【余話：岐阜県岩村町に同じ名前の神社があるが、こちらは三森山という神霊の裏山を信仰の対象としており、主祭神は天之御中主神《アメノミナカヌシノカミ》である。面白いのは、こちらの神社縁起に「天照大神がお生まれになった時そのへその緒を切った鎌を祭ったのが始まり」とされている事である。「三森」と「天照大神」この関係性についても今後考えてみたい課題である。】この神社は豊岡村万瀬地区の氏子で管理されている。この地区は現在は十戸とされているが、地元の方によれば空家になっている家もあり、九戸とのことである。境内には大正十五年（一九二六）の秣山記念碑があり、中泉農学校の校長細田多次郎と教諭嶋原馨の名前が読める。

三森神社

三森神社から百五十メートルほど東に行くと、畑の中に「いぼいし」と名付けられた石がある。丸太を斜めに切った目印があり、大きく「いぼいし」と書かれているので見つけやすい。石は二つあるが、二つともいぼいしなのかは不明である。地元の方は昔から「いぼいし」と呼んでいて、疣《いぼ》ができるとこの石に疣を当てて移すおまじないをしたのだという。聞き取りをさせていただいた櫻井宗久さん（万瀬生まれ）は、幼少期に祖父から「いぼいし」の事を聞き、疣があったので「イボイボうつれ、はしをとおってうつれ」と疣を石に当てて唱えたという。効果があったかどうかは定かではないということだ。

いぼいし

秋葉の道標

このいぼいしのある畑の道を挟んで北側に「旧あきはみち」の刻印のある道標がある。石の積まれた塚のような場所にも見えるが、落ち葉や草に埋もれているので見つけにくい。ここも東西の道と分かれ北に向かう道との三叉路になっている。こちらの道から北へ向かうと隣の集落である下百古里の酒屋へ出る道であったというが、今は林道で途中までしか繋がっていない。下百古里で「酒屋」と呼ばれているお宅はこの地域でも旧家で、かつての庄屋でもあり、現在も日本建築の母屋の他に鉄筋の洋館風の建物（大正十二年建造）が屋敷内に残っていて、下百古里の集落に入ってくると目を引く。秋葉山や光明山参拝に来た旅人は、三森神社を過ぎて山道を越え、この酒屋の脇の道に出てきたという。昭和の半ば頃までは使用されていた道で、万瀬と下百古里を結ぶ主街道であり、道幅も他の道よりも広く、馬や荷車はこの道を使って来ていたというこ

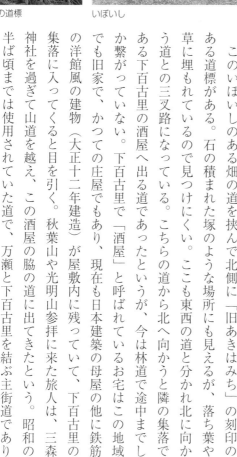

とである。一時は万瀬からバスも通っていたという。【余話：「酒屋」と呼ばれているため造酒屋と紹介されている本も見受けられるが、現当主の平野甫さん（大正十三年生まれ）によると、先々代が酒を扱った商売をしていただけで、この地で造っていた事はないという話である。現在は通称として「酒屋」と呼ばれている。】

万瀬から下百古里への道は他にも数本あり、地元住民達の生活道路としてよく使われていたそうである。現在でも徒歩でなら行ける道はあり、東から万瀬に入って三軒目にある柳沢妙子さんの実家の佐々木家の裏の山道からは、下百古里の山の上にある小木さんの家までは二分、集落にあるそば屋の百古里庵までは五分で行けるという。車を使った大きく迂回する道を行くよりはるかに早い。他にも只来へ抜ける「只来道」や横川に行ける道もあったという。

下百古里ではかつて四軒の旅館があったが、いずれも営業はとうにやめてしまい、記憶にとどめている人も減ってしまった。武速神社北側の「登良屋《とらや》」さんの建物が一軒残っているのみである。【余話：登良屋さんは現在の黒川さんがお嫁に来た昭和時代にはすでに旅館はやめていて、駄菓子屋をしていたという。屋号は、かつて旅人を泊めていた二階の天上に寅の絵が描かれている事から名付けられた。】

いずれにしても行政区としては、現在、万瀬は磐田市、下百古里は浜松市となっているが、両地区の関係は、他の同市内の集落よりも密接に繋がっていることが聞き取りをしていると伺える。

一雲斎川沿いのみち

涙橋

大楽地の秋葉燈籠

敷地地区ではないが一雲斎からの道をたどってみた。大楽地集落の入口に秋葉灯籠がある。平成八年発行の「静岡県歴史の道　秋葉街道」（静岡県教育委員会文化課刊）の本には、木造の常夜灯龍堂があったと記載されているが、現在は集会場の裏手に石灯籠が設置されているのみである。平成七年（一九九五）六月の銘があるので、集会場を設置する際に新しく作り直したとみられる。そこから一雲斎川沿いに伸びる一本道を行くと涙橋に出る。「涙橋」の由来は、戦国時代に寺が戦火で焼かれ管理不十分になるおそれがあったため、寺の位牌や歴代住職の彫像を袋井の可睡斎に移そうとしたところ、三世川僧恵水禅師の彫像だけが動かなかった。大人数で無理矢理運び出し、門前近くの橋のたもとまで来たところ、禅師の彫像から涙が溢れ出ていたため「これは禅師が一雲斎を離れたくないのであろう」と可睡斎へ運ぶのをあきらめ、元に戻したという伝説から名付けられたものである。一雲斎と可睡斎の因縁についてはここでは略す（『豊岡村史』：通史編　平成七年刊行豊岡村史編纂委員会：に詳しい経緯は記されている）。

涙橋を過ぎ一雲斎に。かつてはもう少し手前の秋葉道に設

一雲斎に移設された馬頭観音石標

現在の一雲斎

置されていたという馬頭観音の舟形光背の石製道路標識がある。苔むして白くなっているが「左秋葉」の刻字が読める。涙橋の手前辺りを東に向かってゆく秋葉道が古道とされるが、現在は道もなく私有地であるため、こちら側からの探索はここで終えた。

虫生の湯治場

虫生《むしゅう》の秋葉道は小国神社から来ている。小国神社の裏手から山に延びる道を行くとあるが、現在では小国神社からも虫生の集落からもたどれそうな道は繋がっていなかった。虫生の集落から本宮山への道もあり、その道中には石道標が残っているということだが、令和四年（二〇二二）九月の台風によって山道がかなり被害を受けたということで、立ち入って調査するまでには至っていない。時を改めてたどってみたいと考えている。

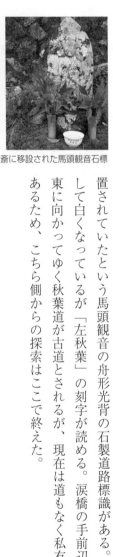

虫生の集落が湯治場として知られたのは、江戸時代後期から明治時代の頃までのようである。

虫生の名前の由来は「蒸し湯」からともいわれ、隣の集落である大平《おいだいら》も「お湯だいら」が由来とされるように、昔から温泉地として地元では知られていた。現在でも県道二百八十三号線から虫生の集落に入る落合橋のたもとには湯源とされる場所がある。『豊岡村史』（前出）に写真の掲

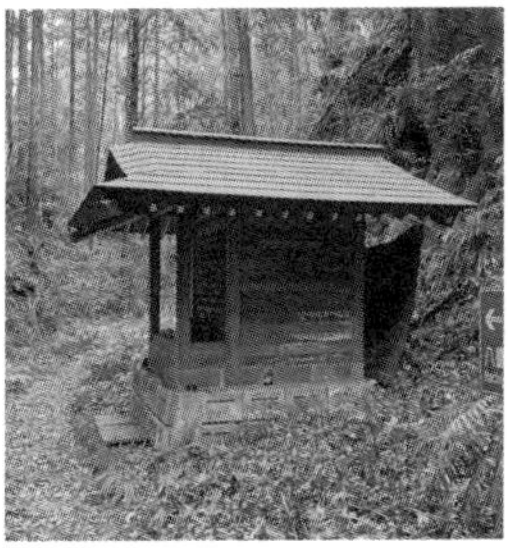
もう一つの源泉の祠

虫生の源泉

虫生の湯本とされる湯口

載されている湯源は小さな井戸状の円形のもので、こちらから湯が湧いていたと想像したが、古い文書に見える脇に建てられているという薬師堂はなかった。集落内の虫生寺には「宝永□十年九月吉日」の刻印のある蓮の花を持った聖観音と思われる石仏が残されているが、「奉納西国三十三所巡礼」の文字も詠めるため湯源にあるという薬師如来とは関係なさそうである。また、この湯源とされる井戸状のものもコンクリート製で、後の時代の手が入っていることは明らかであった。

この落合橋より少し南に、現在は獅子ヶ鼻ハイキングコースの一部として鍵掛岩にいく小路が伸びている。この道を少し東へ入って行った所に平成八年（一九九六）に新造された木造のお堂がある。中には石祠が見えるが、このお堂の脇を流れる沢から温泉水を取ったのだと地元の方には教えていただいた。小道脇の岩の間から細い沢が流れており、祠の前に当たる部分が少し岩が窪んでいて水がたまるようになっている。この部分から温泉水を汲んだのであろうか。元々二十五度程度の冷泉という事で、確かめるために水に手を入れてみたが、冷泉というより沢の冷水であった。この沢が薬湯の源泉で、ここにある石祠が薬師如来ということであろうか。

『遠州豊田郡虫生村差出帳』（文政十二年（一八二九））によれば当時の人口は六十九人、そのうち男四十一人女二十八人、十三軒の家で持ち回りで宿泊者を泊めていたということである。『遠江国風土記伝』（前出）には［出湯：湿病を治す］とあり、また［村中松井氏なり］とある。虫生寺の墓地には、新しくはあるが墓標は確かにほとんどが「松井家」である。

更に江戸後期、隣の森町の文化人である山中豊平の記述した『遠淡海地誌』（山中真喜夫一九九一年静岡教育出版局）には、「東海ハ即遠州之虫生　淡按、虫生非温泉、土人酌取冷泉煖潭作湯　令人浴洗。有泥気臭。山中谷間水湧出諸人浴シテ諸瘡ヲ治療ス。」（訳：東海ハすなわち遠州の虫生　淡按ずるに、虫生温泉に非ず　土人冷泉を酌み取り煖潭湯を作し人を浴洗せしむ。泥気の臭有り。山中谷間に水が湧き出で諸人浴して諸瘡を治療す。）と記されている。つまり虫生の湯は冷泉であり、この水を汲んで沸かしてから浴びていた。水は泥臭かった。水は山中の谷間から湧き出していて、人々はこの水を浴びて皮膚病を治療していた、ということである。

また近代日本の温泉の最も重要な資料と言われる明治十九年刊行の「日本鉱泉誌」にもその名が記載されている。この本は明治十四年（一八八一）にドイツのフランクフルトで万国鉱泉博覧会が開催されることになり、日本もこれに参加すべく明治政府が各府県の温泉を調査しまとめたもので、当時把握できていた全国の鉱泉九百九十二カ所が記載されている。この本の中で虫生温泉は「虫生鉱泉　遠州国豊田郡虫生村　無色透明無臭無味ナリ　ソノ反応ハ弱アルカリ性ニテ煮沸スレバソノ性ヲ加フ」とあり、続いて一リットル《リットル》当たりの成分含有量が記載されている。温度は華氏で四十三度なので摂氏では六度、ほぼ水である。また温泉源の位置は「山間ノ渓流ノ傍ニ湧出ス」と記され、「発見年月詳ナラス」と発見の経緯や年は明らかになっていないと報告されている。

かつての虫生の湯のことは、木喰五行上人や駿河の俳人燈雪斎、新居の油問屋若林屋の高須嘉兵衛が旅日誌からうかがい知る事ができる。

○

木喰五行上人は、享保三年（一七一八）甲斐国古関村（現・山梨県下部町）の名主の家に生まれた。十四歳で家出し、二十二歳で真言宗の僧侶となり、四十五歳の時木喰戒を受け、木喰行道と称した。安永二年（一七七三）五十六歳の時全国廻国の大願を抱き、文政七年（一八一〇）九十三歳で没するまで全国を行脚しながら千体以上の仏像を彫った僧として有名である。

彼が虫生を訪れたのは寛政十二年（一八〇〇）五月、最晩年の全国行脚の四国・山陽からの帰路、秋葉山や光明山を参り故郷に帰る途中に旅の疲れを癒やす目的で寄ったと思われる。五月八日に光明寺や秋葉山に参詣し、秋葉山のふもとの「かどや」に泊、五月十日に虫生の善右衛門の家に宿すると記載がある。彼は虫生に十三日間滞在して森町に向けて旅立ったが、この地では八十八首の句を詠んでいる。有名な木喰仏は製作したとは伝えられておらず、仏像も残されていないのは残念なことであるが、この地を訪れたときは既に八十三歳になっており、無理もないことなのかもしれない。

○

俳人燈雪斎は、名前を西郷完梁（本名は小市）といい、田中藩（現・藤枝）の目付や町奉行まで務めた武士であるが、文政三年（一八二〇）七月末に病気治癒のため虫生を訪れ、一月余り滞在している。その間の事を俳句と共に綴った紀行文「葛の栞」を出している。彼が滞在したのは兵右衛門という家であった。虫生村の暮らしは「かく辺鄙なれば　朝夕の丁度など　いと粗々しく」と記し、食事も「箸とるべうもあらぬにふた日三日　馴れるにまかせて」とおそらく初めて口にしたであろう雑穀の味だったと想像される。実際『遠江国風土記伝』にも「三村（虫生・万瀬・大平）は水田無し、園生の茶殻、木柿、山生の署預・葛根・萱・炭以て産と為す。」とあり、米は作られておらず、芋や雑穀が供されたと考えられる。都会育ちの彼にとって山中の暮らしは驚きの連続であった事であろう。また「客舎の前うしろ　皆　山なり」と記し、現在でも虫生集落からそびえるように眺められる鍵掛山を彼も見て、天正の頃に松井氏が城にしていた跡だと地元の人に聞き、一句詠んでいる。藩内でも重職に就き、俳壇でも高名を博し、文化文政期の駿河を代表する歌人であったが、虫生滞在の八年後（文政十一年）に五十歳という若さで亡くなっている（いずれも引用は『豊岡村史』）。

○

上記の二名については『豊岡村史』にも詳しく記載があるが、新居町の油問屋若林屋の七代目高須嘉兵衛の日誌については記録がなく、こちらは『新居町史』（第四巻考古・古代中世資料昭和六十一年刊）に原文の記載があった。新居関所の定期刊行物としても平成二十五年（二〇一三）

に特集が組まれている。虫生旅行記は「旧高須家文書」の一部で、江戸初期から明治期まで新居町の宿・政治・経済・文化に関する千七百点以上にのぼる貴重な文書や絵図が、文化遺産として新居町で保存・研究されている。

新居町の高須家は通称「かへーさま」と呼ばれ、代々嘉兵衛を号した。初代高須自徹は文禄四年（一五九五）浜松の若林村に生まれ、成長した後伊兵衛と名乗り、新居宿城町（現・泉町）で農商を営み財を成した。後に泉町の住まいを長男の重信に譲り、自身は中町に別家を興し、加兵衛と改名した。この中町に移った加兵衛が代々油問屋「若林家」を営み、油・味噌等を売ったり、自らも作農するなどし、新居町屈指の豪商として知られるようになった。

虫生を訪れたのはこの高須家の七代目嘉兵衛である。彼は寛政二年（一七九〇）生まれ。幼名を幸助といい、家業に励み開墾にも力を入れ、十代三百年続いた高須家の中で最も富み栄えた徳ある人物と伝えられている。【余話：家業のみにとどまらず、文政十年（一八二七）から三年間は問屋の補佐役でもある年寄りを務め、文化面では白須賀宿の国学者夏目甕麿《なつめみかまろ》に師事し「葦根《あしね》」と号し和歌を詠むなど教養の高さもうかがわれる。】

彼は四十三歳の天保四年（一八三三）に皮膚病（疥癬）を患い、治療のために遠州秋葉山の参詣道沿いにあった虫生村に湯治に訪れた事が文書として残されている。新居関所の刊行物では「虫生湯治旅行記」として嘉兵衛のたどった行程を紹介している。原文の旅日誌自体は行程と天候を記し、道中の景観や感じたことなどを和歌を交えながら綴っているが、文学の素養がそここに溢れ、面白い読み物本でもある。全行程十七日のうち、なんと十一日間を虫生の湯治治療に充てているため、当時流行っていた参詣ついでの物見遊山の旅行ではなかった事が知れる。

二月九日午時に新居の家を発ち、その日は舞阪・馬郡・篠原・浜松を経て安間村から天竜川を渡り池田に行く。池田宿で、ここから五里ほどの行程がある事や、山中である事など虫生村の情報を得て、見付宿で食事を摂ってから申時に袋井宿に着き、ここで泊まった。翌十日は法多寺に詣でてから袋井に戻り、そこから山梨に出て「虫生の里は米売家もなきよしなれば、味噌・香物など調へ」と山梨で食品等の買い物をして、小国神社に詣でた後に山を三つほど越えて虫生村に入っている。虫生では「坂口屋」に宿をとっている。到着したその日から湯浴みをしており、宿主に案内された源泉は「石のならへたる小き井なり」と、我々が目にした源泉と同じものであったようである。「かたはらに小御堂のあるは、湯本の湯元薬師如来とかゆふ御仏」と聞き手を合わせている。

虫生村は「屏風を立《たて》たる如く、前うしろとも山のかたかけに家ゐすなり」と記し、食事もかなり質素だったとみえ「山に作たる芋・ひえなどばかりに、米は雨夜に星を見出したる如く小く見ゆ」と、なんとも文学的な心憎い表現をしている。現代においても山の傾斜地に貼り付くように点在する虫生の集落の家々は、彼が眺めた風景とさほど変わってはいないだろう。「何ことをみても異国に来たらむここちのする」と、新居宿の都会から来た嘉兵衛にとっても燈雪斎と同じように感じたらしい。

虫生の集落

虫生集落から眺める鍵掛岩

また彼が宿主にこの湯の由来を聞いたところ「昔、文徳天皇の御代（八五〇～八五八）に、隣の色地村（敷地村）某長者といふ、そのひとの見いだしたるよし言伝たる」と、現在昔話として伝わる権現様の話とは違う由来が記されている。

だが湯は具合がよかったのか、虫生滞在中には森に買い物、ついでに大洞院に参詣したり、可睡斎に行ったりしては宿に戻っている。十八日には一宮のお祭りに宿主が一家で出かけるという事で一緒に出掛け、十二段舞楽を見学して楽しんでいる。この舞楽は現在でも遠州一宮小国神社で営々と引き継がれている舞楽である。（皮膚病）も癒えてか、虫生を発つと決めた前夜には、名残惜しむ記載もみられる。（引用はいずれも『新居町史』前出）

現在の虫生

紀行文はいずれも千八百年代前半のもので、この頃には浮世絵の東海道五十三次や東海道中膝栗毛などの出版が盛んになり、先達の紀行文や宿屋や各地の見所などを案内した今で言うガイドブックの類いなども増え、政治の安定とともに庶民の暮らしが豊かになっていたことがわかる。

かつて虫生は遠州では名の知れた湯治場として数々の人を迎え入れ、国の「日本鉱泉誌」に

大平の湯沢

も名前を残す温泉地であったが、今では知る人も少ない存在となってしまった。温泉は大正十二年（一九二三）の関東大震災で源泉が涸れたため衰退したと記す本もあるが、大正十年（一九二一）に刊行された『磐田郡誌』では「虫生の鉱泉　磐田郡敷地村大字虫生字湯沢に鉱泉湧出す。明治初年浴場を設けて浴客に便せり。当時浴客常に絶えざりしも、暫時衰退して今は浴場荒廃せり。」とあるように、既に過去の話となっている。また「虫生字湯沢」とあるが大平の湯沢を指すと思われる。県道二百八十三号線を経て大平の二股に分かれる岐路を左手に折れ少し行った所に「湯沢」の表示がある。ここには現在は足湯程度のものであるが、公衆浴場的な施設がある。湯源には観音堂も建てられ、落葉に埋もれ淀んではいるが源泉も水をたたえている。

前出の『豊岡村史』の源泉と記された、落合橋たもとの丸型の井も後世のものと判断されるため、かつて賑わいを見せていた湯治場もすっかり忘れられていたのだろう。

四　現代の道

現在主要道路として利用されているのは敷地川に沿うように伸びている県道二百八十三号線で

ある。この道は現在は舗装され、車も充分通行可能であるが、昔は荷車がやっと通れるほどの細い道であったそうだ。それでも大平や虫生・万瀬地区の人々にとっては、大平分校が廃校になってからは子供達の通学道路でもあり、医者や商店も敷地にしかなかったのでまさに生活の道であった。街灯も標識も立てられてはいないが、通勤も通学もこの道なくしては成りたたなかった。聞き取りをさせていただいた万瀬生まれの柳沢妙子さん（昭和十六年生まれ）は九人兄弟であるが、お産婆さんも間に合わないので父親が九人の子供全員を取り上げたそうである。また月夜の明かりで充分だったため、お嫁で敷地（「下に降りてきた」と表現された）に来たら下（敷地）は明るすぎて、夜に外に出るのが恐かったと語ってくれた。

令和四年（二〇二二）現在も、大平の集落より先、下百古里へ行く峠までの道は拡幅工事が行われており、今後山からの交通はますます便利になることだろう。森町や袋井方面から下百古里や横川へ行くのに、二俣を迂回して行っていた人々もこの道を通るようになり、往来が増えると予想される。今までは車でもすれ違うのは地元の方が大半であった道も、ロードバイクやトレッキングなどを目的とした来訪者が増えてきている。かつて燈雪斎や高須嘉兵衛が「異国にきたらむ」と書き記した静かな渓谷やさびれた山村は、昔語りになるのかも知れない。

追記：令和四年（二〇二二）九月二十三日夜八時頃からの線状降水帯による長時間にわたる集中豪雨により、敷地川が氾濫し、川沿いのこの地域は多大な被害を被った。未曾有の災害であったが、ガス・水道・電気などのライフラインの断絶が長期間でなかったのは不幸中の幸いであった。だがこのような災害の起きたときにこそ、自然の理を知り・水や風の道を読み・山とともに生きていたかつての人々の知恵をもう一度考えてみる機会なのかも知れない。

COLUMN 7

二俣線・敷地駅

令和四年八月末、静岡県磐田市の北東に属する敷地地区へ中山先生とともに民俗調査へ向かった。敷地の古老方の貴重な話と現代にも通じるようなハッとする話に心を打たれ、初めての敷地の風景やこぼれ話に大満足であった。ただこの気分の中、心残りがあるとすれば敷地の田園を貫く天竜浜名湖線の線路とぽつんと置かれた駅舎の存在だろう。そういえば今まで一度も車両が通るのを見ていないではないか。私のような所詮「鉄っちゃん」はこういう旅先で線路が敷かれているのを見るとアツくなってしまう。

私が降り立った敷地駅は駅から南側を第二東名が通り、ホームには地元の人たちにより花が植えられ地域から愛されているのがうかがえる。駅で車両を待っていると東名から聞こえる車の音、虫の声、風の音がこの空間を支配しており、まるで時が止まったかのような感覚だった。この空間だけ時の河から切り離されたため池のような…。

三十分程待っているとドコドコとエンジン音を鳴らしながらディーゼル・カーがやってきた。エンジンを唸らせながら野山を駆け巡る車両が、まるで生き物のように感じられてどことなく可愛らしい。「となりのトトロ」の猫バスが実際にいたら多分こんな感じなのだろう。

車窓から見る景色はまさに日本の原風景であり誰もが心の奥底から郷愁にかられるであろう、そんな景色に見とれていると、駅内部を食堂、喫茶店として利用している駅があることに気づく。

駅の多くが昔懐かしい木造やプレハブの駅舎だがその中に新装の店舗がある。仮にも文化財に指定されている駅もある中でそれはいいのだろうか？　否、現状とほぼ同じ外観であれば建物内に手を入れてもかまわない決まりになっており、清掃や整備が地元の方たちによって行われ、しっかりと地域のコミュニティの地として機能しているのが非常に感激であった。

人々の暮らしに寄り添う鉄道はやはり立派な生活の歴史の一つである。鉄道は地域に住む人々の思いを運ぶのだ。地域に愛されながらも廃線となり、過去の思い出と消えていった鉄路を知っている者としては、こうして地域をつなぐ鉄路として今なお活躍する様は喜ばしい限りだ。

名残惜しい思いを断ち切りながら車両を降りれば、雨上がりの夕日が過ぎ去った雨雲を赤く染める。あの古老の方々の話も、敷地駅の止まった時間も、どこか懐かしい風景も、全てそこに現実としてあるのだ。（岩本大和）

第五章　敷地の衣・食・家庭生活

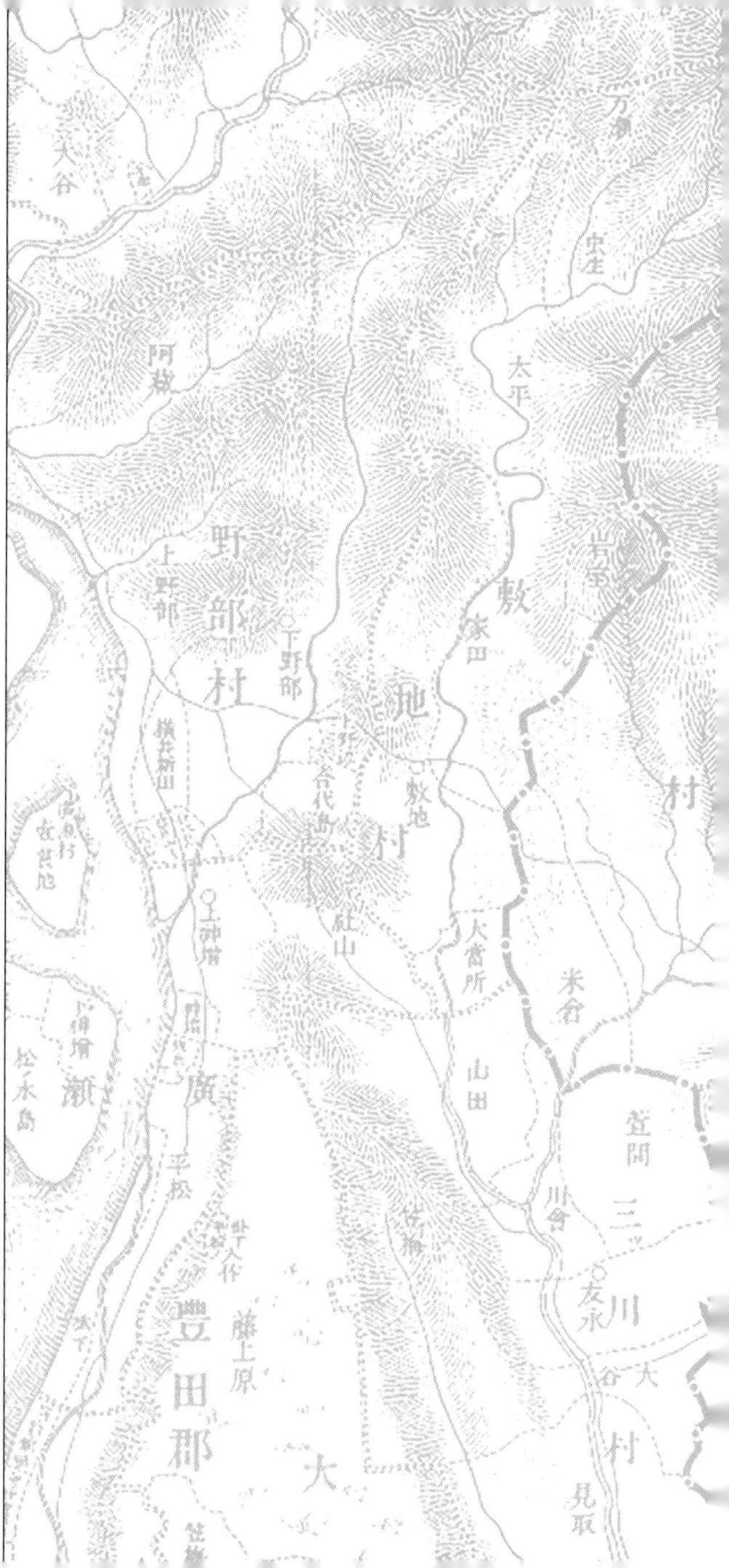

第五章　敷地の衣・食・家庭生活

一　嫁の家庭生活

人々が毎日元気に暮らせる原点は、その地域の「太陽と土と水」の御陰とよくいわれる。特に農山村の方は、豊かな自然の中で天候の様子を見ながら、自分の行動判断で、時間のやりくり、仕事の段取りを考えて作業に入る。日々の仕事全てを天候や家人の都合をみて実行する。

そして昭和四十年代、遠州地方の農家では嫁いで来た嫁の話として、よくこんな話を聞いた。「昭和の初め頃までの農家の嫁は、大半親同士が決めた農家に嫁いで、その翌朝から慣れないカマドで朝食準備。当時の家族は大半、祖父母、両親、兄弟七～八人で、嫁は給仕しながら、自分が食べようとする頃には、早くに食べ終わった夫は新聞を見て、たばこ一服、「おい、行くぞ。」と田畑へ行く準備。嫁は食事を大急ぎでほおばり、追いかけるのが常だった。」

しかし、この敷地の女性たちは、全般に穏やかに、豊かな自然の雰囲気の中で、苦労話も笑いながら、ゆっくり説明しながら楽しく話してくれた。敷地では同じ田畑でも、山深い地域と南の柿園、広い茶畑、水田、温室等々、場所によって多少の違いを感じる。

二　敷地の衣生活

日常の衣生活は、年々、新繊維・既製品が出回り、従来の様に手をかけることは、少なくなっている。ここでは、昭和初期生まれの方々にお話を伺った。当時の嫁入り仕度として両親は嫁ぐ嫁の衣類を大いに気遣っていた。まず桐の箪笥《たんす》に、冠婚葬祭の衣裳一式を当然のように仕度して、一通りの和服を主とした日常着も用意して持参させている。

戦後生活になった時代、派手にはできなくても、会合や野良仕事もすべて和服姿であった。普段着は、洗って張り板に張り、新しく縫い直して着た。普段着や子供着もすべて手作業で作り、夜なべ仕事が多かった。

日常布団の手入れも、夏物一枚ずつでも、解いて、表布は自分で洗い、中綿は打ち直しの業者に出した。綿入れ作業は洗濯した布団布に打ち直した綿を入れる。この時は一人では大変なので、姑や子どもの手を借りて、真綿を引いて綿を上手に入れていた。

日常の家族の洗い物は、毎日タライ（洗濯桶）に水を張り、そこにしゃがんで、洗濯板をおいて手洗いし、水を取り替え、きれいにすすいでよく搾り、竹竿に干す。それがほとんど毎日の仕事だった。

赤ちゃんの「おむつ」は、家族の着古した（柔らかくなった）浴衣や寝まきをほどいて、生まれる前に自分で縫っておく。三枚一組を一回に使って、一日何組も使ったので、洗濯は朝晩毎日欠かせない作業であった。いつの頃からか「紙おむつ」となって、「燃えるごみ袋に入れるだけ」

の昨今、今の方には想像できまいと思う。農繁期の頃はさぞ大変だったであろう。ただ、当時の女性は誰も当然のこととしてやってきたことであり、一般の主婦で家事だけの方はともかく、農林業や商業等の家で仕事を持っていた主婦は大変だった。

三　敷地の食と生活

万瀬の暮らし

万瀬の佐々木りよ子さんは昭和十年生まれ、男六人、女三人の三女で、兄達は戦死、病死、他県や就職で、実家は姉が継いでいる。りよ子さんは学校から帰るとすぐ山の畑の手伝いや風呂の「もや（枯れた小枝）」とり、畑での野菜、果物作りの手伝い、山菜取りをした。

昭和二十八年（一九五三）四月に同じ万瀬の佐々木髙さんの次男・篤寿さん（昭和四年生まれ）と結婚した。佐々木家は男五人、女三人で、長男が病死したので次男の篤寿さんが跡を継いだ。鉄砲撃ちで、仲間と山に入り山兎や猪捕りの名人だったそうである。山林、炭焼き、茶工場、しいたけ、田畑管理のほか、野菜、果物も各種栽培していた。りよ子さんは先代姑からの技術を継いで、季節毎の食材で漬物、干物等の加工品を作って、子供や孫の分まで届けるのが楽しみの毎日である。

子供は「長男、次男、長女」の三人、孫は男四人女三人、曾孫は男一人女二人に恵まれ、各々近くの町に出ているので、休日には誰かが訪ねて来るという。

りよ子さんは、昭和十七年（一九四二）に敷地国民学校大平分校（現在の大平消防小屋の所にあった）に入学した。近くの友達と、朝七時頃家を出て坂道を飛び下りるように走って八時頃到着、帰りは川遊びしたり、虫とりをしたりして遊びながら帰った。複式学級で楽しく勉強した。放課後、女の先生から、編み物や袋作りを習った。敷地中学校までは一時間半はかかったという。

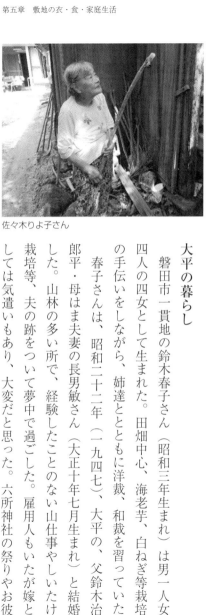

中学を卒業して、家の手伝いをしていた頃、冬場の仕事休みの間、篤寿さんの妹ゐい子さんと、二俣仲町の「お針の先生宅」に一週間毎に泊りがけで、洋裁、和裁を習いに行った。それが今は、大変役立っているとのことである。

佐々木りよ子さん

大平の暮らし

磐田市一貫地の鈴木春子さん（昭和三年生まれ）は男一人女四人の四女として生まれた。田畑中心、海老芋、白ねぎ等栽培の手伝いをしながら、姉達とともに洋裁、和裁を習っていた。

春子さんは、昭和二十二年（一九四七）、大平の、父鈴木治郎平・母はま夫妻の長男敏さん（大正十年七月生まれ）と結婚した。山林の多い所で、経験したことのない山仕事やしいたけ栽培等、夫の跡をついて夢中で過ごした。雇用人もいたが嫁としては気遣いもあり、大変だと思った。六所神社の祭りやお彼岸などの仕事の時はホッとしたことを思い出す。身体が少しばかり病んでも仕事が優先、「この時代はどこの嫁さんも同じようだったと思うよ」と話す。毎日山仕事やしいたけ栽培ばかりでなく、田畑もたくさんあって、稲、麦、アワ、ゴマ、季節毎の野菜も大根、人参等、大体のものは作っていたので、休まる時はなかった。

子供は長男（昭和二十四年生まれ）、長女（昭和二十七年生まれ）、幼児で死んだ次男（昭和二十九年生まれ）、次女（昭和三十二年生まれ）の四人で、現在孫が男二人女三人、曾孫が男三人女四人と恵まれ、毎日誰かが訪ねてくるので幸せな日々であるという。

鈴木春子さん宅における調査

春子さんが子育ての頃は、山で炭焼きもしていた。川の水も多く、魚つりをしたり、ウナギやエビをとったり、沢へ行くとブド（カワムツ）もいて子供達も遊びまわっていたという。

平成二十四年（二〇一二）八月二日、夫の敏さんを亡くした。それまで慣れない仕事で辛い思いをしながらも、夫を頼りに一生懸命仕事を続けていたので、時季が来れば畑仕事は自分の判断でできるようになった。

長男の正士さんが若い頃から親しくしてきた「猫の手クラブ」の皆さんも毎月集まり、我が家だけでなく、ご近所の田畑山林の手入れも手伝ってくれることに感謝の気持ちでいっぱいだそうだ。

敷地の暮らし

敷地の伊藤庸子さん（昭和九年生まれ）は、野部亀井戸に男一人、女五人の長女として生まれた。亀井戸では、学校から帰るとすぐ野良仕事の手伝いをした。昭和二十年（一九四五）の終戦前後は、国鉄二俣線野部駅周辺の田畑でサツマイモを作っていた。当時はどこも食糧難の時で、掛川方面から食糧買い出しが多勢来て、作業しているところでそのまま売った。あの頃は兄弟家族が皆で助け合って暮らしていたという。

庸子さんは昭和二十六年（一九五一）、敷地の伊藤金一・きえ夫妻の長男・銀次郎さん（大正十五年生まれ）と結婚した。この家には両親と夫の弟五人、妹一人、庸子さん夫婦の十人家族で、庸子さんは朝一番に起きて夫の弟妹の弁当作りをして、朝食を済ますと大急ぎで野良仕事に出掛けた。日々の仕事は屋敷周りの田畑、柿、野菜、タバコ等の世話。さらに、家の西側を登って行くと、小高い里山があり、右側上は茶畑で左側は柿園、その下に六十二枚の棚田があり、草刈りや畦塗をして、田植（手植え）、田ならしをした。庸子さんは、田んぼの上下の中段の田を「苗代田」として、田植作業がしやすいように工夫したとのこと。そして日除けの「ござ」を背負って作業をした。

里山田畑の作業は、上る時は肥料、小道具を背負い、下る時は収穫物を背負って下る。でもそれが当然の事で、「苦労とも思わずよくやったよー」と思い出を楽しそうに話す。

夫の銀次郎さんは、若い頃から、青年団をはじめ、地域活動にも積極的に参加し、張り切って農作業をしていたが、平成五年（一九九三）十月に突然の病で他界した。すべて頼りにしていたので里山の耕作は続けられなくなったが、屋敷周辺の田畑だけは息子や知人に助けられて今も続けている。

庸子さんは若い頃、元気な姑さんの「御詠歌」の送り迎えをしていた頃から一緒に習い始め、今でも仲間の方々と交流があり、元気の基となっている。

子供は長男（昭和二十八年生まれ）、次男（昭和三十二年生まれ）の二人で、今は孫十人と曾孫九人、皆同じ磐田市内に住んでいるので、常に行き来できて、部屋には孫、曾孫達のおもちゃや、孫の作ってくれたという「小物」や「バッグ」などが飾られ、楽しんで暮らしている様子がほほえましい。

家田の暮らし

佐野房代さん（昭和二十三年生まれ）は、浜松市都田中野の生まれで、父憲雄さん（明治四十二年生まれ）は酪農家（種つけ）で、引佐牛乳の創始者でもあった。房代さんは三女で、昭和四十九年（一九七四）に家田の佐野俊郎さんに嫁ぎ、慣れない農作業と家事にはげんだ。両親は子どもが男ばかり三人だったので、房代さんを我が子以上に可愛がり、農作業のほか台所作業

若宮神社

佐野房代さん

をはじめ、家の中の事にも積極的に力を貸してくれた。父は山芋のトロロ汁が好きで、時期が来ると自分で準備し、芋をすり下し、時間をかけて一生懸命やってくれた。

また、年末年始のお供えから正月料理、節供料理やお彼岸料理、お祭りや行事の際も当然のように一緒にしてくれた。普段の食事づくりも間があれば、気軽に手伝ってくれた。材料も大半が家で採れた野菜、果物であった。季節毎の山菜、毎年の梅干し、らっきょう漬等も時季が来れば一緒にやってくれたので、うれしかったし、良い思い出がたくさんある。

ある日突然、夫俊郎氏が病で倒れ、介護の甲斐もなく、平成十七年（二〇〇五）九月に五十六才で他界した。思いがけないことだった。

主人が亡くなって、思い出した事がある。嫁に来たばかりのある日、すでに床についていた祖父興一氏が房代さんに「裏の若宮神社を頼むよ」と言ったことがあった。

働き盛りの当主を早く亡くし、家の事も含めてすべての荷が重い中、今では夫の二人の弟が、常に農作業はじめ諸々助けてくれている。

COLUMN 8

獅子ヶ鼻荘と薬草公苑

獅子ヶ鼻公園のすぐ下、県道沿い「桜公園」の上に「獅子ヶ鼻荘」がある。ここは昭和三十一年（一九五六）「青少年野外訓練宿泊所」として開設され、敷地地区振興会が管理していた。そこで賄いをしていた大場充・とみ夫妻が昭和四十八年（一九七三）から独立営業するようになり、地域で採れる山芋（とろろ汁）や、フキ、ワラビ、タケノコ等の季節の山菜料理を出した。地元だけでなく、村外の団体研修や合宿等にも利用され、静岡・浜松方面の食通の固定客でもにぎわった。俳優の故 宇野重吉も毎年必ず来て、「この懐かしい手作りの味がよい」「大型バスのお客はダメだよ」と言ってくれたとのことで、手抜きをしない有機野菜作りと食膳づくりに努めた。現在は二代目の奥さんが旬の味、手作りの味を伝えている。

獅子ヶ鼻荘

昭和五十年（一九七五）に開園した薬草公苑は、藤森常次郎村長（当時）が学生時代に柳田國男先生から「人は皆、幸福を求める。それは健康であり、健康は自然と共にある」と聞き、村民に「身近にある川端や野山の薬草を知ってほしい」との考えから、東京大学、県立薬科大学の先生や、藤森村長の学生時代の友人、全国薬農組合長などに来ていただき直接指導を受けて、五万平方メートルの畑に百六十種の薬草、薬木を植えて始められた。この施設を通じて村民は、薬草が身近なところにあり、活用できることを知った。町村でのこの種の施設は全国でも初めてで、各地から来園者があり、知識技術は惜しみなく提供され、村外にも普及した。

この薬草公苑は既に閉鎖されているが、現在、豊岡東交流センターで「養生食薬膳料理講座」が開催されており、講師は薬草公苑時代からの方（中国養生薬膳研究者でフードセラピストの矢田喜代子さん）が務め、その後継者となる方も一緒に参加している。（今村純子）

COLUMN 9

敷地里山公園

旧敷地小学校の南側から坂道を西へ上がると、自然豊かな「敷地里山公園」が見えてくる。

正面中ほどが少しくぼんで南北が高く、季節の花がきれいに管理され、訪れた人は誰でもホッとする里山の風景が保存されている。曲がりくねった坂道を北側へ登ると、全体を見下ろせる広場があり、心が癒やされる。時にはボランティアの人たちによるイベントも開催されて、遠方からの常連さんも大勢いる。坂道をクネクネと登りながらの雰囲気もまた楽しい。

里山公園

ここはかつて、伊藤銀次郎さん（大正十五年生まれ）と、昭和二十六年（一九五一）に嫁に来た庸子さん（昭和九年生まれ）の大切な農園であった。北側が茶園、南側の高い所が柿園で、その下には棚田（六十二枚）があった。刈った茶は背負いカゴで運び、棚田には畦塗り、苗床準備、田植え、草刈り、稲刈りと、春先から秋まで毎日通った。陽射しが強い時はゴザを背負って作業した。機械のまだない時代、鍬、鎌、ハサミだけの手作業で、毎日天候を気にかけながらの仕事だった。

夫の銀次郎さんが平成十五年（二〇〇三）に突然の病で亡くなられ、庸子さんだけでは維持が大変になったことから、現在は地元出身の故郷思いの鈴木隆典さん（昭和十八年生まれ）を中心に発足した「里山を愛する会」が、季節ごとの花などを植えて、敷地ならではの自然を満喫できる場になるよう管理されている。銀次郎さんも喜んでおられると思う。お元気な庸子さんも、家周辺の田畑等を気にかけながら、若い頃の思い出を語っている。（今村純子）

第六章　年中行事

第六章　年中行事

年中行事は「家行事」「村行事」として行われる形と、神社の祭礼や寺院の法会として行われる形とがある。農村社会で伝えられた年中行事は、稲作を中心とする農耕儀礼に正月と盆の行事が加わり、雨乞い等の祈願行事である夏祭が加わる形で一年の行事が組み立てられている。

昭和二十六年（一九五二）に書かれた『ふるさとの土　敷地村』の「村の年中行事」の欄を見ると、「門松」「しめかざり」「年始」「お供へ」「一月一日・元旦」「若水」「一月二日・商売始め」「一月四日・初山」「一月七日・七草」「一月十一日・蔵開き供え割打初め」「一月十五日・道具の年取り」「一月二十日・二十日正月」と多くの正月行事をあげている。

続いて、「節分」「初午」「雛祭」「彼岸」「花祭」「端午」「田植」「七夕祭」と寺院の法会を含めた各月の行事が続き、「お盆」「盂蘭盆」と盆行事となる。次に、「秋祭」「神送り」「亥の子」「山の講」「恵比寿講」「おしやがみ」「煤はらい」「餅つき」「十二月三十一日・年越」など、神社の祭礼を含めた各月の行事で一年を締めくくっている。

この中から、正月行事の「ウチゾメ（打初め）」「オニギ（一月十五日）」、夏の「（七夕祭）」「盆行事」、秋の「（秋祭）」、冬を迎える「（山の講）」に触れてみたい。

一　ウチゾメ（打初め）

一月十一日はウチゾメ（打初め）の日である。農家の主人が夜明け前に、田畑にて豊穣を祈り模擬的な耕作を行う。機械化が進み主人が会社勤めに出て専業農家が少なくなっていることもあり、今では昔行っていたといってもよい農耕儀礼である。

この農耕儀礼を見るために夜明け前に敷地へ出向いた。行われることの確信は得ていたものの、どこの田で行われるか確定できない。したがって、夜明け前から目星を付けていた数か所の田んぼを歩き廻ることにした。敷地でも仲明を中心に、その他の大当所、西之谷、家田、岩室、大平、虫生、万瀬も、ハタシメの可能性も考慮し見て歩くことにした。

仲明のウチゾメ（打初め）

敷地の南部は、休耕田が増えているものの、昔のように耕作がされている所である。しかし、田畑には電気柵が張り巡らされており、田んぼの畔を歩き廻れるような昔のたたずまいとは変わっている。

うろうろと歩き廻っていたため、ウチゾメ（打初め）を行っている所作を見ることはできなかった。多分、家でカヤの束や供物などを用意しておき、田んぼで田打ちの所作を行い、カヤを立ててお祈りするのみの儀礼は、数分程度で終わる。その様なウチゾメ（打初め）ではあるが、豪雨の前の数時間の間に、仲明、西之谷で各一ケ所見つけることができた。

どちらも今年の恵方の方角に一列に田起こしがされ、カヤあるいはススキを立て、幣紙（仲明では吉田流・西ノ谷では伊勢流であった）を付けてあった。また、西ノ谷では、根元に松と洗米が供えられていた。

昭和二十六年（一九五一）に書かれた『ふるさとの土　敷地村』の「村の年中行事」の欄を見ると、「一月十一日は蔵開き・お供え割り・打初めの日と言われている。」とある。

打初めは、「早朝主人が田の一部を耕し、カヤの枯れ穂の先に幣を付け立て、松と梅の枝を添え洗米を供える家もある。家族の中に男が三人あれば三本、五人になれば五本と言われる様に男の人数と同数を立てるとの事である。」と記されている。

また、平成五年（一九九三）に発行された『豊岡村史　資料編三』には、打初めとして、「この日は主人が田や畑に行き、ウチゾメ（打初め）とかウナイハジメ（うない初め）とかいって鍬で田畑を起こす。本格的な作業ではなく、模擬的に鍬を入れて田畑の神様を祀るのである。その際に、様々な方法でカヤに幣紙を下げてそれを田畑に立てる。西之谷北では当年の恵方に向いて、その家の男衆一人につき三鍬の割で田を起こす。そして幣紙をつけたカヤと松竹梅の材を立て、それに洗米を供えて豊作を祈願する。西ノ谷南でも同様で、男衆三人の場合は合計九本のカヤを立てることになる。田に立てられたカヤの数で、その家の男衆の人数がわかる。あるいは家

西ノ谷のウチゾメ（打初め）

田では家族の人数分だけカヤを立て、それに餅と洗米を供える。一方、万瀬では、三鍬起こしたところにカヤを三本立て、それに洗米を供える。そして『今年も穫れますように』と豊作を祈願する。またカヤ三本をそれぞれ早稲・中稲・晩稲とし、鳥が食べる順で作柄を占う年占いもした。早稲にあてた洗米が最初になくなれば、その年は早稲が豊作になると占うのだった。あるいは、とにかく早く鳥に食べられれば当年は豊作ともいう。田ばかりではなく、畑でも同じようにウナイゾメをする。大平では麦畑に家族の人数分のカヤをさして、「ひと鍬起こしてお洗米を供える。」とある。

これからすると、今の家族構成からして一軒に男が五人・六人住んでいるとは思えないので、五人家族・六人家族の家庭で、電気柵を設けて獣害と向き合いながら昔ながらの農業を続け、農業儀礼であるウチゾメ（打初め）を行っていると思われる。

一方、昭和六十一年（一九八六）に書かれた『静岡県の年中行事』には、「正月はじめ、豊作を祝って行われる予祝儀礼のひとつに、田打ち講、鍬入れなどの名で呼ばれる行事がある。実際に田に出て、その年はじめての模擬的な耕作を行い、田の神にその年の豊作を約束してもらおうという素朴な民俗である。県下では全域にわたって継承されている」「名称は、県下の東部ではウナイゾメ、中部・西部ではタウチコウが一般で、山間部畑作地帯ではハタシメとも称している」

としている。過去に調査した北遠では三カ所のみハタシメを確認することができたことからすると、敷地では農業儀礼としてのウチゾメ（打初め）が残っている地域であるといえる。

二　オニギ（一月十五日）

以前調査を行った北遠地域では、正月に男木（山から伐り出し正月に軒先に立てる木。年神を迎えるためのもので、門松や若木、年木に当たる）という正月飾りを玄関に二本立て、その根元にニューギと呼ばれるカシの木を割って作った木の小板に「十二月」と書かれた木片を立てる風習がわずかに残っていた。この風習は、南信州の県境付近の集落にも残っている所がある。

一方、『ふるさとの土　敷地村』には、「十四日の夜からをモチイの年取りと言うとしている。道具の年取りとも言う。鍬、鎌、鉋、鋸、石臼、ふるい等を茶の間のむしろの上に陳列して祀る。近隣から借りた道具は十四日に必ず返し、忘れていたら貸した家から取りに行くと言う習慣があった。他家で自分の家の道具に年を取らせたら、その家は栄えないと言う古老の言い伝えである」とある。

初山に切ったオニギ（鬼木）へ十二月と書いて門先に一対、田や畑にも一対立てる。神棚仏壇には細いものを立てるとある。

また、『豊岡村史　資料編三』には、「オニギと呼ばれる祝い木を作る。これは遠州西部に見られる作り物で、十四日に正月のお飾りをすべて下げてからオニギを立て、十五日に小豆粥を供えて豊作を祈願する。万瀬のオニギは四日の初山の時に伐ってそのままオオド（庭）の隅に放置しておいたカシの木を使う。これを主人が十日の晩に四十《セン》《チ》程度の長さに切り、十四日に二つに割り、この割り木の内部に墨で「十二月」と記す」とある。

このオニギについて聞き取りをしたところ、大平では「年中行事がなくなってきている。正月のオニギ・節分の行事もなくなった」、万瀬では「オニギは若いころはやっていたが、今はやっていない」の答えが多数であったが、大平のある家では「正月には歳神を、小正月にはオニギを祀る」、万瀬のある家でも「一月十四日、正月飾りをすべて下げてからオニギを立てる。十五日には、小豆粥を供えて豊作を祈願する」との回答を得た。なお、敷地北部の集落を見廻った範囲では、家の門口にオニギを見ることはできなかった。

北遠・佐久間町今田のニューギ

ちなみに、北遠では、佐久間町野田地区にわずかながらではあるが、オニギ（北遠ではニューギと呼ぶ。オニギと同じく十二月と書くが、閏年には十三月と書く。あるいは、月の数だけ横棒一を書くものもある）を立てる家が残っている。

三　七夕祭

『ふるさとの土　敷地村』には、「八月七日（月遅れ）に野菜の初物を供えて祭る、五色の短冊へ歌を書き新竹の枝へ結び付けて門先に立てる、歌を書く、墨は芋の葉の露を集めて擦《す》る。女子は帯や着物の新たに作った物を供えて祭った家もある。そうすることで良縁が結ばれると言われる。」としている。

同じく『豊岡村史　資料編三』には、「子供達は七夕の早朝、芋の葉にたまった朝露を集めて墨を擦《す》り、願い事を短冊に記す、これは、芋の葉にたまった露で文字を書くと習字が上達するといわれているからである。七夕様は願い事を叶えてくれるといって、この墨でたくさんの願い事を書いたり、「七夕や」「天の川」「明日の朝の小豆飯」とか「七夕　バタバタすると蚊が入る」など書いたりして竹に吊るす。この竹を七夕様と呼ぶ。また、新しい着物や浴衣を七夕様に供えると裁縫が上達するといい、四十年ほど前までは七夕に男女の着物を飾って拝んでいた。」としている。

七夕は、七月に行う所が多いが、敷地では月遅れの八月に行うと記されている。このような七夕飾りであるが、市街地では笹竹自体が手に入らないことから家庭で飾ることは皆無であった。こうした中で、敷地北部の虫生の民家では、七夕飾りを見ることができた。短冊には、商売繁盛の短冊もあるが、「ボーイフレンドができますように」「アンパンマンがきますように」という、子供ならではの短冊も見られた。

月遅れの七夕飾り・虫生

聞き取り調査において、「万瀬では小中学生はいない」「虫生では小学生が三人」「大平北では子供はいない」「大平南では子供は二名」との話を聞いており、子供の願いを書いた七夕飾りを見つけることは稀有なことである。また、七夕飾りを畑に立てると害虫除けになるともいわれており、田畑も見て廻ったが、確認することはできなかった。

四　盆行事

遠州地域では、お盆を七月と八月に行う地域が混在しているが、敷地のお盆は八月に行われる。『ふるさとの土　敷地村』では、八月十三日から十五日まで精霊祭りや寺詣墓詣をする、としている。

八月一日の夜から門先で迎え火と称して松明を焚く（初夜だけ）。十三日の夜から十四日までの二夜を遊び松明と言い、中夜まで引き続き焚く。十五日の夜は送り火と言い、初夜だけ焚く。二十四日夜と月末の夜も焚く。

仏壇には、茄子と麻柄で牛を作り、カヤの葉で編んだ敷物の上に安置し、素焼の小皿にそうめん、生茄子の刻んだものを盛って供える。芋の葉の上に盛る家もある。

寺院では一日から施餓鬼旗が立てられ、施餓鬼の法要が営まれる。日取りは寺院により異なるが、十五日までに終わる。

新盆の家では施餓鬼が営まれる。新竹で門先に棚を作り、位牌を安置し、芋の葉に茄子を刻んで盛り供え、僧侶の読経がある。この日、八梵（ハッタイ）と称して松明を八カ所にして焚き、青竹の爆竹をする。仏壇を作り、燈籠掛け行燈をつるし、近隣が手伝って盆飾をする。

人形を作ったり俳句をやったりする家もあったが、最近岐阜燈灯一対だけにする家が多くなった。十三日夜から十五日夜まで新盆の家に念仏講中が念仏をする。虫生、大平、万瀬は有名である。子供念仏は子供同志で組を作って念仏する。施主ではお布施をして供養する。十六日の朝の精霊送りでは、新盆の家では飾り下げをする。三日間のお祭りを終わって線香を焚いて、供物、花、茄子の牛等を川に流すとある。

この八月に行われる盆行事として、大平を中心に見てきた寺施餓鬼と内施餓鬼を紹介する。なお、大念仏・子供念仏は「第九章　祭礼と芸能（遠州大念仏）」を参照していただきたい。

寺施餓鬼

大平の円通寺の寺施餓鬼は、八月八日の午後一時半から永安寺の住職を迎えて行われる。檀家は十三軒で、調査した年は新盆の家が一軒あり、円通寺の奥側に喪服にて座を占め、大平の檀家の家は平服にて手前側に座を占める。

寺の本堂の反対側の庭に面した所に施餓鬼棚を設け、新亡、先亡、三界萬霊の塔婆が立てられ、ご飯、水、野菜、果物、お菓子など、たくさんのお供え物が置かれる。施餓鬼供養は、餓鬼に施しをすることで、その功徳が施主やその先祖にまで及び、それがそのまま先祖追善供養になってゆくといわれている。

寺施餓鬼の流れは、施餓鬼会式次第【施餓鬼会の由来、開会の辞、住持焼香、大悲咒（大悲心陀羅尼とも呼ばれる。この陀羅尼には、すべての悪鬼に打ち勝ち、迷いの世界を浄化する力があるとされ、臨済宗ではこの陀羅尼が最も読誦される。）、開甘露門（餓鬼道におちて苦しんでいる多くの精霊を供養し、済度するためにお唱えするもの）、観音経（観音を心に念じその名を称えれば，いかなる苦難からも逃れることができることを説くもの）、行道、焼香、回向、退堂、閉式の辞】に沿って行われ、住職の読経・焼香の後、新盆の家、檀家の順序で焼香を行う。続いて住職による説法が行われ、一連の寺施餓鬼を終える。

寺施餓鬼・円通寺・大平

寺施餓鬼・虫生寺・虫生

調査年の住職の説法は、お釈迦様の弟子である目連《もくれん》の母親に関する説法であった。内容は、目連が、自分の母親が餓鬼道の世界に落ち、もがき苦しんでいる様を見て、どうすればよいかお釈迦様に相談し、お釈迦様の教えに従い供養を行ったところ、母親は餓鬼道より救われ、微笑みながら天界へと誘われて行く話であった。

これは、人は誰しも欲深い行いを知らず知らずのうちに行い、その結果、因果応報、次の世では餓鬼道の世界に落ちて苦しむようになる。そうした人々を救うためには、今生きている私たちが善行を積んで、仏様の慈愛を培い、餓鬼道で苦しむ人々を天界へと導いてやらなければならない。施餓鬼供養とは、餓鬼に施すことで、そうした人々を救うことが私たちの務めである旨の説法であった。

なお、寺施餓鬼に使われた施餓鬼旗（妙色身如来・過去宝勝如来・甘露王如来・広博身如来・離怖畏如来の五如来の御名が記されており、五如来の御力によって身心は清められ、餓鬼道への恐怖が除かれるといった意味が込められている）は、以前は畑に立てて虫除けの呪いに使われていたが、大平では現在は持って帰る人はいない。施餓鬼旗は、畑に立てる虫除けのおまじないとなると言われており、大平でも昔は田畑に施餓鬼旗を立てたことをお聞きするとともに、再現をしていただいた。

この後、永安寺住職は虫生の虫生寺に移動し、同じ様に寺施餓鬼が行われた。虫生では初盆がないことから、みな私服での参加であった。同じ住職が寺施餓鬼を行うことから、次第・説法も同じ内容であった。

大平と虫生で異なる点としては、大平の円通寺では、施餓鬼旗を持って帰ろうとする人はいなかったが、虫生の虫生寺では争うように施餓鬼旗を持って帰ることである。耕作や林業において大平と虫生は大きな違いは見られないものの、大平が南部に、虫生がより山間部に位置していることが要因なのかもしれない。なお、虫生の畑で施餓鬼旗を見ることはなかった。

大平の新盆

大平の新盆は、初盆の家の庭先に施餓鬼棚を作る。施餓鬼棚の作り方は、まず女竹を庭に四本立て、その竹の途中に戒名・膳を置く棚を括《くく》り付ける。棚自体は、女竹を切りそろえ、三組を紐で括《くく》り、これを一つの台になるように並べて括《くく》り付けたものである。この上に真菰《まこも》で作られたゴザを敷く。この上に位牌・蝋燭《ろうそく》台・水差し・線香・茄子とキュウリで作られた馬牛を置く。この施餓鬼棚は、隣保の数人で作るという。

畑に立てる施餓鬼旗の再現・大平

新盆宅の庭先の百八体・大平

門には松明を焚く台（タイタキ）を設置する。以前は、竹と土で作られていたが、現在では多くはアルミ製三脚の台となっており、この上にカワラケを載せ、薪を焚く。昔のように竹と土で作る（竹の先に円錐を伏せて置いたような形状で、縄を巻いて円錐形を作り、それに田の土を塗り固めて作る）と、乾かす時間がかかるので、七月末から作らなければならないとのことである。

また、庭の右横に三メートルほどの真竹を置き、百八体の薪で竹を爆《は》ぜさせる。新仏は竹の爆ぜた音で地獄の釜の口が開き、戻ってくるといわれている。このため、油分の多く含まれている生の真竹を切ってきて使用する。薪は数か所に分けて置く。一ヶ所に薪を集めて焚くと火力が強くなり竹が炭化して中の空気が抜けて爆ぜなくなるためという。なお、敷地の南部では真竹ではなく、細い都竹を用いていた。

八月十三日、新盆の家では親族の人が集まり、住職の来る時を待つ。前もって内施餓鬼の日程が予定されているので、午後一時前になると隣保組以外の大平の人が集まり、住職が内施餓鬼に来る前に新盆の挨拶に来る。施主は盆供のお礼に引き出物を送る。住職は、家の庭に置かれた施餓鬼棚の前でお経を唱えてから、家の中で内施餓鬼を行う。この内施餓鬼を行う際に、施餓鬼棚に置かれた位牌などは家の中に持ち込まれる。一軒の家での迎え盆は三十分から四十分程度で終わり、住職は次の新盆の家に向かい、十三日にすべての新盆の家を廻り終える。

新盆宅の庭先の盆棚・大平

送り盆は、万瀬では、八月十七日の朝に精霊送りをする場所が今も残っており、昔は朝七時頃に辻に集まって送りに行った。今は新盆の家では、笹二本にお寺で作っていただいた送り旗を持って納めに行く。

虫生では、大平との境のバス停の所に、供え物を個々に納めに行く。集落としての行事は行われていない。

五　秋祭

『ふるさとの土　敷地村』では、「一月十五、十六日　野辺神社例祭　大当所、家田、岩室の神社は同日に行われる。（中略）万瀬は九月十六、十七日、虫生は九月十七、十八日、大平は七月十四、十五日　酒、甘酒、投餅等の余興がある。」と記されている。

現在の祭り（コロナ禍のため、神事を行う本祭日のみを示す）は、敷地・野辺神社、大当所・諏訪神社、家田・若宮神社、岩室・熊野神社は、十月第二日曜日、万瀬・三森神社は九月第二日曜日、虫生・熊野神社は、九月第二日曜日、大平・六社神社は七月第二日曜日に執り行われている。

祭礼の飾り付け　敷地・野辺神社

このように祭礼の日程をずらして執り行われているのは、勤め人が多くなり、本来の祭礼日に祭典が開けないため、本来の祭典日に近い週末に祭りを行うようになってきたためと考えられる。また、以前は万瀬に神官が住んでいたが、いなくなってからは、旧豊岡村在住の神官が宮司として祭りを執り行い、その神官の死去後は、静岡県神社庁磐田北支部所属の神官が宮司となり、祭礼を執り行っている。この神官が以前から担当していた神社の祭礼日との兼ね合いも考えられる。祭礼終了後は、当番の受け渡しや会計報告など、神社の年度替わりの時期ともなっている。

なお、大平・六社神社のみ夏に祭典を行っているのは、祭神として素盞嗚命《すさのうのみこと》（暴風雨を司り、その力強さが転じて「厄もなぎ払う」という意味で、厄除けのご利益があるとされるようになった）を祀っており、神仏習合の頃の呼び方として牛頭天王などと表記される神であることから、祇園信仰（疫病を鎮める強い力をもつ疫病神として牛頭天王をまつり，消厄除災を祈願する信仰）にからめて、祇園祭りの行われる夏に祭礼が行われるようになったと思われる。

また、『ふるさとの土　敷地村』に、酒、甘酒、投餅等の余興があると記されているように、社務所には甘酒を作るためのオクドや鍋釜等が用意されているが、現在は用いられず、購入にて賄っている。投餅の餅もかつては搗《つ》いた様であるが、現在は購入に変わっている。祭礼自体の状況は「第八章　信仰」を参照していただきたい。

六　山の講

山の講は、山の神様を祭る日である。山の神の祭神は大山祇命（大山津見）であり、狩人・木こり・杣《そま》などの山仕事をする人々が山仕事の安全を祈る祭りとして生まれ、定着したものである。この日は仕事を休み、山に入らないことになっている。

敷地北部での聞き取りによれば、万瀬では、山の講が十一月七日と二月七日で、三十年前までやったとのことである。竹を曲げ、藁で縛って輪っかにし、酒を下に縛った。山の講自体は班に分かれて行い、それぞれの班の家で、餅、高盛り飯、赤飯などを上げて食べ、次の家へと持ち廻りをした。万瀬の山の神は、山の上の一軒屋の裏手にある。三森神社の祭礼の際に垂れと餅を供える。以前は、御神酒を納める行事が年二回あった。虫生では、十一月、二月の山の神の祭りはしていない。十一月七日に山の講はやっていた。下沢では山の講を、下沢が春、竹沢が秋に持ち回りでやっていた。大平北では山の神に、半殺しに餅を搗いて餡を付けた大きなぼた餅を供えたとのことである。

このような山の神、山の講であるが、敷地の北部の集落では山の神が祀られている。敷地の中では比較的山仕事に携わる人が多いからなのであろう。

『ふるさとの土　敷地村』を見ると、「山の講　十一月七日、山の神をまつる。山の仕事を休む。木を切らない。御神酒・牡丹餅を供える。同業者が集まって宴会を開くことがある。二月七日も同じ事をやる。」とある。

山の神の祭りは全国にみられる民間信仰で、多くの土地では山の神は女神だという。山の神を女神としている地方では、この神は容貌がよくないので嫉妬深く、女人が山に入るのを好まない。山の神への供物はしとぎや餅であるが、自分より醜いものがあれば喜ぶとして、顔が醜いオコゼを山の神に供える習慣もある。

また、山の神の祭日には山へ入ってはならないという。この日に、山の神は山の木を数えるとか、木を植えるとかいう。この日に山に入ると、木の下敷きになって死んでしまう、山崩れに遭って死んでしまう、だからこの日は終日仕事を休むことにしているとのことである。

大平　山の神の祠

このようにいわれている山の神であるが、大平から万瀬に抜ける道沿いに、「ようこそ　山の神の杜へ」の看板が掲げられている所があり、道沿いの空き地に車を停めて寄り道をすることができる。後で聞いたところによると、この車を停めた空き地は元々田んぼであり、洪水で崩れた後に土を入れて埋めて空き地にしたという。

入口から十五分程度登った所に山の神が鎮座しており、参道も整備され、途中には「ひと休みしませんか」と書かれてベンチも用意されている。また、湯沢の冷泉が湧いていた所から登る参道もある。

このように整備された山の神であるが、一時朽ち果てたことがあり、現在のように再建されたのは、平成二十五年（二〇一三）十一月である。再建前までは今の所に小さな祠が傾いて置かれている状態であった。このため地鎮祭を行い、集落で祠を製作し、元の祠のあった所に新たな祠を載せるための基礎工事を行った。その後、新たな祠に紅白の幕を巡らせてみんなで麓から担ぎ上げて土台に設置し、祀り直した。この祠には、奉納者三十四名（大平だけでなく他の集落の人も奉納者となっている）の名を記した棟札が納められている。また、記念碑、記念植樹、「奉齋山乃神　家内安全」と染め抜かれた幟も作られている。これと併せて、平成二十六年（二〇一

大平・山の神の案内板

大平・山の神の祠

四）には参道整備、案内板設置も行った。

山の神の祭礼は毎年二月七日と十一月七日に行われる。山の神の祭主となっている方が祝詞を唱える。供物として、三宝に御神酒、塩、洗米、餅、果物等を献饌する。その後、直会となる。祭礼には、大平、虫生、万瀬をはじめ、袋井、掛川、浜北からも参加者が訪れた。

また、正月には山の神に男木を立てて注連縄を回し、伊勢流の垂紙を付ける形の門松を立てる。その他、参道が整備されてからはウオーキングで訪れる人も山の神に立ち寄っていたというが、新型コロナになってからは来る人が少なくなったという。このためか、私が訪れたときは、参道にはクモの巣が掛かり、獣の足跡が多く残っていた。

このほか、竹沢の山中にも山の神が祀られており、『豊岡村史』では、酒とぼた餅を供えて祀ったことが記されている。

七　お日待ち

「お日待ち」は、村内の仲間の者がある決まった日に集まって、夕刻から一夜を明かし、翌朝の日の出を拝して解散する行事を指しており、その期日は土地によってまちまちである。一月、五月、九月の十六日とする所や、月の二十三日に行う所もある。中でも六月二十三日は愛宕権現や地蔵菩薩の縁日で、この日を日待ちとするところもある。また庚申講や二十三夜講の日を日待ちとする所もある。このため、年中行事ではあるが、いつの季節というものではない。

この日待ちに関し確認できたことは、大平では、毎月替わり番で行っていた「お日待ち」も年に二回となった。大平南では、「お日待ち」は、区の秋の総会の後にやっており、お汁粉など、甘いものが出る。下沢では、「お日待ち」を一ヶ所に集まってやっていたが、飲み会だけになるので、十五年前にやめてしまったとのことである。

このように、年中行事の一部について聞き取りを行ってきたが、人口の減少や勤め人の増加、高齢化と若年層の減少、田作りの減少など、敷地地域の日常の様子は昭和二十六年（一九五一）の『ふるさとの土　敷地村』当時とは大きく変化している。

「節分」のヤイカガシ（焼いたいわしの頭に柊《ひいらぎ》の枝を刺して玄関に飾る「柊鰯」や「節分いわし」と呼ばれるもの）、「端午」の菖蒲の屋根刺し（菖蒲は邪気をはらう植物であり、これを軒から下げることで外から悪いことが入ってこないようにというもの）、「田植」のさなぶり（田植えが終わった祝いで、田の神を送る祭礼）など、集落を廻ったが見ることができなかったものも多い。今後、神社の祭礼や寺院の法会以外に、どのような行事が残っているのか、注意して見ていきたい。

第七章　人生儀礼

第七章　人生儀礼

私たちが生を受けてこの世に生まれ、召されてあの世に旅立つまでの間、どのような人たちと出会い、どのような祝福を受け、旅立ちの時にどのように見送ってもらうのか。『豊岡村史』には、この項目に関して詳細な報告があり、それ以上記述すべき事柄はないとも思われるが、現時点においての記録として、昭和、平成、令和の時代を生き、過酷な戦争を経験し、高度成長の時代を経てコロナ禍の現代までを元気に生き抜いてこられた三人の女性に伺った内容を報告する。

一　結婚

人は、結婚によって新たな家庭を営み、そこで子供を産み育ててきた。そのスタートとなるのが結婚式（祝言）である。お話を伺った三人は、いずれも戦後の昭和二十年代に結婚された方々である。

昭和六年（一九三一）に亀井戸東谷に生まれたAさんは、ご近所の方の勧めでお見合いをして、昭和二十七年（一九五二）、二十一歳で結婚した。相手は、当時敷地の青年団長をしていた男性だった。

結婚式は敷地の婚家自宅で行われ、出席者は仲人をお願いした岩室の二人と両家の親類のほか、近所中の人たちに来てもらった。参列者の服装は、男性は黒紋付、女性は黒の江戸褄（黒留袖）であった。花嫁であるAさんは、髪を婚家自宅で結ってもらい、隣家十一軒に披露に回った。翌朝起きたら近所の人が寝ていたのでびっくりしたという。結婚式の次の日の朝から家事をしたが、一～二日して、姑が付き添って実家に里帰りした。これを「初帰り」と言った。

昭和十年（一九三五）に万瀬に生まれた佐々木りよ子さんは、親の勧めで昭和二十八年（一九五三）に十九歳で同じ万瀬の佐々木家に嫁いだ。結婚式は自宅（佐々木家）で、出席したのは仲人二人、両家の親戚、村の組内十三軒の人たちであった。服装は、男性は黒紋付、女性は訪問着であった。二人とも百古里の美容院で着付け、髪結をしてもらい、写真も撮ってもらった。百古里へは夫と一緒にタクシーで往復した。

隣の人が料理人だったので、祝宴の料理は自宅でその方に作ってもらい、皆で会食した。残った御馳走は各自が持ち帰った。初帰りは、三日目に姑と一緒に実家に帰ったが、日帰りであった。

鈴木春子さんは、昭和三年（一九二八）に広瀬村壱貫地に生まれ、昭和二十三年（一九四八）に二十歳で大平の鈴木家に嫁いだ。結婚式は鈴木家で行ったが、仲人の二人と両家の親戚が出席した。料理人が自宅に来て祝宴の料理を作り、自宅で会食した。

『豊岡村史』では、嫁入りは、嫁の家と婿方の双方で三々九度、祝宴が行われた、とあるが、聞き取りをした方々からはそのような経験は語られなかった。また、祝言の翌日のドニンビロウは、「組の人を呼んで夜明かしで宴会をする」とあるが、Aさんの事例はこの事を指していると思われる。

二　出産

Ａさんは、妊娠中はつわりがひどかったという。妊娠五カ月目の戌の日に、実家から腹帯として晒《さらし》が届けられ、お仲人さんがこれを締めてくれた。

臨月に入ると、まだ子どもが生まれる前に「オデンギョウ」と言って近所に餅を配った。生まれるとまた近所に餅を配ったが、これは「デタギョウ」と呼んだ。命名は岩水寺にお願いした。『豊岡村史』には、「オデンギョウ」について、ハツゴ（初子）の産み月の戌の日の祝いのことをこう呼んだとあり、在所、お世話人、親戚、近所の人々を昼食に招待し、在所、お世話人、親戚は、オデンギョウモチを搗いてやって来る、とある。これを近所に配って臨月になったことを知らせたという。また、生まれて七日目のお七夜にナビロウ（名披露）をし、産婆やお世話人、親戚を呼んだが、この時に嫁の在所から届けられる「オブモチ（産餅）」を土産に配ったとあり、これを「ハラワタモチ」とも呼んだという。「デタギョウ」とあるのはこのお七夜の祝いのことを指していると思われる。

Ａさんは、代掻きをしている時に産気づき、自宅に帰って男児を出産したが、陣痛が始まると眠ってしまう「眠り産」を経験したといい、これは次の出産の時も同様であったという。役場に勤めていた方が取り上げてくれ、へその緒も切ってくれた。

出産後、実家からしめし（おむつ）、産着（ネルの着物）、布団が届けられた。お七夜には、仲人さんも呼んでお祝いをした。五十五日目にお宮参りをした。

佐々木さんは、妊娠が分かると戌の日を選んで岩水寺から腹帯を借りて来て、お仲人さんに締めてもらった。山東の産婆さんにかかっていたが、出産は自宅で行い、両親が取り上げてくれた。

この時、産後二十一日分の産婦の食糧として、実家から米一升と鰹節一本が届けられた。また、産着（ネルの着物）も届けられ、これはお宮参りの時に着た。お七夜には、実家から四軒分の餅が届けられ、両隣へ配った。産後は、一週間後には田んぼに出て働いた。

産後に在所から届けられる米や鰹節は、『豊岡村史』にも報告されているが、産後ひと月分とある。ただ、産後二十一日間を「オビヤ」といい、産婦の穢れの期間とされていて、家族とは隔離された生活を送らなければならなかったといい、その間の食糧が米一升と鰹節一本ということだと考えられる。ただし、出産した翌日から食事の支度をしたとか、七日くらいたつと野良に出たという事例もあり、「オビヤ」の禁忌はそれほど厳格なものではなかったとある。

鈴木さんの場合は、腹帯は五カ月目だったが、赤と白の帯で、自分で締めたという。出産は、自宅で行い、敷地に住んでいる助産婦さんが来て取り上げてくれた。この時、お餅を近所に配ったという。

岩水寺から借りてきた紅白の帯は、『豊岡村史』では、白い方を巻き、無事出産すると紅白の帯を新たにして返す、と報告している。

三　年祝

Aさんのところでは、子供が三歳になった時に実家から着物が贈られた。小学校に上がる年には洋服とランドセルが届き、これを入学式に着た。また中学に入学するときは自転車が、高校に入学したときには万年筆が、実家から贈られてきたという。

佐々木さんの家では、男の子だったので七歳で七五三の祝いをしたが、この時実家から洋服をもらった。入学時には実家から祝金が、東京の伯父からはランドセルが贈られた。中学の入学時や成人式の時にも、実家からお祝い金をもらった。

四　葬式

佐々木家では、昭和四十六年（一九七一）に義理の父親が亡くなって葬式が営まれた。この時は自宅で葬式を執り行い、二俣の火葬場で荼毘に付した。初七日から毎週住職がお参りに来てくれた。年忌は、三回忌、七回忌、十三回忌をやり、二十一回忌は子どもたちだけで行った。三十三回忌は「オトイアゲ」といって、これ以後はしなかった。

葬制、墓制については、かつて行われていた習俗が『豊岡村史』に詳しく記述されている。墓制では、この地域は埋墓《うめばか》と詣墓《まいりばか》が併存する両墓制であった。『豊岡村史』では、その類型を八つのタイプに分類して解説しているが、万瀬は、民家から離れた共同の埋葬地に遺体を葬り、屋敷内に詣墓を建てる「共同墓屋敷墓遠隔型」としており、ノバの墓標を倒して土を屋敷内のオハカに入れる時期が一周忌の時であったとしている。虫生・大平では、詣墓を寺院内に建てる「共同墓寺墓遠隔型」が、家田では、共同埋葬地と共同建碑地が近接している「共同墓二区近接型」が、また岩室では石塔の周りに埋葬する「共同墓地内一墓別近接型」が行われているといい、敷地の中でも様々な形態が見られたことを紹介している。

五　地の神様

　A家では、地の神は屋敷の北西に、馬頭観音と一緒に祀ってある。祠には十センチ四方くらいの木の板を供えるが、意味や由来は分からないとのことである。お祭りは、年二回、二月の初午の日と十二月十五日で、小豆ご飯を供える。地の神には一家の安寧と家屋敷の安全を願うという。

　鈴木家では、屋敷の北側に地の神が祀られている。十年ほど前に台風で壊れたので、その時に新調したといい、瓦造りの祠である。十二月十五日に地の神の祭りをするが、この時には、直径七、八センチ、長さ三十センチほどの堅木を鉈《なた》で半分に割って墨で十二月と書いたものを、地の神、神棚、竈《かまど》、風呂などに置いておく。この家でも地の神には、一家の安寧と家屋敷の安全を願うという。

　万瀬の佐々木家では、家の西側の屋敷内に地の神が祀られている。祠は派手にしてはいけないと言い伝えられており、小さめの祠に十センチ四方くらいの木の板を供えるが、その由来はわからないとのことである。地の神の祭りは、十二月十五日に行われ、秋葉神社で修業した神職が来て神事を行う。この時は、和紙を切って紙垂を作り、直径五、六ミリの新しい笹竹にはさんで祀った。供物として赤飯と御神酒を供えた。このような神事に女性は関わってはいけないと言われてきたが、当主がどうしてもできないときは、奥さんが紙垂を切ったこともあったという。この家でも、一家の安寧と家屋敷の安全を祈るという点は同じであった。

大正 10 年 泰治氏逝去後の法事にて（中央神主が功氏）
『偉人伊藤鵠堂翁』より

昭和 31 年 3 月 16 日 伊藤功氏葬儀（『偉人伊藤鵠堂翁』より）

第八章　信仰

第八章　信仰

敷地は信仰の篤い地域であるが、特に北部の山間地では山の神を祀る神社や祠が多くあり、また、敷地の野辺神社は江戸期まで山王宮と呼ばれ、明治期には郷社となってこの地域の中心的な神社であった。また、寺院としては、岩室寺は古代、国府とのつながりを持った有力な寺院であった。各神社、寺院の概要は、『敷地村史』、『豊岡村史』の他、小木秀市『歴史と民俗の里　敷地村』を参照させていただいた。

一　村々の神

三森神社（万瀬）

万瀬の字疣石《いぼいし》にあり、祭神は天照皇大神である。創立は慶安三年（一六五〇）といわれ、享保九年（一七二四）に社殿が再建されている。境内には、天神社、八幡神社があり、いずれも本社と同じ年に創立、再建となっており、本社へは明治八年（一八七五）に合祀されている。「三森」の神社名は、前記の二社が合祀されたことに由来するという。境内には大正十五年（一九二六）に建てられた「秣山記念碑」の石碑がある。篆額は見付農学校長の細田多次郎である。また、神社前の道路沿いの畑地に、土地の人たちに語り継がれた「疣石」かある。

令和二年(二〇二〇)の祭礼は、九月十三日に行われた。午前十時頃、修祓によって神事が始まり、献饌、祝詞奏上、玉串奉奠が行われて、三十分ほどで終了した。その後、当屋の引き継ぎ式が行われた。これまでは、神事の後にビンゴゲーム、餅撒きを行っており、三十五年前までは屋台を曳いていた。法被を着て、リヤカーに柱を立て、ボンボリや花を付けて集落を廻ったが、神社までは上がってこなかった。

当屋は、神社の祭礼の手伝いを行う家で、毎月一日と十五日に神社境内の掃除をする。引き継ぎの式は「当屋渡し」と呼ばれ、宮司の立会で現当屋・新当屋・氏子総代が参加して、拝殿で行われる。拝殿中央に三宝を置き、その上に四つの盃を重ねておく。本殿を背に、奥に宮司、左に新しい当屋、右に現在の当屋、手前に氏子総代が座る。盃に御神酒を注ぎ、宮司から順番に御神酒を飲む。最後に引き継ぎの挨拶を行い、神社のカギを現在の当屋から新しい当屋に渡して終了となる。なお、当屋の任期は一年で、当屋に当たる家がブク(喪中等)の場合は、翌年の順番の家が先に当屋を引き継ぐ。この後、献饌された餅を切り分けて氏子に配り、小さな餅は宮司に渡される。

十一月の祭りや元旦祭は、宮司を呼ばずに総代が行う。二百十日の祭りは、大祭の前日の準備の時に総代が拝んで終わる。万瀬は現在九戸であるが、神道の家も多く、御嶽教の家もあったといい、祢宜も住んでいたという。

六所神社（大平）

大平にあり、素戔嗚命を祀る。天正十七年（一五八九）に社殿が再建されたとあるが、創立は不明である。境内社には、駒形神社、八王子神社、山ノ神神社があるが、創立や由緒はわかっておらず、いずれも明治七年（一八七四）に本社に合併されたという。

大祭は、かつては六月十五日に行われていたというが、令和三年（二〇二一）は七月十一日に行われた。午後一時半に、修祓により神事が始まり、献饌、祝詞奏上、宮司、氏子総代らによる玉串奉奠が行われ、一時五十分、一拝して終了となった。

例年はビンゴゲームや餅撒きをし、甘酒を振る舞った。甘酒は昔は作ったが、今は配達をしてもらう。最後に社務所で直会をするが、この年はしなかった。屋台は二輪で人形などは付けず、神社の周りを廻る。昔はゴルフ場入口の公園の所まで行っていた。警察の指示もあり、交通整理も含めて屋台を曳くには大人二十四人が必要で、大変とのことである。

神社の祭りは、年頭祭り、七月大祭、二百十日の祭りがあるが、宮司に来てもらうのは大祭の時だけである。二百十日の祭りは、酒を入れた徳利に、榊の枝を一本挿して本殿に祀り、総代が「五穀豊穣・村内安全・防災祈願」を小さな声で祈願して一礼二拍手二礼をする。

大平では年番（当屋）制が行われており、社務所に年番表が貼り出されている。年番は二年任期で、三人が前役、三人が後役で、半分ずつ交代する。年番の引き継ぎは、祭りの終わりに当番を読み上げて行われる。

正月用の注連縄は十二月に作る。新しいものを本殿に付け、本殿のものを拝殿に、拝殿のものを鳥居に付け替える。注連縄の藁は、コンバインで刈らないように頼んでおき、もらってきたら社務所で乾かしておく。藁が少ないと不安になるという。

熊野神社（虫生）

虫生の字溝北にあり、伊弉那岐命を祀るが、由緒等は不詳である。境内末社として山神社、稲荷神社を祀る。鳥居脇にある灯篭には「文政六未年九月吉日」の文字が刻まれている。

虫生　熊野神社

祭礼は、令和二年（二〇二〇）は九月十三日に行われ、神事は正午少し前から始まり、十二時過ぎに終了した。続いて境内社の山の神と稲荷の祭礼を行った。

例年は、神事の後でクジ引き、投げ餅等三時間くらい余興があり、社務所におかれている大鍋で作った甘酒を振る舞ったが、今は作らなくなった。また、昭和五十年（一九七五）に森町円田（瑞雲社）から購入した二輪の屋台があり、三十年前までは、提灯、花を付けて集落を曳き廻していた。注連縄は祭礼の前日に作った。コシヒカリの藁を使うが、藁を乾燥させるのが大変である。藁自体は何十年も前から頼んでいる家があるので、その家から調達する。

当屋の制度は、十年前まで残っていたが、今は自治会の者が行うようになった。氏子総代は三名で運営している。十一月、二月の山の神祭りはしていないが、十一月七日の山の講はやっている。

若宮神社（家田）

家田の字東にあり、祭神は国常立命である。江戸初期の寛永三年（一六二六）に建てられ、元禄三年（一六九〇）に現在地に移されたという。江戸期には十二所権現と呼ばれていたが、明治二年（一八六九）に若宮神社に改称したという。境内社として山の神社、津島社、八幡社があり、文政八年（一八二五）に六十五人講中によって奉納された役行者の石像が境内に祀られている。

令和三年（二〇二一）の祭礼は、十月十日に行われ、神事については午前十時前後の三十分程で祝詞奏上、玉串奉奠などを行った。例年は、午後一時から屋台の引き廻し、二時半に餅投げをして、また、四時から引き廻しを継続した。昔は、神社まで曳いていったが、今は屋台小屋で清めてもらう。屋台の曳き回しは若連が運営している。家田の屋台は二輪で、平成五年（一九九三）に森町下飯田から購入したもので、明治四十四年（一九一一）の製作である。屋台の上に載せる出しは森町一宮の谷崎から借りてくるが、谷崎では毎年新しい出しを作っているそうだ。

家田　若宮神社の役行者像

神社総代は三名で、当屋の制度はないので、自治会の各班から二名ずつ当番を出して、注連縄作り等、総代の手伝いをしている。注連縄は大祭の前日に作り、藁は仲明・岩室からもらってくる。正月には注連縄を付け替える。

野辺神社（敷地）

敷地の字宮山に鎮座する延喜式内社である。祭神は大山咋命とされるが、この神は日吉神社、松尾神社に祀られる神であり、由緒書には近江国坂本の日吉神社を遷したとある。野辺神社となったのは明治になってからであり、それまでは山王宮と呼ばれていたとあるので、比叡山の鎮守社、日吉神社との関連が想定される。

戦国時代には、今川氏より禁制の制札を下賜されており、今川氏、織田氏から神領を安堵されている。徳川氏の世になってからも同様の朱印地を得ている。明治六年（一八七三）に郷社に列せられ、摂社は、明治七年に稲荷山から遷された稲荷神社と、同九年に字社宮司から遷座した社宮司神社がある。また、末社としては、八幡神社、白山神社、猿田彦神社、金山神社、山神社、磯部御鍬大神宮、厳島神社がある。

江戸時代を通してこの神社の神官を務めたのが宮下の伊藤家で、幕末に遠州報国隊に参加した伊藤玄蕃は、明治になって八重喜と改名し、明治四年（一八七一）に「神主世代年限記帳」を記し、天文三年（一五三四）から神主を務めた宮方六郎左衛門を初代として、当代八重喜（玄蕃）まで十七代になると記している。その十七人は、六郎左衛門以下、今右衛門、三郎、一、治郎右衛門、筑波、左衛門、織部と続き、明暦元年（一六五五）に伊藤玄蕃となり、再び宮方姓に戻って、宮方近江、重次郎、豊後、佐源、玄蕃となり、天保八年（一八三七）に伊藤喜悦、嘉永元年（一八四八）に玄蕃に引き継がれている。

また、由緒書には、神輿渡御が行われる大祭が、四月と十一月の二回行われていたといい、その御旅所は、四月が大当所、十一月が小当所であったという。

令和二年（二〇二〇）の祭礼は、十一月が十月十一日に行われ、神事は午後一時少し前に修祓で始まり、祝詞奏上、玉串奉奠等があり、三十分ほどで終了した。続いて境内の摂社・末社の祭りが一時三十分頃に終わり、最後に敷地村長を勤めた伊藤泰治の顕彰碑の拝礼が行われ、この後、社務所にて直会となった。

伊藤家墓石

例年は、屋台四台が参道まで曳き込まれ、太鼓だけ神社に上がって拝礼した。余興としては、自治会の主催で腕相撲、マジック、踊り、綱引きなどがあり、射的では、当たるとティッシュ一箱がもらえた。投げ餅は、境内の三か所で行われ、軽トラ、屋台、顕彰碑の上から撒く。全部で一俵分を撒くというが、農家のなかには餅を提供してくれる人もいる。このため、公民館の周りは人が集まってにぎやかになる。福引の当たりは以前は商品を渡していたが、今は商品券になっている。福引の費用は一軒ごとに千円ずつを集めている。なお、氏子総代は五名で、各集落から一名ずつ出ている。神社で使う注連縄は今は購入していると聞いている。

熊野神社（岩室）

岩室字ビクケ谷にあり、祭神は伊弉那岐命である。創立は不詳であるが、寛文元年（一六六一）に再建されたことが棟札に記されている。境内社の八王子神社は明治七年（一八七四）に本社に合併となったが、もう一つの境内社、陽水神社は従前から境内に勧請されていたものという。いずれも祭神・由緒等は不詳である。

岩室　熊野神社

祭礼は、かつては四月二十日であったというが、令和三年（二〇二一）は、十月十日に行われた。九時少し前に神事が始まり、二十分ほどで終了した。屋台は森の屋台と同じ形の二輪で、ボンボリを付け、上には熊のぬいぐるみを置いている。例年は、昼頃から一～二時間、公民館から下の集落の辺を曳き廻す。以前は甘酒を作っていたが、今は購入しており、餅投げもしていない。

氏子総代は三名、当屋は二名（順番で当たる）で、注連縄を作り、献饌の供物を用意する。熊野神社の右横に山の神の祠があり、その分の注連縄も作る。また、藁は、岩室には水田があるので、そこから調達している。注連縄は正月にも作って新しいものに交換する。当屋は祭りの後で交代する決まりである。

諏訪神社（大当所）

大当所の字宮山《みややま》にあり、建御名方命を祀っている。創立の年は不詳だが、寛永十二年（一六三五）に社殿を再建している。神社の建つ丘陵の西斜面には、国学者で大当所の庄屋役を務めた山下政彦の顕彰碑がある。

令和二年（二〇二〇）の祭礼は、十月十二日に行われ、午前十一時過ぎに修祓以下の神事が行われ、十一時三十五分に終了した。

例年は、十二時半からゲーム、子供のくじ引き、家庭のくじ引き、餅投げがあり、甘酒がふるまわれて、参詣者は境内一杯になる。この年は、景品を公会堂で均等に分けた。屋台は二輪の屋台を神社の下まで曳いてくる。屋台に載せる人形は、森町一宮の「谷崎青年会」から借りてきて、お礼として酒一升と寸志を渡している。屋台は公民館から老人ホームの間の南部の方を曳き廻す。大当所の氏子は二十四軒。三つの班に分かれていて、班ごとに総代を出して運営している。

二　村々の仏

永安寺・永明寺・浄光寺

永安寺は、敷地字寺中にある臨済宗妙心寺派の寺院で、本尊は釈迦牟尼仏を祀る。開山とされる寂室大和尚は貞治六年（一三六七）に歿し、堂宇を拡張した二代弥山天道釈和尚は応永三年（一三九六）に歿しているので、鎌倉時代末から室町時代の初めに創建されたものと思われる。

本寺は、遠州では井伊谷龍潭寺や奥山方広寺などに次ぐ寺院で、今川氏の庇護を受けていたと考えられ、記録には駿府の臨済寺の末寺として記載されている。今川氏が滅んだあとは、武田氏にも安堵されており、慶長六年（一六〇一）には、伊奈忠次から寺領十二石が寄進されている。

永安寺の大般若祈祷会

『敷地村史』では、中世には、塔頭《たっちゅう》四ヶ寺が輪番で永安寺を経営したとあり、そのため応永から慶長の間は「世代ナシ」とある。このため慶長二年（一五九七）に近江永源寺の立峰和尚が永安寺を中興したと伝えている。塔頭四ヶ寺の中には、現在も同じ境内に建つ永明寺、浄光寺があるが、『磐田郡誌』では、永明寺は元和二年（一六一六）に立峰和尚が開創したとしており、この二寺が中世から継続しているのかはわからない。浄光寺には阿閦《あしゅく》如来を祀る阿閦堂があり、足の病気を治すといわれ信仰されている。

永安寺には、文覚上人の言い伝えが残る波切不動尊堂があり、多くの信者に崇敬されている。また、本堂の裏手には、野辺当信《まさのぶ》とその妻子を祀ったといわれる三基の供養塔がある。永安寺にはこの野辺氏の家系図と由緒書が残されているといい、それによると、当信は織田氏の一族で野辺に領地を与えられて野辺氏を名乗り、馬伏塚城の城主であったが、武田氏との戦いで、嫡子と共に討ち死にしたと記されている。しかし、『豊岡村史』では、史実かどうかは疑わしいと記している。伝承では、討ち死にした当信と嫡子、及び野辺まで逃れてきて討たれた当信の妻の三人の五輪塔であると伝えられている。

永安寺の行事として、毎年一月十五日には大般若祈祷会が催される。令和三年（二〇二一）の一月十五日は、十時過ぎから地域の方々が本堂に集まり、十一時から祈祷会が始まった。参加した僧侶は十六人で、三十分ほど大般若経の転読が行われた。本堂に三幅の十六善神の掛軸が架けられ、お供え餅などが供えられた。一般の参列者は二十人ほどで、檀家でない人たちも加わるのだという。かつては芋汁が振るまわれたというが、現在は行われていない。

竜雲庵

仲明にある永安寺の末寺で、もとは永安寺の寂室和尚により創建されたというが、元和八年（一六二二）に再興されたという。境内には地蔵菩薩をまつる地蔵堂があったが、平成二十六年

（二〇一四）二月に火災に遭い、すべて焼失した。

円通寺

大平にあり、永安寺の末寺である。

元禄十五年（一七〇二）三月、湯治のために円通寺を訪れた鎌田山（医王寺）の宥応という僧が、天平年中（七二九～七四八）に行基が書き記したと伝える『御湯平由来』を見つけ、これを記録したという。それには、行基が御湯平村に小庵を建てて「湯命山大平寺」と号し、温泉の流れる湯沢の流末に小堂を建て、医王善逝尊像を彫刻してこのお堂に祀り、病人を入湯させて治療したと書かれている。「医王善逝《いおうぜんせい》」は薬師如来と同義であり、小堂は円通寺境内の薬師堂を指すかと思われる。

大平薬師堂の解体準備

さらに天正年間（一五七三～一五九二）、徳川家康が光明山に布陣したとき、御湯平村を大平村とするよう御達しがあったという。その後、元禄三年（一六九〇）に大平寺は円通寺と改称された。

円通寺の境内にある薬師堂は、近年傷みがひどくなって建替えが行われた。建替えの前は、鉄骨によって南側から支えられる形で保たれていた。

堂宇撤去に伴うご本尊の御移しが令和三年（二〇二一）八月

二十二日に行われた。午後一時半頃から堂内の諸道具類が運び出されたあと、永安寺住職、檀家役員がご本尊の前で般若心経を唱え礼拝した。本尊は十二年に一度の御開帳が翌年になるため、厨子の扉を閉めたままで行われた。厨子には、「文久三癸亥十月　現主恵明代　施主三高右衛門」と記されている。文久三年は一八六三年に当たる。この後、仮安置の場所となる円通寺本堂に移され、二時頃から再び般若心経が唱えられ、参拝に来た檀家の人たちが焼香して終了した。

薬師堂の起工式は九月五日に、永安寺住職を迎えて行われた。参加者は檀家総代と施工業者である。午後二時半頃、住職が般若心経を唱え、塩で四方を清めたのち、檀家総代が焼香を行った。続いて「消災呪《しょうさいじゅ》」などが唱えられ四十分ほどで終了となった。

薬師堂の解体により、年代が記された棟札と柱の一部が発見された。柱に刻まれた文字は「寛文五乙巳年霜月如意宝珠日」とあり、寛文五年は一六六五年に当たる。また、柱の刻銘には「宝暦第七癸丑二月穀日」とあり、宝暦七年は一七五七年に当たる。因みに宝暦七年の干支は「丁丑」である。再建当時に、百年前の古材が使われたということだろうか。

この再建工事は翌令和四年（二〇二二）の二月に完了し、同年の十月十六日、新しい薬師堂で、御本尊の御開帳の法要が行われた。

清涼院・清龍寺

岩室には、古代から、岩室寺という大寺院が栄えていた。

獅子ヶ鼻公園は明治三十八年（一九〇五）に開園した公園であるが、その中に観音堂と岩室寺の遺跡である御堂跡や塔跡などが残る。御堂跡には礎石が残り、塔跡には芯礎が残存している。また、西側の丘陵には燈明台の跡が二ヶ所あり、広大な範囲が寺域だったと考えられている。北島恵介氏は「岩室寺清涼院の『遠州檀那現名候記録』」（『磐南文化』№四十七）の中で、「奈良時代には国分寺と深く関係する山岳修行の場として開かれていたことが、発掘調査やその遺物、国分寺金堂の礎石（岩室石）などによって知られる。」と述べている。これは、岩室寺が「国分寺を中心とする官僧の山林修行の拠点として整備されたのではないか」（『豊丘村百話』）という説を裏付ける。

現在磐田市の指定文化財となっている大日如来の仏頭は一メートル余の大仏であり、寺院の勢力が偲ばれる。戦国時代、比叡山と争いが起こり、宗徒によって焼き討ちされた折、これらの仏像を土中に埋めて守ったという言い伝えがあり、江戸時代になって岩室北谷から二体の菩薩像と共に掘り出され、観音堂に祀られていたものである。

現在、この観音堂はかつての岩室寺を偲ぶ唯一の堂宇であり、今も岩室山青瀧寺として、遠江三十三観音霊場の九番札所として信仰を集めている。かつては、二月の初午の祭日には、近郷から着飾った馬を曳いた参拝者が集まったという。令和五年（二〇二三）の初午は、二月五日であったが、午前十時から永安寺住職による読経が行われ、地元の人たちが焼香して終了した。境内では、甘酒の振る舞いがあり、例年だと餅投げも行われたようだが、この日は投げ餅を参拝者に配布した。初午法要に参加したのは、地元の世話人の方が数人、外部からの参拝者が数人程度であった。

現在、岩室にある寺院は清涼院といい、公会堂の中に寺務所が置かれていて、岩室観音堂を管理する立場にあるが、実質的には本寺である永安寺が初午会の法要などを行っている。

岩室観音堂の初午会

COLUMN 10

山犬（狼）伝承と敷地

敷地地区大平の竹沢には「狼返し」といわれるものが伝承されている。大平の青山忠義さんによると、これは門《カンヌキ》のことを指し、雨戸がひっくり返らないようにするためのものだというが、なぜこう呼ぶのかはわかっていない。狼がこの地域にとって厄を除け害獣を退けてくれる、そんな守り神のような信仰がこの地に残っているのである。かつて狼は日本にも生息していたが、今ではその姿を見せることはなく絶滅してしまった。しかし当時の人たちにとって狼は信仰の対象でもあり、その様子が今も残っている。狼は人々にどのような思いを向けられていたのだろうか。

浜松市天竜区水窪地区には狼を祀る神社がある。山住《やまずみ》神社と呼ばれ、古くからこの地域を中心に信仰されてきた。狼は「オイヌサマ」として古くから地域の人々に信仰されてきた。オイヌサマとは狼のことを指し、山犬と同義的な扱いがされている。狼が祀られるようになったのには諸説があるが、神格化された狼のことを「大口の真神《おおぐちのまがみ》」と称し、神の使いである神使の動物として古くから祀られていた。「大口の真神」とは「口が大きな神」の意味を持ち「真神」には「正しき神」の意味がある。悪人を罰し厄事から善人を守護し、魔除けや火盗除けの霊力を持つとされる。狼を祀る神社は山住神社のほかにもあり、三峯神社や武蔵御嶽神社などが有名である。これらの狼を祀る神社の狛犬《こまいぬ》は、狼を模した姿である。山住神社は奥三河一帯にわたり信仰されており、参拝客はお札を手に入れ門口に飾る。このお札を玄関などの入り口に貼ることで家の中に悪霊や悪疫などを侵入させない魔除けとしても、山住神社のお札には霊験が喧伝されており、特異な病を患いおかしな言動をする者のことを「狐が憑いた」と信じ、その憑き物を落とす際にこの神社のお札を使ったとされる。

狼は、農業を営む上で障害となっていた猪や猿、鹿などの害獣から畑を守る益獣として神格化される一方で、家畜を襲ったり人に危害を加えたりという側面もあり、「千疋狼《せんびきおおかみ》」のような妖怪として語られる伝承も残っている。人々は狼に対し、害もなすが益ももたらす存在として畏敬の念を抱き、信仰の対象としていった。

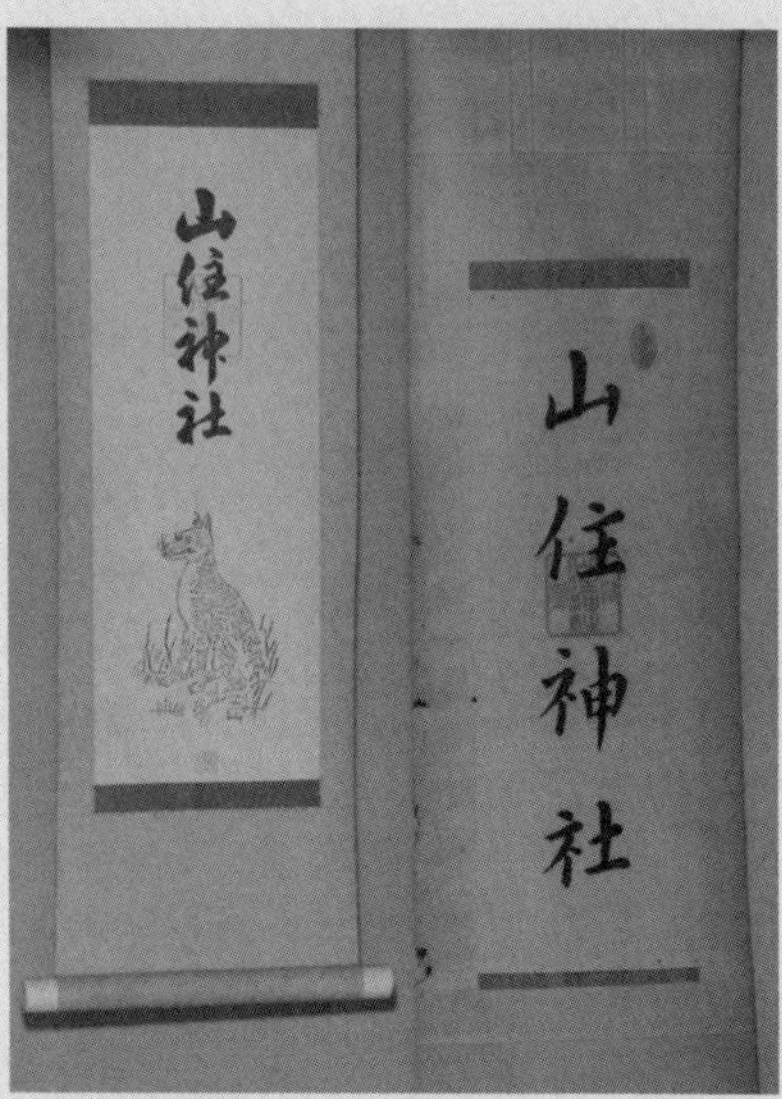

水窪町の民家に掛けられた
山住神社の掛け軸

オオカミ返し

我々の眼前で民俗文化が消滅していくのに呆然とする時がある。「オオカミ」の伝承文化ももう信仰の一部を除いては、この遠州ではほとんど失われたのであろう。

旧敷地村大平竹沢に堀内家はある。竹沢は敷地川の上流部で敷地と虫生の境近くを北から南へ流れる沢である。この沢の一番奥に堀内家はあり、現在はトタン葺きであるが、かつては茅葺の母屋が南向きに沢沿いに建てられていた。この母屋の入口（この地方ではオオドと呼ぶ）は母屋を入って大きく空間が確保されている土間への戸口であり、頑丈な戸口自体で一間以上もあるものであった。このオオドの戸口に裏から閂《かんぬき》を掛けた。このカンヌキを「オオカミ返し」と呼んだという。この伝承は堀内家の先代が小木秀市さんに語ったこととして伝えられている。現在竹沢に住んでいる方々、大平地区の方々にとっても、この伝承は既に遠い記憶となっている。（伊藤朱駿）

第九章　祭礼と芸能（遠州大念仏）

第九章　祭礼と芸能（遠州大念仏）

遠州地域では、夏の風物詩と言っても過言ではない大念仏が行われている。敷地においても、過去には大平・万瀬・虫生で行われていたが、現在は大平のみで行われている。この大平の大念仏は、遠州大念仏団に属しているが、他の念仏団では見られない「傘鉾」という魂のよりどころを用い、「四方差」という所作も行っている。この「傘鉾」「四方差」の分布も見ていきたい。

第一節　大念仏の分布・起源・大念仏禁止令

遠州地域の念仏踊りは、「念仏踊り地域」「念仏踊り、和讃混合地域」「和讃地域」に分けられる。「念仏踊り地域」は、遠州大念仏などの念仏踊りで、天竜川下流の西遠、中遠に広く分布している。ちなみに現在、伝承のない遠州東部の旧大東町で『大念仏和参』が、遠州西部の旧三ケ日町平山で『盆踊覚』が見つかっており、かつては遠州南部を覆うほどに広がっていたことがわかる。

「念仏踊り、和讃混合地域」は、水窪町を中心に北遠に分布している。遠州の最北部の水窪川上流の念仏踊りは水窪町有本からの伝承だといわれ、草木では、デンデコ踊り、長刀踊り、棒振り踊りがあった。長刀や棒を採りものとする踊りは、坂部、大河内など南信州に伝わっている踊りで、手踊りも南信州と共通するものがある。

「和讃地域」は中遠地区に分布し、和讃を唱える盆供養の方法が伝わっている。これには双盤《そうばん》は使用せず、傘鉾を先頭に大太鼓（鉦止め）と小太鼓（締太鼓）を用いる。傘鉾は、この中に霊を集めるための重要な道具であり、この和讃は、カサンブク、カサンボコ、カサホコ、地蔵経とも呼ばれている。

また、「念仏踊り地域」に属する遠州の念仏踊りは平野部、天竜区南部・北区北部、磐田北部に区分され、これに太田川流域を含めて、四つに区分することができる。

平野部の念仏踊り（遠州大念仏）は、浜松市の東区、浜北区を中心とする念仏団で、念仏団全体の九割を占める。初盆を迎えた家から依頼されると、その家を訪れて庭先で大念仏を演じる。

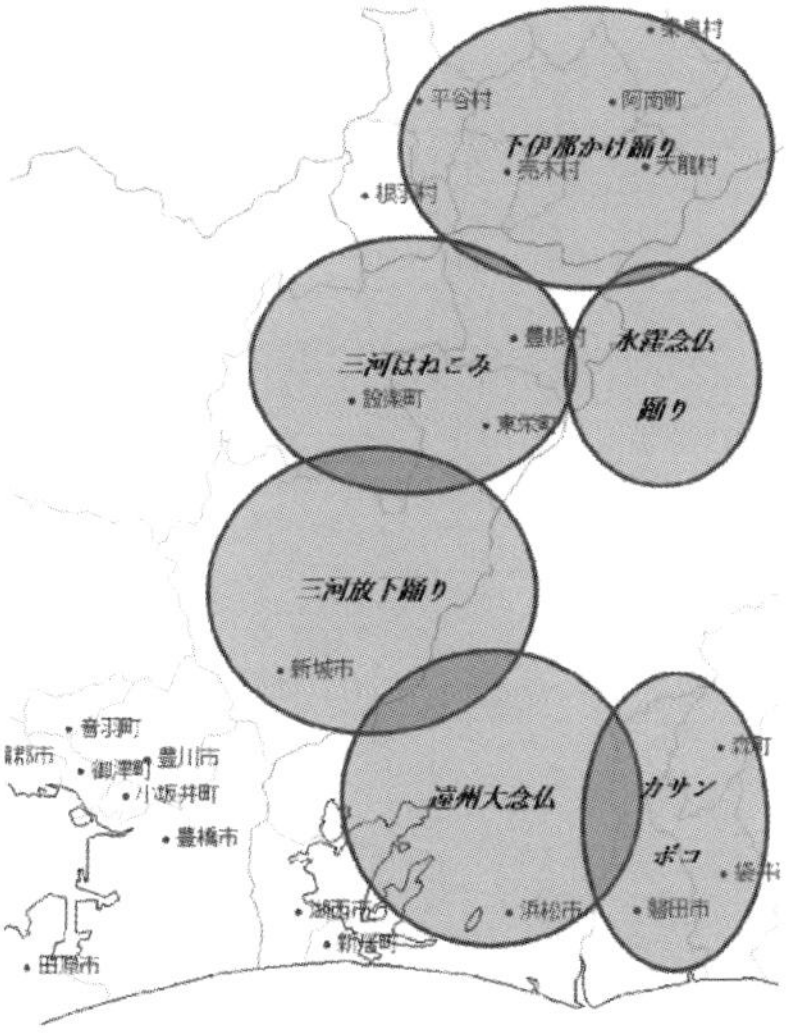

念仏踊りの分布

天竜区南部・北区北部では、旧引佐町（現浜松市）に昔は二十ヶ所ほどの集落で大念仏が行われていたほか、熊平、上神沢、芝、西神沢、坂野、大栗安などで継続していた。この地域は大念仏と放下踊りの二面を持つ特徴があった。

磐田北部に属する豊岡村の大念仏は、万瀬、大平、虫生、大楽地、合代島、社山、壱貫地、上神増、三家、松之木島に伝承されていた。大平は、現在の大念仏を復活させるときに、村内の佐野藤四郎氏の記憶にある大念仏を指導してもらった。

飛び念仏は、太田川流域（磐田市と袋井市の接する地域）の磐田市新貝、明ケ島、岩井、袋井市木原、小松、松袋井に伝えられている。用具は、笛、太鼓、大太鼓、傘鉾二本を用いるが、双盤、頭は使用しない組がある。回向の構成は大念仏と同じである。リヤカー（軽トラ）に大太鼓、小太鼓を載せて伴奏をする。

遠州大念仏の起源は、元亀三年（一五七二）十二月の三方原の戦いで徳川方の謀った布橋の奇計に掛かり、犀ヶ崖で戦死した武田軍の兵士の霊を鎮めるために始まったと伝えられている。寛政十一年（一七九九）に内山真龍が著した「遠江国風土記伝」に、「犀ヶ崖は浜松城の西にある深い渓谷であり、樹木が茂って深さがわからないぐらいである。元亀三年（一五七二）三方原合戦の時、武田軍の将兵が崖から落ちて溝が埋まった。僧が崖の上に住み、村人と共に念仏を唱えたところ、不思議に亡魂は鎮まった。」と記されている。

このように始まった大念仏であるが、江戸時代には大念仏禁止令が出されている。『浜松市通史編二』によれば、大念仏の停止令のうち最古の文献といわれる『下大瀬村年代記』延享三年（一七四六）の「四組申合連判之書付左之通」の条に「とったか念仏・六才（斎）念仏御停止の御触ハ勿論、今度四組一統相談之上、末々迄相止メ申筈ニ候。此末御停止も無之、世上にはやり候に付、夜念仏仕度願之者候共、四組相談調不申候はば、堅仕初め申間敷候。若右申合を背、かくれ催夜念仏到候もの有之候はば、四組より急度何分にも可被申付候。其時一言申間敷候」「亡者新仏有之者へ他所より夜念仏参候共一向請間敷候。右之趣、四組一統相談之上相極め候上は、急度相守可申候。万一相背もの有之候はば、其分に指置申間敷候。為惣百姓連判居仕候。」とある。これによれば、当時すでに念仏の禁止がでていたが、それがゆるんで念仏が流行しており、改めて念仏禁止を守る旨の連判を提出している。

敷地の大平大念仏に関しては、天保十一年（一八四〇）に書かれた「浅岡家文書」の「差上申一札之事」から、「御停止被仰尤当年ニ不限先年　天明八申年御改有之請書差上申候所　段々相緩ミ候故寛政八辰年御改有之　請書差上申候へ共承引無之相緩ミ候故当年ニ至り又々停止被仰付」とあり、天明八年（一七八八）と寛政八年（一七九六）に、この地区で大念仏が行われており、それの停止命令が出されている。その他、「其外聟取之節又ハ男女出生有之候節祝儀悦物　不相成儀惣而若者と唱組合ヲ建候儀堅ク御停止」とあり、婿取り、子供の出産時の祝儀が華美となることに対する中止命令も合わせ発せられている。

第二節　敷地の大念仏…大平・万瀬・虫生

一　大平大念仏

大平では、昭和十八年（一九四三）、金属供出により双盤を一基供出し、一時中断となっていたが、昭和二十三年（一九四八）に有志で大念仏を復活させ、昭和二十五年に現在の大平組が誕生し、今日に至っている。なお、現在の道具は、昭和二十六年七月の寄付で戦後に森町吉川から譲り受けている。譲り受けた双盤には「西村和泉守作」「天保六年七月」の記名がある。もともとあった双盤にも「西村和泉守」の銘があることから、同時代に造られたものと推測される。

現在の会員は三十五名程度で、大平在住の人は十名程度。他の人の多くは現在敷地、野部に住んでいる旧大平の人であり、他の集落の人は少ない。また、大平組では女性は入れず、男は中学生から参加できる。現在、太鼓切りをしている若い衆は他の集落出身だが、中学の時に大念仏に誘われ大平組に入って活動を続けている。大念仏の練習は大体年に五回程度で、新人が入った年は少し練習を増やす程度である。

服装・道具

大平組は、揃いの浴衣に、役ごとに異なる衣装を着ける。太鼓・双盤は浴衣、青色の肉襦袢、襷、股引き、脚絆、草履、黒足袋、手甲、笠、役持ちは浴衣、草履、黒足袋、笠となる。道具は、旗、頭、双盤、提灯、笛、太鼓、傘鉾がある。

初盆供養は、太鼓三人～五人、笛三人～四人で行う。太鼓切りは二組に分かれており、予備に一人～二人控える形となる。大平組では太鼓を四個～六個使う形式をとり、偶数を嫌うので五個

大平大念仏（先祖供養）

が多い。傘鉾は和傘の柄の上端に長方形の燈籠を付け、広げた傘の周りに赤い布を巡らせたもので、霊を集めるための呪具と考えられている。

初盆の家からのお礼（お布施）は、給料として会員に配り、残りを太鼓等の用具の修理費として積み立てる。太鼓修理で十七万円、燈籠一対買うのに百万円かかるため、昔の代からそのようにしてきた。

他の組では草鞋から地下足袋に替える組もあるが、大平組では昔通りに草履を大念仏に使う。以前は愛知県に依頼していたが、現在は長野県で手作業で作ってもらっている。太鼓切りは動きが激しいので一日二足を履きつぶす。他の者は、二日に一足で対応している。

先祖供養・戦没者供養

八月十一日の先祖供養・戦没者供養は、夕刻円通寺境内で平服で四方差を行い、庭入りから退出までを本番同様に行う。まずは、本堂に向かい先祖供養を行い、続いて境内の東側に建立されている戦没者慰霊碑に向かい、戦没者供養を行う。

初盆供養

八月十三日・十四日が初盆供養の日となる。円通寺で身支度を整え、サキデマリ（頭先、三葉葵の紋付羽織姿で提灯を下げて行列を先導）を先頭に初盆家に供養に出かける。大平組では、初盆家に向かう道中に笛、太鼓による「道囃子」を奏でる。初盆供養は下り念仏にならない様に南から北へと移動する。念仏衆の隊列は、サキデマリ、旗（「無形民俗文化財　遠州大念佛保存会」と書いた旗）、傘鉾、双盤、太鼓、鉦、笛、供回り、おかめ、音唱人、アトデマリ（押し、紋付羽織姿）の順序で行列を組む。初盆の家に近づくと提灯を持った二人の隣保が行列を迎える。この出迎えを引手と呼び、引手の先導で初盆の家に行く。

引手に導かれて初盆の家の門先に到着すると、サキデマリと頭だけが庭に入り、四方差という所作を行う。これは、オオドと死者の霊を鎮めるためである。旧水窪町の大念仏では弓燈籠を用いた所作があり、「四方差」はこの水窪の影響を受けたものと考えられている。

四方差では、頭とサキデマリの四人が並んで庭に入り、中央で祭壇に向かい一礼する。その後、二組に分かれて、庭の南東隅と北西隅から中央に進み、頭の先を合わせ、お互いに礼を交わす。この所作を南西隅と北東隅からも行う。中央に戻った頭とサキデマリは、横一線に並び祭壇前に進み一礼する。その後、庭を退出し門先で待機する行列を迎えに行く。

サキデマリと頭の四人が行列に合流すると、旗と傘鉾を高く掲げながら引手の案内で庭入りし、庭を時計周りに二周する。前列に桶太鼓、その両脇に双盤、後列に音頭取りと念仏衆が並び、

大平大念仏（四方差）

大平大念仏（道行）

その近くに傘鉾を立てる。太鼓は踊りながら庭の中央に進み笛や双盤、鉦の音に合わせ太鼓を激しく叩く。この間にサキデマリと頭は施主への挨拶と故人への礼拝のために家に上がる。

回向の隊形は、最前列に太鼓、祭壇の正面に音唱人、向かって左に笛、供回り、双盤、右に傘鉾と旗が並ぶと、太鼓は短いバチに持ち替え、姿勢を正し、鉦の音に合わせて祭壇に向かって合掌する。念仏は笛の音で始まり、音唱人が唄う歌枕の中、双盤の音を響かせながら、故人を偲び太鼓切りを行う。太鼓は大きな振りで踊るように打つ。双盤の音と音唱人の歌とともに、これに供回りの掛け声が入る。回向の順序は、故人を偲び、太鼓切りを勇壮に行う切り太鼓。「弥陀仏　南無阿弥陀仏　南無阿弥陀仏　南無阿弥陀仏」と全員で唱え、太鼓切りが左から右へ交互に八回拝む差し念仏。再度切り念仏を行い、故人にあわせて歌枕を唄う。「歌枕」は新仏の性別年齢などによって「高き山」「親様」「妻」などを唱え分ける。神道の場合は、「神の導き」を歌枕にする。

続いて、太鼓切りが八回拝む引き念仏を行い、再度切り太鼓を行う。最後に「唇々香道冥道永世えいさ愛慟おつもり大師」と唱える。

大念仏回向を終え、施主から飲食の接待を受ける。休憩後に礼念仏を行う。礼念仏が終わり、家に上がっていたサキデマリと頭が外に出ると、退出の念仏に切り替わる。笛と鉦の音に従い、道中用の長いバチに持ち替え、太鼓は激しく踊る。一行は太鼓、笛、鉦、アトデマリを残し庭入りと同様に時計廻りに二周廻って退出する。残された太鼓、笛も一行の後に続き退出する。この後、おかめ（赤い着物を着ておかめの面をつけ、女装して日の丸の扇を持つ）、若殿（チョンマゲを被り、眼鏡とチョビヒゲの姿）も周囲に愛嬌を振りまきながら退出する。最後に、アトデマリが施主に挨拶し、念仏組は次の初盆の家を廻る。

二　万瀬大念仏

万瀬では、昭和の終わり頃まで公会堂に集まって他の集落と同時に行っていたが、人口が減少してできなくなった。万瀬では、豊岡村の大念仏組と同じ様な隊形を組んで道行きを行ったが、遠州大念仏保存会に属していなかったこともあり、幟は隊列にはなかった。傘鉾は大平と同じく用いられた。また、賑やかしとして追加されたおかめ・ひょっとこの面の様な道化は加わらなかった。庭入り後に他の大念仏と同様に回向を行い、施主の接待の後に引き念仏の形式をとったが、前段の回向では太鼓切りよりも音唱人を中心としたもので、引き念仏の時に太鼓切りをしたという。また、大平、敷地、下百古里まで出かけて大念仏を行ったという。

万瀬の大念仏の構成員は、万瀬の集落の人か、万瀬から出た人で構成されていた。大念仏を行うには、三十二名は必要であるが、三十名弱であった。人が少ないために、笛と双盤を掛け持ちで行ったり、笛を吹きながら双盤を運ぶようなこともあったという。最後には、万瀬から出た人が大念仏に来てくれるかどうかあてにできなくなり、終わりとなったと聞いた。

大念仏に使用した双盤は、戦争時に隠して供出を免れたものであり、深い音が出る双盤であった。なお、平成の初めまでは大平に双盤を貸していた。大平から双盤を譲り受けたいとの話もあったが断っている。

この万瀬の大念仏に関し、鈴木絢子氏が、卒業論文作成のために昭和四十年（一九六五）七月～八月に調査した記録が『土のいろ　昭和四十三年（一九六八）十二月「遠州における大念仏」』に残っている。

これによれば、八月十三日夕刻、会所（寺と地蔵様があった所）に集合して一回申してから新盆の家を廻る。十四日・十五日は年忌念仏を買ってくれる家を廻る。買ってくれる家がない時は「セケン」へ出る。二十年前までは、八月十六日の夜、森の中にある山の神様三ヶ所で申し、最後にもう一度会所で申し大念仏を終わった。戦後は八月十五日に山の神様、会所で申している。

大念仏は、村の男子が十五歳の盆に入って四十二歳の盆に抜ける。戦後は四十二歳以上の人も入っていた。強制的で、途中で抜けると村八分になるとか、みんなの前で説教されるとかの制裁を受けた。入団の時の儀式はない。戦後は用があれば出なくてもよい。村は二十八軒しかないので、有志だけでは少なくなるので、好きな人に頼みに行って出てもらう。練習は五日間やる。

道具は、カシラ一対。カサボコ一つ。蛇の目傘の周りに赤いメリンスを二幅まき、中にトウロウをいれたもの。付近の虫生・大平でも持っている。念仏を申すとき、音唱人はカサボコの前でやる。道具は年番の家で保管する。

行列は、サキデマリ（頭先）二人、カシラ一対、双盤一対、大太鼓二つ、小太鼓二つ、カサボコ一つ、残りの念仏衆、アトデマリ（後押）二人。笛は行列のどこと決まっていないが、主に太鼓の近くに入り、カネからはなるべく遠ざかる。

後の行列はカネ・太鼓・笛で庭入りの拍子を切り出し、庭を三回廻ると回向隊形を作り、精霊様に対して念仏をやる。最初に「南無阿弥陀仏」と唱えるが、これを「さし念仏」といい、最後に返しを入れるのを「ひき念仏」という。さし念仏に続いて歌枕が入る。次に「親類念仏」をやる。一休みして酒や素麺の軽い夜食が出る。この後、「お茶返しの夜念仏」をやる。これで計四回、一軒で一時間ほどかかる。この様な記録が残されている。

三　虫生大念仏

虫生は、江戸時代の文化・文政年間には、秋葉街道の湯治場として宿屋も多く、浜松宿や見付宿からも湯治客が押し掛け賑やかだった。岩室寺や秋葉山、光明山参詣の「湯垢離場」としての性格も持っていた。

文政十二年（一八二九）の遠州豊田郡虫生村差出帳によると、家数十三戸、これらが順番に湯治宿を担当していた。しかし、大正十二年（一九二三）の関東大震災を境に湯が涸れたといわれる。

虫生の大念仏は昭和三十年代まで行っていた。使用していた双盤は残っており、他の道具も少しは残っている。他の大念仏と異なり、平太鼓（締太鼓）も使っており、一般に用いる締め太鼓三つを加えて四つの太鼓を用いた。ヒン燈籠もあった。虫生では、独特の囃子で庭入りを行ったという。この時、平太鼓は腹の前に平に付けて両手で叩いたが、この平太鼓を叩くのは庭入りの時だけだった。また、大平の四方差のような所作はなかった。大念仏は、一軒の家で親子で参加していたので三十人ほどで行っていた。

虫生で大念仏に使用された太鼓

なお、前述の鈴木絢子氏の卒業論文によれば、万瀬、大平、虫生は大念仏を始めたのが同じ頃。戦時中は休止して、戦後は万瀬では虫生の人に教わった。節回しは虫生も万瀬も大体同じとの事。虫生はこの二～三年休んでいると記されている。また、遠州大念仏保存会加入組名簿資料には、昭和三十四年（一九五九）まで加入していたことから、昭和三十年代後半には大念仏を中止したものと推測できる。

第三節　子供念仏（カサンボコ・地蔵経）

一　敷地のカサンボコ

磐田市敷地地区では八月十三日～十四日にかけて「カサンボコ」が行われる。現在、「敷南子供念仏」と「敷上子供念仏」の二組が活動している。

敷地地区の「カサンボコ」は明治三十年代には青年会主体で行っていたといわれる。戦時中は一時中断したが、戦後復活し、昭和三十年代には中学生を中心に行われるようになり、大平子供念仏、敷上区子供念仏、敷南子供念仏が活動していた。しかし、昭和三十五年頃に小中学校から子供の夜間外出が制限され、中止を余儀なくされた。

敷南地区では、昭和五十三年（一九七八）に地区の有志の人たちが保存会を設立して復活させ、今でも敷南子供念仏として小学生を中心に活動している。翌年には敷上子供念仏も復活し、現在に至っている。

敷南子供念仏の子供達の衣裳は、男子は白ワイシャツに白ズボン、青ネクタイを締めて白い運動靴を履く。女子は白衣を着たお遍路さんの姿である。なお、男女ともに菅笠を被る。敷上区子供念仏では、男女ともに白ワイシャツに白ズボン、赤ネクタイを締めて白い運動靴を履き、麦わら帽子を被っている。カサンボコ（傘鉾）自体は、蛇の目傘の縁に三尺三寸幅の緋縮緬の幕を巡らせ、持ち歩きやすいように柄に竹を継ぎ足して長くしたもので、傘の柄上部に行灯を取り付けている。行灯の前側には南無阿弥陀仏と書き、左右の側面には蓮の花を描く。

子供念仏の起源は、遠州大念仏と同様に元亀三年（一五七二）の三方ヶ原の戦いで亡くなった多くの霊を供養するために始まったといわれている。

敷南子供念仏では、十三曲の念仏「親様」「そもそも」「妻和讃」「高き山」「西」「茶和讃」「子

敷上子供念仏

敷南子供念仏

敷上子供念仏（盆車）

敷南子供念仏（盆車）

「徳島」「若桜」「浜千鳥」「上の寺」「下の寺」「天の川」が場面ごとに歌い分けられており、敷南地区の竜雲庵跡から子供念仏が始まる。ここでは「下の寺」を歌う。続いて、敷地観音堂、永安寺、戦没者慰霊碑（永安寺境内）の前で一曲ずつ歌い、地区内の供養をした後、各初盆の家へと出発する。

「ヒーチャレヤレ」の掛け声を掛け合いながら、傘鉾を先頭に、提灯を手に持った念仏団が初盆の家に入り、最後尾には、八個〜十個のホウ

ズキ提灯をぶら下げた盆車（リヤカーで、前に小太鼓、後ろに大太鼓を載せ中間に松［「祖霊を待つ」という意味がある。］を立て、リヤカーの前に綱をつけて、これを子供たちが曳き、一人が乗って小太鼓をたたき、一人は大太鼓をたたきながら廻る）が、太鼓の音を響かせながら続く。仏様の前で整列し、提灯を置き、念仏開始の挨拶をおこない、歌本をお宅に差し上げると念仏を始める。

二　カサンボコの分布

静岡県周智郡の森町と袋井市の一部、それに磐田市中部、太田川流域の田園地帯には傘鉾の下で少年達が念仏を唱える盆行事が行われている。『森町史　通史編　下巻』によれば、森と城下の町場を除いて町内のすべての集落ごとに組を作っていた。飯田、牛飼から南部はカサンブクという。天方地区では、念仏を唱えないで太鼓を叩いて盆車だけが村中を歩くので「盆車」と呼んでいた。現在も続いているのは、飯田、戸綿、円田、上川原、谷中、中川上、中川下、大久保（一宮）、片瀬、赤根、天宮大上などと記されている。

森町では、平成八年（一九九六）には大久保、谷中、中川上、下飯田、中飯田で行われたが、その二年前の平成六年（一九九四）には大上、赤根円田、北戸綿、南戸綿などの地区でも行われていた。平成二十三年（二〇一一）の現地調査では、谷中と下飯田、中飯田で子供念仏が行われているのを確認することができている。

『豊田町誌　別編Ⅱ　民俗文化史』によると、豊田町の旧富岡村では、ほとんどの集落で地蔵盆と称する子供連の初盆回向があった。すべての初盆宅を訪れるので押掛念仏、門付念仏とも称されていた。昭和十五、十六年を境に中止、戦後、一部の村で復活したが、数年で途絶えた。子供連による念仏回向は、日清・日露戦争に勝利して以降、戦没者の慰霊を供養する風潮が高まり次第に盛んになったが、太平洋戦争に負けて以降消滅した。子供の念仏回向は、初め地蔵盆の八月二十三日、二十四日に行われていたもので、地蔵盆と称されるようになった。磐田市の匂坂上、匂坂中、匂坂新、寺谷圦上《いりかみ》、杁下《いりした》などの旧岩田村では、戦後昭和二十七年、二十八年頃まで行われていた。名称は地蔵盆と言っていた。袋井市の上山梨・下山梨などでは二十ヶ所で行われていた。森町一宮赤根、大久保など十カ所では、カサンボコ、カサンブクと言われると記されている。

第四節　傘鉾に関して（南部）

大平の大念仏に用いられる傘鉾が、周辺地域ではどのように用いられているかを示していきたい。島田市（旧金谷町）大代にも大念仏が伝わっていたが、平成二十年（二〇〇八）に運動場で行われたのが最後となった。『静岡県の民俗芸能』によると、行事は道行で庭入りし、シャギリ込み打ち切りの太鼓を打った後、念仏に移る。「阿弥陀」「打ち切り」「歌枕」「引念仏」「打ち切り」「願わくば」と続き、最後に道行きで終わるとある。隊列は、先頭、幟旗、先提灯、ヒン提灯（飾り燈籠）、大太鼓五つ、小太鼓二つ、笛若干、双盤、高張、傘鉾一鉾、念仏申し、後提灯一対を使用する。

『森町史　通史編　下巻』には、昔は森町でも集落ごとに大念仏があったと記されている。うら盆には、橘、薄場、合代島、宮代、矢崎の大念仏が大洞院に集まった。吉川流域でも盛んで、鍛治島、柿の平、西亀久保、落合、長郷《ちょうごう》、刃熊《なたくま》、東亀久保、嵯塚にあった。掛川市に属する大尾山周辺の山村でもやっていた。（大尾山住職・大嶽竹城氏記録。緋提燈を先頭に高張提灯を持った頭、盆車、桶太鼓、篠笛、チンチン鉦、双盤、カサンボコ、念仏衆の構成であった。）

『掛川市史　上巻』には、掛川市の原野谷川流域から大尾山の麓を通って大井川の流域である金谷町大代にかけて大念仏が行われていた。掛川北部の山村では大念仏は各地区にあって、盛んに行われていた。昭和になって次第に衰え、最後は田代、柚葉地区だけとなったが、それも昭和二十年（一九四五）の終戦を契機に途絶えた。

袋井市友永地区では八月十五日の夜に、源朝長公御祭礼（ガエロッチョ念仏）という念仏行事が行われている。この祭礼は盆行事の念仏供養という形をとるが、三川地区に根付き継承されてきた御霊信仰の行事ということができる。朝長公御祭礼の行列の順序は、自治会長（友永区長）、当番代表（二名）、笹持ちの子供（七名）、旗、笛、小太鼓、傘鉾、旗、大太鼓、子供連傘鉾である。一行は、広場の中央に傘と幟を立て、青年が傘を背に並び和讃「宮の前」を謡い、子供達は長い竹を持ってその周りを廻る。昔は笛が吹奏されている時は駆け足で廻ったという。

第五節　傘鉾に関して（北部）

一　北遠の傘鉾

浜松市天竜区下百古里では、八月十三日に大念仏を行い、傘鉾が出る。道行では、大平と同じく頭・頭先・旗・傘鉾（唐傘の周りに赤い布を巻く）の順序で進む。まず、良泉寺で一舞いし薬師堂に赴いた後、集落を下から上へと新盆の家を廻る。いつから大念仏が行われているか定かではないが、一時廃れた時があり、明治の終わりに集落を通る道路ができた時、道路工事に従事していた浜北赤佐の人から踊りを教えられたという。浜北の大念仏では傘鉾を用いないことから、下百古里では、以前から傘鉾を用いていたと考えられる。尚、戦前までは、下百古里の近隣の只来、横川、大平、上百古里でも大念仏を行っていた。

神原虫送り念仏（傘鉾）

水窪神原では、八月十日に虫送り念仏が行われる。まず、薬師堂で保存会による和讃とともに、若連による「デンデンデン（笛を吹いて双盤と太鼓を叩く所作の念仏踊り）」という踊りを行う。次に、薬師堂と八幡神社の中庭で「練り込み」と呼ばれる道行きの踊りが行われる。この練り込みが終わると、弓燈籠、傘鉾を先頭に太鼓、双盤を従えて永福寺までの道行きとなる。

向市場では、八月十四日に虫送り念仏が行われる。まず春日神社で保存会による和讃とともに、四つの太鼓を神社前に置き若連による「デンデンデン」を行う。これを見守る様に傘鉾が立て掛けられる。続いて、弓燈籠、傘鉾を先頭に太鼓、双盤を従えて町内の三界万霊塔、河内の庚申様の辻、紺屋前、次郎兵衛様の辻で「デンデンデン」及び「五方拝」を行う。

西浦の施餓鬼念仏は、永泉寺で八月八日に行われる。以前は暮に上組が愛宕様に集まり、下組は阿弥陀堂に集まり一踊りを行った後、下組、上組が梅島口に集まり、中組の待つ永泉寺に向かった。

西浦寺施餓鬼（傘鉾）

永泉寺境内階段口で中組が下組上組の到着を待ち、階段をはさみ中組の燈籠と下組上組の燈籠で挨拶を行った。その後、下組を先頭に燈籠と傘鉾を持ち、白山権現に三礼を行い永泉寺へ練り込んでいた。境内では、中央の寺に近い方から下組、上組、中組と各組の双盤が据えられ、各組の燈籠・傘鉾を立て、一番踊り（初踊り）、二番踊り（中踊り）、三番踊り（後の踊り）が音唱人の音出しで踊られた。

その他、『水窪町の念仏踊』では、門谷では、傘鉾二本に傘の周りに付ける鏡幕、あるいは提灯に掛ける布が神社に保管されている。下草木では、阿弥陀提灯があり、この提灯にダイガサと呼ばれる傘鉾を付けて送り盆を行ったと記されている。

二　南信州の傘鉾

阿南町日吉の御鍬祭（伊勢社）は、四月二十九日に行われる。日吉の御鍬祭りは、伊勢社の御鍬様に祀られている鍬形の御神体が、神輿に乗せられて金谷の御鍬様までお練りをする祭りである。祭りの中心は、道中練りであるが、念仏踊り・お練り・湯立神楽の舞が次々に取込まれて、独特な日吉の御鍬祭ができあがっている。

お練りは、彩り鮮やかな神輿、幣を付けた榊、赤い旗、竹の先に金紙を張りつけた奴、シデの垂れを付けた傘鉾、太鼓、花と柳、横笛の一行が、小型の鍬の形をしたご神体を神輿に乗せて行列を組み、「祇園ばやし」を奏でながら集落を練り歩く。

日吉御鍬祭（傘鉾）

満島神社秋祭（傘鉾）

天龍村満島神社秋祭りのお練りは、明治四十一年（一九〇八）に神社を合祀して、明治の末に満島地区内の祭りや芸能を一つにまとめ、新しい芸能も加えたのが、満島神社のお練りである。行列は、掛け太鼓・大名行列・満島神社の神楽獅子舞・「傘づくし」の祇園ばやしである。老年衆の「傘づくし」神輿の後ろに、「温古団」と呼ばれる老年衆による祇園ばやしの一団が行列する。リヤカーの真ん中の五色に飾った傘鉾を立て、笠の先端縁には「数え歌 吉野傘」の歌詞を書いた紙を垂れの様にぶら下げている。リヤカーは、小太鼓二つ一対が二組おかれ、両側から二人の太鼓打ちが笛に合わせて「吉野傘」を唄いながら身振り手振りをくわえて太鼓を打つ。

中井侍秋例祭（傘鉾）

天龍村中井侍秋例祭は、湯立てと神楽舞で構成されている。この祭りで傘鉾が出るのは道中練りである。道中練りは、塩払い（塩と洗米）、露払い（剣を振る男子）、踊り子（花笠をかぶり扇子と幣を持つ女子）、旗、神輿、音頭取り（傘鉾をかぶり持つ）、楽屋連中（大太鼓・小太鼓）、参拝者が列となり練り歩く。神社の鳥居を一行がくぐると、「宿踏み」として輪になり、「鎮め」「宮ほめ」が唄われる。「鎮め」は盆の掛け踊りと共通の所作をおこなう。道中練りに参加する傘鉾は、周りに黄色い布がぐるりと取り付けられており、その布に歌の歌詞が墨書してある。かつては多くの歌詞があったといわれている。

南信州で傘鉾が出る祭りの例示をしたが、遠州大念仏では、傘鉾が神仏・新仏の依り憑く傘であるのに対して、南信州の傘鉾は、神霊が依り憑く傘として用いられている。なお、日吉の御鍬祭り、中井侍秋例祭は現在休止状態となっている。

三　三河の傘鉾

『東栄町誌　伝統芸能編』によれば、足込の盆踊りは、東栄町では唯一傘鉾を用いて現在行われている盆踊りで、八月一五日に慶泉寺で行われる。道行は、河野家から慶泉寺まで高張提灯、ぼんぼり提灯、ハネコミ提灯，回り燈籠（天蓋）、傘鉾（赤い傘の周囲に赤い布を巻いて垂らし、内部に新盆の数だけ赤い提灯を吊るす。傘の上部には「南無阿弥陀仏」の文字が記されている）、鉦、太鼓、笛、ハネコミ提灯，杖、高張提灯の順で向かう。境内に入るとヤナギを中心に時計廻りに三回廻り、廻り終えたところで中央のヤナギに高張提灯、回り燈籠、傘鉾を一緒に縛って立てる。（現在は、傘鉾は別の杭に立てる）

三ツ瀬（念仏踊り用具）

ヤナギと傘鉾の周りでハネコミを踊った後、ヤナギの下（以前は傘鉾の下で行っていた）で盆会大念仏の念仏を唱える。この後、ハネコミ、盆踊りと続く。

東栄町三ツ瀬では、平成十一年（一九九九）まで家で受ける盆踊りが行われていた。新盆で盆踊りを希望する家には、薬師堂から新盆の家まで祇園囃子を奏でながら、高張提灯・踊り子・鉦・笛・オサイチ提灯・念仏衆・傘鉾・組内衆の順序で進み、家の門で「辻念仏」、道行、庭入りの後にハネコミ、本念仏、小踊りと続き、施主の接待の後、端踊りを舞ったという。現在も傘鉾に取り付けた布、高張提灯、太鼓など、当時使用した用具が保存されている。

東栄町下田では、「百笑友蜂老雑記」に、大正末期・昭和初期までは旧暦七月にハネコミが行われており、七月二日〜八日にかけて掛け念仏を行ったと記されている。また、新盆の家での掛け念仏では、道行に際して露払い・高張提灯・回り燈籠・傘鉾・太鼓・鉦叩き・笛吹き・団扇背負い・年寄り・中老・若者・高張提灯の順で進み、練り込み、ハネコミを行ったと記されている。

この様に、盆の祖霊の依代《よりしろ》としての傘鉾は、神仏も含めた依代として遠州北部・信州南部に点在している。一方、京都（やすらい祭）をはじめとして、九州（福岡・鹿児島・長崎・大分）・中国（鳥取・島根・岡山）・四国（香川・徳島）・三重（伊勢志摩）などにも傘鉾の出る祭りが分布している。

これらの分布から、傘鉾の元は「やすらい祭」ではないかと考えられる。やすらい祭の起源は、平安時代後期、洛中に疫病や災害が蔓延し、京都の人々を大いに悩ませた。天変地異はすべて御霊の所業と考えられていた当時、これらを鎮めるために各所で御霊会が営まれた。疫神の託宣により、今宮神社が創祀された。社伝によると、桜の散り始める陰暦三月に疫病が流行したので、花の霊を鎮め、無病息災を祈願したのが祭りの起こりという。

このやすらい祭が地方に伝播し、祭礼や盆行事に取り入れられて今日に至っていると思われるが、三遠南信へはどのような経路で伝播したかは不明である。

第六節　四方拝

大平は、「四方差」といわれる所作で四方に向かって拝礼する。傘鉾を使用する事例を示していたが、四方差もあることから、大平周辺の大念仏と北遠の大念仏とのかかわりを考える必要がある。

一　水窪町の四方拝

向市場虫送り念仏（五方拝）

神原虫送り念仏では、和讃に先駆けて、薬師堂前にてトウロウサシ（二本の弓を十字に結んで一本の弓の先に燈籠を吊り下げたもの）を用いた保存会の最長老による「五方拝」という所作を行う。この所作は、まず薬師堂正面に向いて右足を一歩踏み出して中央、東、南、西、北を燈籠で指し示す所作を四回繰り返す。この所作の間は、声に出さないで唱えを行い、五方に指し示す。「五方拝」には、五方の悪霊を鎮めその場を清める所作を示しており、一歩踏み出す所作は、ダダを踏む所作（地面を踏み固める所作）と考えられる。向市場でも虫送り念仏を行っており、神原と同様に「五方拝」という所作を行う。

竜戸では、念仏の始まる前に太鼓を四方に配置して、その中心で音唱人が扇を持って五方を拝む所作をしたと伝えられている。

その他、『水窪町の念仏踊』によれば、佐久間町浦川の島中では、戦争で双盤を供出するまで大念仏をしていたという。ここでは、禰宜様が持つ高張り提灯が先頭で、施主から迎えが出ると、禰宜様がこれを使って出迎えの挨拶を受け、初盆の庭に入ると高張り提灯で五方拝をして場を清めてから、念仏踊りをした。また、傘鉾も一本あったという。

二　豊根村の四方拝

牧ノ嶋ハネコミ（五方参り）

牧ノ嶋では、夜が暮れ盆踊りを始める前に、センダツ、組長、副組長、トウロウ持ちが昔の観音堂前まで行き、五方参りを行う。五方参りは、東西南北中央にお参りをする「五方参り」であるといわれ、東西南北の各方向に手を合わせ、頭を下げて三回ずつお参りする。昔の観音堂に祀られていた三体の本尊に参り鎮めるという意味で三回礼拝し、松明も中央付近に三つ供える。

栗世の念仏踊りは、八月一六日晩に、「はねこみ」の一行が出発場所に集まり、「送り燈篭」持ちが出発場所の道路で、東西南北に燈篭をかざして「四方拝」を行い、場を鎮める。この後、小学校校舎の校庭の堂庭にお参りしながら進む。「堂庭」では、はねこみを行った後、お精霊様の送り場へ移動する。「送り燈篭」持ちが到着すると四方拝をする。四方拝が済むと、松明を全部寄せて火を付け、「送り旗」「初盆提灯」を火中に投げ送り盆が終わりとなる。

三　新城市の四方拝

大海放下（燈籠さし）

大海の放下踊りは、八月十四日・十五日に行われる盆の行事である。放下踊りの行列は、先頭に切り子燈籠を持った露払い、その後ろに提灯を持った世話役・笛・鉦・団扇・雪柳・提灯を持った者が続き、新仏の供養をして廻る。まず泉昌寺の境内で放下踊りが行われ，新盆を迎えた家を順に廻る。

この放下踊り前の庭入りに際して、燈籠さしが庭の中央（新仏の位牌の前に）に進み出て礼拝し、燈籠を初め時計廻りに大きく三回廻し、放下踊りの終に反時計廻りに大きく二回半廻す所作を行う。燈篭は、新仏の霊が留まると考えられており、その燈篭を振り廻すことは供養のための呪術的な所作であると考えられている。

名号の放下踊りは、八月十四日に石雲寺と初盆宅で行われる盆の行事である。放下踊り自体は、他の集落の踊りと同様に背中に大団扇を背負い、腹に太鼓を付けて舞う。ササラ役は、ササラの代わりに小太鼓を腹に付けて舞う。道行きでは、提灯に続いて「おさいち」という物が続く。「おさいち」は、弓の先にナンバキビの葉六枚を結びつけ、その下に切子燈篭を付けた物である。「おさいち」を持つ者は、放下踊りを奉納している間、太鼓役とササラ役の間に割って入り、庭の中央（新仏の位牌の前に）に進み出て、礼拝し燈籠を時計廻りに大きく三回廻す所作を行い、退出する。この間、放下踊り、囃子は中断される。この後、放下踊りが再開される。「おさいち」の所作は霊を鎮め、場を清める意味が込められていると考えられている。

名号放下踊りのおさいち

四方拝自体は、元旦の早朝、歳旦祭に先立って、宮中の神嘉殿南庭で天皇が天地四方の神祇を拝する儀式である。平安時代初期、嵯峨天皇の治世（九世紀初め）に宮中で始まったとされている。また、天永二年（一一一一）に大江匡房が記した有職故実の中に「関白四方拝」「庶臣儀」に関する記述があり、天皇に倣って、貴族や庶民の間でも四方拝は行われ、一年間の豊作と無病息災を祈ったとされている。

この四方拝の伝播も明らかではない。高張燈籠を用いて東西南北中央を浄める所作を集落の神仏が祀られている場所で繰り返す所作は、北設楽郡や水窪に集中しており、同じような意味合いで高張燈籠を回す所作を南設楽郡で見ることができる。

大平の大念仏の所作と同じく、三遠南信で「傘鉾」という用具、「四方差」という所作がどのような分布で存在し、関係し合っているかを見てきた。これらの広がりは、遠州の大念仏が、三河や南信濃の念仏踊りの影響を互いに受け、また、依代である傘鉾や四方差という古い形をとどめながら今日まで継承されてきていることがわかる。この古い形をとどめる一つが大平の大念仏である。

第十章　伝説・風習

第十章　伝説・風習

本章は、令和三年（二〇二一）七月二十四日「敷地の民俗合同調査会」（磐田市豊岡東交流センター）において、大平在住の鈴木正士さんから伺ったお話に加え、文献調査と、フィールドワークの中で市川敏仁さん・堀内寿三郎さん・小木秀市さんからの聞き取りを重ねて構成した。

鈴木さんは長らく豊岡村役場に勤められ、現在は農林業に携わられている。聞き取りしたお話の中には他章に属する内容も含まれているが、公私にわたり地域を俯瞰され、また体験された内容が、現在では失われつつあるものもあり、遠くない将来において伝説・風習とともに地域アイデンティティを構成する事象に成り得ると考える。そのため敢えて本章で取り上げさせていただいたことをご容赦いただきたい。

一　【伝説】　鐘掛け岩

大平から虫生に向けて県道横川磐田線を北上すると、右手に大きな岩山が見えてくる。高さ百メートルほどの一枚岩で、その昔ある高僧が鐘を担いできて、この岩の上で一休みしたと伝えられている。写真ではよく見えないが、堀内寿三郎さんの『鐘掛け岩とお姫さま』には、山上からやや下った場所に洞窟が描かれている。その洞窟には美しい姫さまが住んでいた。

姫さまは毎日水汲みのために、その岩山から降りてきた。虫生集落の若者たちは、姫さまにたいへん興味を持っていたが、姫さまの住まうところまでどうしてもたどり着けなかった。業を煮やした若者たちは、姫さまが水汲みに来る道を壊してしまった。

水を汲みに行けなくなった姫さまは、亡くなる前に「わたしは白い蛇となって、この地に金持ちの家ができないよう苦しめる」と書き残して姿を消した。文献によっては、「赤はらのうなぎ」と伝えられてもいる。

敷地川越しに見える鐘掛け岩

堀内寿三郎氏作『鐘掛け岩とお姫さま』

鐘掛け岩山上からやや下った場所に、洞窟の描写が見てとれる。

二【伝説】虫生冷泉

現在、虫生集落に至るには、敷地・家田・大平の順に県道横川磐田線を北上する。そして虫生の先の峠を越すと、浜松市天竜区横川の下百古里に至る。

往時の秋葉街道は、森町の小国神社の裏山を越えて虫生に入り、横川に抜けていた。虫生は山間の地ではあるが街道筋で、鉱泉が湧き出ていたこともあり、江戸時代後期〜明治の終わり頃まで湯治場としての賑わいを見せた土地でもあった。虫生は「蒸湯《むしゆ》」が転化したものと伝わる。

八世紀初め頃と伝わる虫生冷泉の起こりは、次のように語り継がれている。

「虫生は皮膚病に悩む者がいて、その中で裕福な者が熊野へ湯治に出掛けた。幾月か滞在した後快癒したが、この湯を虫生で悩んでいる者たちに与えることができたら…と、熊野の神に祈っていた。ある夜、夢枕に熊野権現さまが現れ、『虫生の南に煙が上がる場所を探せ』と告げられた。帰郷するとお告げのとおり煙が上がっているのが見え、鉱泉が湧いていたという。」

その後鉱泉は井戸から汲むかたちとなり、その脇に薬師様の祠が建てられた。硫黄泉で皮膚病に効果があり、飲用もされていた。ある時井戸に汲みに来た者が、飲むより入浴したら効果があるだろうと言って井戸に入ってしまい、しばらくしてその井戸は涸れてしまったという言い伝えも残されている。

現在は虫生集落に入るあたりの敷地川の中に、鉱泉がわずかに湧いている。また虫生集落には、

※湯沢冷泉

伝説は確認できなかったが、敷地村内にあるもう一つの冷泉を挙げておく。

大平の地はその昔御湯平村と呼ばれ、千三百年あまりの間自然湧出の冷泉が湧き出ている。天平年間に僧行基が訪れ、現在の温泉山円通寺を開いた。大平は湯沢の湯とともに、繁栄の歴史を刻んできた。往時は遠近問わず多くの湯汲客が訪れたことだろう。

創建年代不詳の熊野神社が鎮座している。

熊野神社（虫生）

大平　湯沢の冷泉

虫生冷泉湧出口（敷地川）

大平薬師堂（温泉山円通寺）

三　【伝説】　波切不動尊

波切不動さまは波乱万丈ともいえる謂れを持つ。

後白河法皇の命で伊豆に流される途上であった文覚上人を乗せた船が遠州灘に差し掛かったとき、突然大しけに見舞われた。天竜の竜神の怒りに触れ、船が沈みかけたときに忽然と不動さまが現れ、竜神を治めた。

文覚上人が伊豆に着いた後、いつの頃かわからないが不動さまは敷地村に安置された。航海安全だけでなく、病から逃れられると評判を呼び、多くの参拝者を集めた。

明暦の頃、不動さまが盗まれてしまい、以後の行方はさっぱりわからなくなってしまった。それからおよそ七十年を経て、不動さまが遠州に戻るエピソードが始まる。

江戸の医師小堀一庵が、とある骨董店で光輝く不動さまを見つけるが、高値のため諦めていた。その夜夢枕に不動さまが現れ、安置されていた遠州敷地村に戻すよう告げられた。元々不動さまへの信仰が厚かった一庵は、私財を投じて敷地村にお堂を再建した。

現在は臨済宗の古刹永安寺境内に移されている。

波切不動尊（永安寺）

阿閦如来のお堂（浄光寺）

四【伝説】あしゅくさま

浄光寺境内に、阿閦《あしゅく》如来像が安置されているお堂がある。あしゅくさまと呼ばれ、足の健康にご利益があると伝わる。祈願成就の折にわらじを納める。堂内には納められたわらじが数多く掛けられている。

五【伝説】いぼ石

その昔、万瀬におじいさんと若者が住んでいた。働きものでやさしい若者の悩みは、山仕事に精を出して手にたくさんのいぼができたことで、どのような処置をしても治らなかった。

ある夜若者の夢枕に、三森神社の使者を名乗る者が現れる。若者の行いに感心した神さまは、いぼを治したい願いをかなえるという。

翌朝お告げのとおり三森神社近くの大きな石をなでると、数日でいぼがなくなり、このことが近隣の村人にも伝わって、多くの者が参拝に訪れるようになった。

三森神社

三森神社近くの茶畑の傍らに、いぼ石がある。

六【伝説】のんべさま

天正二年（一五七四）、武田勝頼の軍勢が高天神城を攻め、その西にある馬伏塚城（現在の袋井市浅羽）も攻撃された。城主は野辺の庄（敷地に隣接）を領有していた野辺越後守当信。圧倒的な軍勢で攻められ当信と長子の当公は討ち死に、わずかな兵を連れて奥方明子と幼子二人は城

野辺神社鳥居（敷地）
鳥居の左側に腰かけ岩がある。

腰かけ岩

を落ちのび、翌朝に敷地の妙林庵にたどり着いた。
しかし敵の追手が近づいているのを悟ると、兵に幼子をゆだねて逃がし、奥方は薙刀で奮戦するもついに討ち取られてしまった。
村人たちはたいへん不憫に思い、永安寺で丁重に供養した。永安寺には野辺越後守当信、長子の当公、奥方明子の墓が建てられた。村人たちは「のんべさま」とよび、語り継がれている。
明子が腰かけたと伝わる腰かけ岩は、野辺神社の鳥居の下にある。また明子が勇ましく振るった薙刀は、永安寺の寺宝として現在まで保管されている。

七 【伝説】 敷地地区での家康伝説

敷地に残る家康伝説

三河で生まれ、駿府の今川氏の元で育った徳川家康は、桶狭間の戦いで元服親の今川義元が首を取られ、「遠州忩劇」といわれる今川勢力排除の騒乱の後、駿河を征し西上する武田信玄に対するべく、永禄十三年（一五七〇）に柿本（愛知県新城市）から井伊谷経由で浜松に入城し、拠点として定めた。家康はこのときから、豊臣秀吉に関東への国替えを命じられて江戸入りする天正十八年（一五九〇）までの実に二十年間、遠州に居住又はこれを支配していた（二十九歳から四十九歳の期間。ただし、天正十二年（一五八四）に居城は駿府へ移した）。

家康の偉大な業績を語る話は数々あるが、なぜか人生で一番長く居住したであろうこの遠州での武勇伝は少ない。苦労や失敗を重ねたこのあたりのことは、絶対王者（家康）崇拝の三代家光の頃に行われた「神君家康」像の確立にあたりタブー視されたのだろうか。ただ、遠州地方には家康にまつわる虚実ないまぜの伝説的な話は数多く残されている。現在活字として残されたものでも七十から八十話、口伝や小さなものまで数えれば百話くらいになろう。そのエピソードのほとんどが、逃げたり隠れたりする家康を助けたという村人の話である。伝説的な話や人々による語り継ぎの話が多いため、年代や詳細などが不明瞭のものが多いが、これらを丁寧に紐解いてゆくことで、遠江国時代の若き家康像が見えてくるのではないだろうかと考えた。

権現様の隠れ岩

敷地地区に残されている家康伝説は二つある。そのひとつは獅子ヶ鼻地区の「権現様の隠れ岩」である。この岩場は獅子ヶ鼻公園を含む一帯の山中にある。

獅子ヶ鼻はその名の由来となった獅子の顔のような岩塊が露出した山で、標高は二百五十メートルとあまり高くはないが、トレッキングコースなども整備される程岩場の多い所である。公園から外れて北側には切り立った岩山が連なり、この地形を利用して中世には修験者の道場として山岳寺院が建っていた場所でもある。開祖は行基とも役行者とも言われ、役行者が鐘を持って飛んできて一休みしたという鐘掛け松や、弘法大師が訪れたという所も残されている。この切り立って連なる岩山の三つ目が「権現様の隠れ岩」と呼ばれる場所であり、信玄に追われた家康が身を隠したという岩場がある。

犬居城

早速、踏破してみることとした。トレッキングコースに従って展望台まで登ってゆくと、西に向かう道がある。この道に沿って進むと、道は北に向かっていく。最近設置されたと思われる看板があるので歩きやすくなっているのだとは思うが、あくまでもハイキングではなく、トレッキングコースである。険しい道が続く。途中には蟻の戸渡りなどの修験僧の業場があるが、素人には危険なので迂回する。鐘掛け岩と呼ばれる大きな一枚岩の場所までたどり着く事はできたが、そこから隠れ岩までは恐怖心と戦いながらロープ伝いに道なき道をたどって、やっと行き着くことができた。岩場には確かに人が四〜五人入れるほどのスペースのある岩穴がある。立て看板も設置され、詳細な説明が書かれている。札の説明文に寄れば「元亀三年三方原の戦いの前、武田信玄が三万の大軍を率いて信州から青崩峠を通り、犬居の天野氏を下し南下してきた。徳川家康がこの状況と鐘掛岩山上の小城を浜松城から巡視に来たときに、信玄の先兵に見つけられ、一戦をしたが戦に破れ、やむなくこの小城を捨てて、転進の際に鐘掛けをした岩の近くの手頃の岩穴に部下数名と隠れてこの難を避けたので、後世の人々は権現様のかくれ岩と今でも伝えている（豊岡村誌より）」とある。いつの戦の折の話であったかの詳細は後に考察するとしても、現在の学説では信玄自身は信州からは南下していないことや、信玄の家臣・馬場春信率いる信州からの南下隊も青崩峠の通過は疑問視されており、再考の必要な文章かと思われる。しかも、たとえ巡視が目的であったとしても丸腰で出掛けてきているとも思えず、甲冑や武器を背負った武者がこの岩場を修験者達のように駆け巡り、岩穴に潜り込んで敵をやり過ごしたとするには、空間的にも少々無理のある場所と思えた。

また「権現様」という名称であるが、各地の「権現」の付く地名や場所を全て安易に家康と関連づけてしまっていいものだろうか。確かに徳川家康は死後に「東照大権現」として祭られ信仰の対象となったが、そもそも「権現」とは神が形となって人々の前に姿を現わした者を指すのであって、家康一人を指した固有名詞ではない。秋葉大権現・熊野権現・蔵王権現・山王権現・日吉権現と思いつくまま挙げてみても数多くある。各地に残る「権現」様がどの権現様なのか、注意深く考察することも必要だろう。

勝越《かっこし》の峠

万瀬のはずれ、現在の磐田市と浜松市の境界あたりに「勝越」と呼ばれる峠（坂）がある。この地の名前の由来にも家康のエピソードが残っている。活字として残されたものは見当たらなかったが、古くからの口伝として、ここは「家康が遠州地方に南進の折、この峠にさしかかり、遠州灘まで見渡せる眺望を目にして、全国制覇・天下統一を心に誓った」とか「戦に勝った家康がこの峠を通って帰る際、この眺望を見て、これから全国制覇を遂げる決心をした」とされる。しかし、岡崎から浜松に入った家康が「南進」するはずがない。勝ち戦の帰り道と言うことで、北遠への戦の帰り道でのエピソードであろうとする見方もあるが、ではどの戦の折の事なのだろうか。前出の「隠れ岩」のエピソードでの戦も含め、少し考察してみたいと思う。

敷地地区の戦国模様

ここで敷地地区を含めた遠江北部の戦国時代の概略を押さえておきたい。

北遠地区は古くから天野氏という豪族が支配する地域であった。天野氏はその系譜をたどると、遠江・駿河・伊豆の多くの武家と同じく藤原氏南家をその祖とし、伊豆の田方郡天野郷（現・伊豆長岡町）を本拠地とする一族であった。源頼朝が伊豆に遠流された際、頼朝の警護役を務めた北条氏や伊東氏と共にその名が見える。名目上は警護とはいえ、平家から命ぜられた監視役であるが、北条氏の総領である時政の娘が頼朝の妻（政子）になっていることからもうかがい知ることができるように、頼朝挙兵の際の有力な軍勢の一員であったことだろう。この天野氏（天野遠影）が承久の乱（一二二一年）の後、現在の春野町を中心に北遠地域に存在した長講堂領山香庄の地頭となり、その一族が本拠地を伊豆の天野郷から北遠山香庄に移して在地領主として成長していく。その後、南北朝の争乱時には、遠江守護の今川氏に従って南朝勢力と戦い、国人領主としての地位を固めていった。

敷地を含む遠州地区一帯も、紆余曲折はあれ、戦国時代には北遠地域同様、在地領主はほぼ今川氏の支配下になっていた。

事が大きく動くのは永禄三年（一五六〇）五月。桶狭間の戦いで頼みの綱であった今川義元が討たれ、遠州忩劇《そうげき》という騒動の中で天野氏も身の処し方を迫られることとなった。この頃の地方領主達は、一族の存亡を賭け戦々恐々としていたことだろう。本人の力量や武力ではなく、全国制覇をもくろむどの武将に付くかによって、家が繁栄するか滅亡するかが決まってしまう。安泰かと思われた駿府の今川家も義元の死によって急転直下、その立場が危うくなった。義元亡き後その息子である今川氏真からも、従来の所領を認めてもらう安堵状をもらってはいたが、その一方で今川に替わって遠州を治めてきていた家康からも安堵状が出されている。これは天野氏はじめ遠州の地方領主を取り込もうと画策した家康のアプローチでもあった。武田・今川・徳川との板挟みにあって苦悩する天野氏は、自身の御家や治めている地域の安泰のために、北から南下してくる武田の側に加担する道を選んだ。百戦錬磨、無敵の軍勢や勇猛で高名轟かす武将を配下に抱えた熟年の「甲斐の虎」と、桶狭間の戦いの後岡崎城へ逃げるように帰ったいまだ無名の二十代の新興勢力の頭首とでは、どちらに加勢するかは考える余地もないだろう。

永禄十年（一五六七）から遠州での地盤固めに入っていった家康は、このとき南下西上を狙う武田信玄との間で、大井川を境に東の駿河を武田領・西の遠州を徳川領とする協定を結んでいたとされている。しかし永禄十二年（一五六九）一月、武田家臣・秋山虎繁（信友）による遠江国への侵攻を受け、武田氏とは手切れとなった。同年五月にはかつての主家であった今川氏真のいる掛川城を包囲、開城勧告によって氏真を降ろし（遠江侵攻）、事実上遠江国を支配下に置いた。翌年元亀元年（一五七〇）、家康は岡崎城を長男の信康に任せ、曳馬城を遠江支配の拠点と定めて浜松城の築城に取りかかる。この頃の家康は、西上する信玄に対し、織田を背後の頼みとするが、織田は徳川と同様武田とも同盟を結んでいたため、徳川と武田のみが敵対関係で推移してゆく。そういった背景の中で、元亀三年（一五七二）の三方原の合戦となってゆくのである。

この三方原の戦いに大敗した後、三河国目前まで武田の進軍を許してしまった家康であるが、その後唐突に撤退を始めた武田勢（西上作戦の頓挫）に助けられ、再軍備と体制の立て直しに力を入れることができた。

その後、信玄の後を継いだ武田勝頼との間で、遠州から三河にかけて攻防を繰り返す。武田側に一旦は奪われた二俣城を天正三年（一五七五）に奪い返し、翌年には犬居城を落とし北遠を制覇した家康は、この後武田勢に奪われた高天神城の奪還を目指し、天正九年（一五八一）の落城をもって武田勢を一掃し、遠江一円の制覇を果たす。

犬居城攻め

この間、家康が敷地地区に確実に足を踏み入れたと考えられるのはどのあたりであろうか。野辺郷や敷地は二俣城主松井宗恒が、今川から引き続いて武田信玄より安堵状を出されている。その後も二俣城は、天竜川が北遠の山側からも太平洋の海側からも天然の要塞となる主要地点であるため、家康と信玄との間で短い期間に攻防を繰り返すが、二俣から浜松へは敢えて危険を冒してまで天竜川を渡らずとも陸路で侵攻も退却もできるため、敷地方面まで戦火の及ぶことはなかったと思われる。最も可能性の高かった戦といえば、北遠の犬居城を攻めた時であろう。

家康は犬居城の天野氏へ、天正二年（一五七四）と天正四年（一五七六）の二度攻めている。天正二年四月の犬居城攻めは家康の完敗であった。遠江武田方の中心をなす天野氏の本拠地である犬居城を一挙に衝こうと、すでに家康に恭順の意を示していた森の天方氏の案内で（森町側の秋葉道を）北上した家康は、本陣を若身（春野町）の瑞雲院に敷き、諸勢は領家・堀之内・和田之谷に布陣した。ところが、連日の大雨で気田川が増水し攻めあぐね、いったん三倉（森町）に退却する。翌五月にも再度天野氏の領内深く侵入したが、再び大雨に見舞われ足止めをくらい、兵糧も尽き退却を余儀なくされた。この四月の時も五月の時も天野氏の追撃に遭い、地理も不案内な中で主要な部下を幾人も亡くし、手痛い負け戦であったようだ。この時追撃してきた天野軍との戦の模様は、殿軍《しんがり》を率いていた大久保忠世の弟・大久保彦左衛門忠教の『三河物語』に詳しく書かれている。またこの戦の模様は森町の三倉地区などに家康伝説として数々残されており（森町三倉の戦国夢街道として整備が進んでいる。）、進軍も撤退も森町側の秋葉道を通ったことが記されているため、敷地方面を通過した可能性は低いと考えられる。

天正三年（一五七五）五月の長篠合戦において、信長側の主力として戦った家康は、その勝利に乗じて六月に、北遠の武田方の残党を討つため二俣・光明城を囲んだ。二俣城を守っていたのは武田家臣蘆田下野守であったが、程なく病死し、後を継いだその子依田右衛門佐信蕃は徳川軍に四方を囲まれ、籠城し奮戦していたが、十二月末に水道《みずみち》を絶たれたことで観念し、和を請い願い出て開城、自身は甲斐へ逃れていった。二俣城は攻撃の指揮を執っていた大久保忠世が城主となって入城し、その後の北遠攻略の拠点となってゆく。同時に家康自身は六月に光明城を攻めるため光明寺の鏡石に本陣を張った。光明城主朝比奈又太郎は程なく降伏し、甲斐へ逃れていった。こうして北遠の重要な押さえとしての二俣・光明城を相次いで落とし、犬居城は目前となった。その犬居城―篠ヶ嶺城―勝坂砦を結ぶ南北のルートは天野氏の主要な軍事幹線ルートであった。その先に山住神社がある。

天正四年（一五七六）七月、家康は先の犬居城攻めの失敗を教訓にして、一気に天野軍の本拠地に攻め入ることはせず、先ず田河内の樽山城を落とし、その川上の入手城を経て杉・石切を通って潮見坂に至り、ここで迎え撃つ天野軍と激突した。地の利のある天野軍は優勢かと思われたが、士卒の兵を率いた大久保忠世は石ヶ嶺に登り、天野軍を見下ろして鉄砲を放ち、撃退したという。潮見坂の戦いに敗れた天野軍は勝坂砦に退き、さらに鹿鼻砦に移って籠城した。この鹿鼻砦は大変急峻な地であり、家康はこれ以上の深追いは困難と考え、後を大久保忠世に任せて退陣している。この攻防の後も天野氏は、犬居城という軍事拠点は失ったものの、天正九年（一五八一）高天神城の戦いで武田勢が遠州から一掃され、翌天正十年に武田が滅亡するまで地元に多少の影響力を残していたようで、その勢力の掃討に大久保忠世は労を費やすこととなった。天野氏は武田を頼って甲斐へ逃れ、武田滅亡後は小田原の北条氏を頼り、その後一族は離散したという。

伝説と史実

ここまで敷地地区近辺で家康自身が出陣したであろう戦の詳細を見てきたが、直接敷地地区に足を踏み入れた痕跡は読み取れない。この近隣地区は今川氏から武田に支配が移ったことが各種残された資料からも明確な場所である。そんな土地に敢えて危険を冒してまで家康が足を踏み入れるとも思えないし、ましてや〝鐘掛岩山上の小城を浜松城から巡視に来る〟という状況にはなり得ない。「巡視」とはある程度自分の影響が及ぶ場所を警戒・監視する目的で行われるものである。鐘掛岩下の虫生集落に至っては、高天神で敗れた武田側の武士が逃れて来てできた村（その武士の名が松井であったことから松井姓が多いという）だとも言い伝えられている。高天神の戦の後であっても、それだけ武田の色が強く残っていた土地であった。

勝越についても、戦に勝利した帰りに通ったため「勝つ」＋「越す」で「勝越」と名付けたとされるが、今まで見てきたように勝った戦でこの道を帰ったとすれば、光明城か犬居城の攻略の後である。光明城の陥落時にはまだ二俣城は落ちてはいない。そうすると天正四年（一五七六）の犬居城攻めの時の話と推定される。しかし、いくら勝利の後だとはいえ、直前まで敵方であった領地を帰りのルートに選択するのはリスクが高すぎる。（これはあくまでも私見であるが、「勝越」の由来は「徒歩―かち」でしか越えられない程きつい坂道であることから、「徒歩―かち」＋「越―こし」→「かちこし」→「かっこし」となった地名ではないだろうか。）

伝説を史実とつきあわせて検証しても、あまり意味はないのかも知れない。いずれにしても、家康が名付けたり隠れたりしたという歴史的真偽はどうであれ、四百数十年前のこの周辺の土地を若き家康が軍勢を率いて往来していたことは間違いない。地元の農夫達が目にした武者の姿が、後の東照大権現・家康であったのか、家康勢や武田勢の武将の一人であったのかは当時の村人には判断することなどできなかっただろう。太平の世を築いた偉大な神君にも、弱く頼りない若い時代があった、そんな若き家康を守り育んだのはこの土地なのだと、後の時代の人々が親しさを込めて、数々のエピソードを残していったのだと思われる。

八 【世間話】 燈明臺《とうみょうだい》

敷地の北の山に、その昔天竜川を行き来する舟のための明かりがあった。現在も燈明臺の基礎が残されている。

小木秀市『歴史と民俗の里敷地村』によると、「燈明臺守の男が病に伏した妻の薬を買うため対岸に渡ったが、帰りに荒天となってしまう。燈明臺守の男は渡し守になんとか舟を出してほしいと頼むが、暴風雨の中では何も見えずと断ろうとする。しかし敷地の燈明臺の火が輝いているのを見ると、事情を察していた渡し守は風雨に揉まれながらも、対岸に燈明臺守の男を送ることができた。その時の燈明臺の火は、燈明臺守の男の娘が必死に燈していた。」（引用抜粋）とある。

九 【世間話】 八軒屋敷・長者屋敷

虫生集落から敷地川沿いの林道を一キロメートルほど入ったところに八軒分くらいの平らな土地があり、屋敷跡が二つある。

八軒屋敷からさらに三百メートルほど行ったところには、茶碗の欠片などが見られる長者屋敷とよばれる場所があり、明治の終わり頃まで住まう人がいたといわれる。祖先は落人ではないかともいわれているが、定かではない。

十【風習】庚申講・山の講

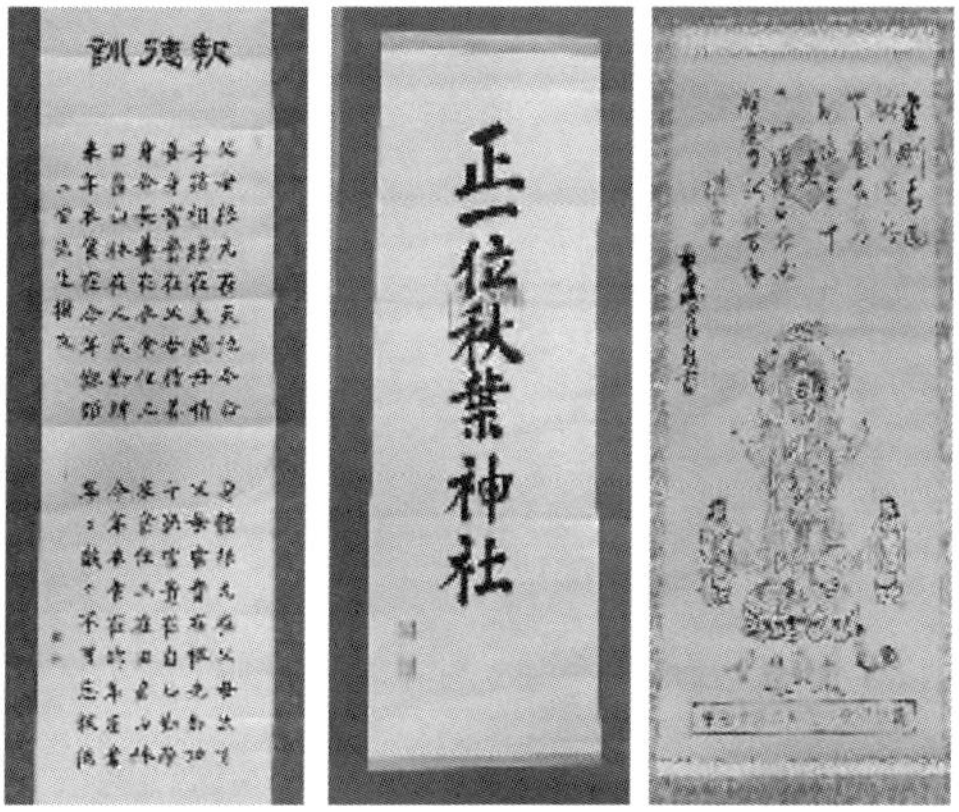

掛軸（絵賛）
右から庚申さま・秋葉さま・報徳訓（鈴木正士氏宅所蔵）

大平はかつて二十五戸からなる集落で、十二軒と十三軒とで二つの庚申講があった。大平新田では各家が回り番で受け持ち、庚申さま・秋葉さま・報徳訓の三つの掛軸（絵賛）と四本足の漆の御膳とセットで引き継いだ。

六十日に一度の庚申《かのえさる》の日、庚申さま・秋葉さま・報徳訓の掛軸を掛け、二礼二拍手一礼で拝む。そして集まった中の長老格の者が参加した頭数により「なんぼんでんたいしゃく　しょうめい　こんごう」と庚申さまに拝む回数を決めた。

拝む間、立ったり座ったりを繰り返した。また、報徳訓をみなで読み上げた。みなで拝んだあと、晩ご飯を

秋葉日待順番帳
“ばんちょう”と呼ばれ、回覧板のように回した。参加費を入れるための袋が付いている。（鈴木正士氏所蔵）

食べながら語らいのときとなり、酒も酌み交わした。

庚申信仰は民間信仰のひとつで、様々な信仰や習俗を由来としている。人の頭・腹・足には三尸《さんし》の虫がいて、庚申《かのえさる》の日の夜、天に昇ってその人の悪行を報告するといわれていた。そのため人々はその夜寝ずに過ごすための集まりとして、各地で庚申講が組まれた。

また山の講もあって、毎年二月と十一月の最初の週末に行われている。この日は山仕事に入ってはならないとされている。

庚申講、山の講も、それぞれ「お日待ち」とも呼ばれている。

十一　【風習】　山の神

大平下沢山の神

二月七日と十一月七日は山の神を祀る日で、この日は山仕事に入らない決まりであった。

現在、大平下沢山の神は、市川敏仁さんが世話役を務めておられる。かつては大平竹沢の山の神と交互に祀る山の講があり、半年ごとに交互に行き来していた。祠のそばに神木の大木があったのだが枯れてしまい、祠も荒れてきたことから、山主の許諾を得て近年仲間のみなさんとともに祠を新しくされた。その際に神木の一部を祠に納めている。

大平に限らず、かつては字ごとに山の神を祀っていたが、年々山に入る人も減ってきており、大平では下沢以外の山の講は途絶えてしまった。半年に一度とはいえ、継続はたいへんなことと思われる。その点について市川さんは「たいへんだと継続は難しいので、むしろ祭りを楽しむという思いで取り組んでいる。かつて山の講の時代には、年ごとに頭屋《とうや》を決め料理をもてなしたが、時代が下るとともに仕出し屋に変えて、現在はそれも簡略している。」と思いを語ってくれた。現在山の神の祭りには、地元以外の方も含め十人ほど参加されているとのこと。地元で林業に関わる人が減った一方、地元以外で山を親しむ人たちの参加が増えているようだ。

令和四年（二〇二二）二月七日春の山の神祭の前日に、大平下沢山の神を訪ねた。山の入口には山の神の祭りの旗がなびいていた。可能であれば祭典当日に訪ねたかったが、執筆者の生業の都

市川さんと仲間のみなさん

大平下沢山の神

合でかなわなかった。

整備された山道を二十分ほど上がっていくと、山の神の祠にたどり着いた。そこには市川さんと仲間のみなさんがおられ、祭典の準備をされていらした。この日は雪がちらつくほど寒い日であったが、みなさんの活気ある話しぶりに感化されてか、寒さも気にならなくなった。

山の小ピークで、すこしだけ開けた場所に祠はあった。

山に入り林業に携わられる方が減ってしまったが、山に親しんでこられた地域のみなさんにとっては、今も拠り所となる存在だと感じた次第である。

大平竹沢山の神

大平竹沢山の神

かつて竹沢集落は八軒あったが、現在は二軒となっている。この内の一軒、堀内寿三郎さんに竹沢山の神について伺った。
竹沢山の神は四百年ほど祀られてきた。竹沢山の神が祀られている山の麓にあった堀内家は、慶長年間に現在の和歌山県から入ったと伝わり、竹沢集落の祖にあたるという。
竹沢集落も離村される家が増え、十年ほど前に山の神の祭りは途絶えてしまった。大平下沢の市川さんもおっしゃっていたが、かつては下沢の人たちも竹沢山の神の祭りに来られていた。また、頭屋が酒や料理でもてなしたそうである。

令和四年（二〇二二）二月十三日、堀内さんに竹沢山の神の祠へご案内いただいた。既に祭りが途絶えて久しいためか、倒木や山道の損壊が見られたが、注連縄は新しかった。「竹沢集落から離れた方が今もこの祠を訪ねていらっしゃるようだ。」堀内さんはそう語ると、長い間山の神へお祈りされていた。

元々は祖にあたる堀内家の神さまであったかもしれないと、堀内さんは言う。竹沢集落は堀内家から分家した方々を含めた八軒で、長年支えあってきた。小さな集落ではあってもその大きな歴史を顧みるたびに、山の神への感謝と竹沢の灯をともし続けていく思いがこみ上げていらっしゃるように思えた。

祠の前で祈りを奉げる堀内さん
（大平竹沢）

山の神祭典時には、神主も同行されたという。
祠手前には甘酒を沸かした竈が残っていた。

竹沢集落のそばを流れる川には、三段の小さな滝が連なっている。残念ながら現在は草木に覆われて見ることが難しい。この川には鰻も棲むほどの清流であるが、近年はその姿を見ることは稀になった。かつての

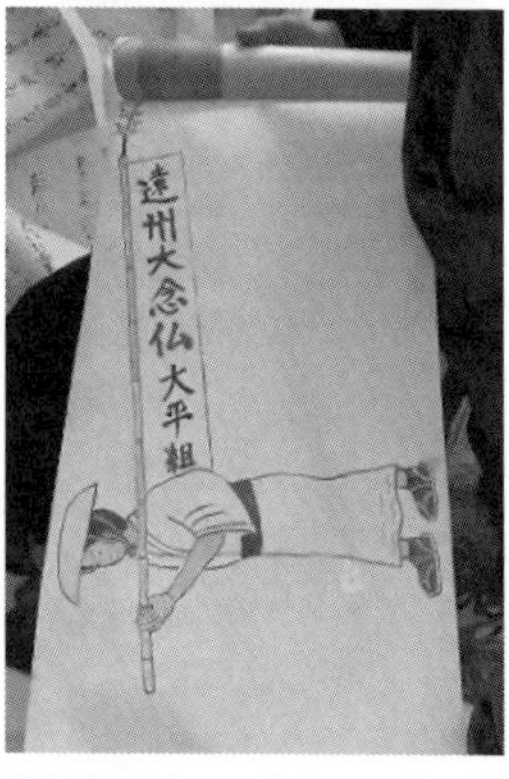

竹沢山の神へご案内いただいた堀内寿三郎さんは、郷土の大平大念仏や敷地川などを描いたり、楽曲をつくられていらっしゃる。本章一、鐘掛け岩の絵画も、堀内さんの作品である。

竹沢の暮らしは、山の恵を受けて成立していた。そしてこの川は万瀬の森を水源としている。竹沢の人々は、山の神が守ってくれている自然を身近に感じていたのである。

参考として章の終わりに、本章で取り上げた民話・昔話の分類と地理的位置を図表に示した。また本章で取り上げることができなかったものも含め、本章に関係する文献を一覧にまとめた。

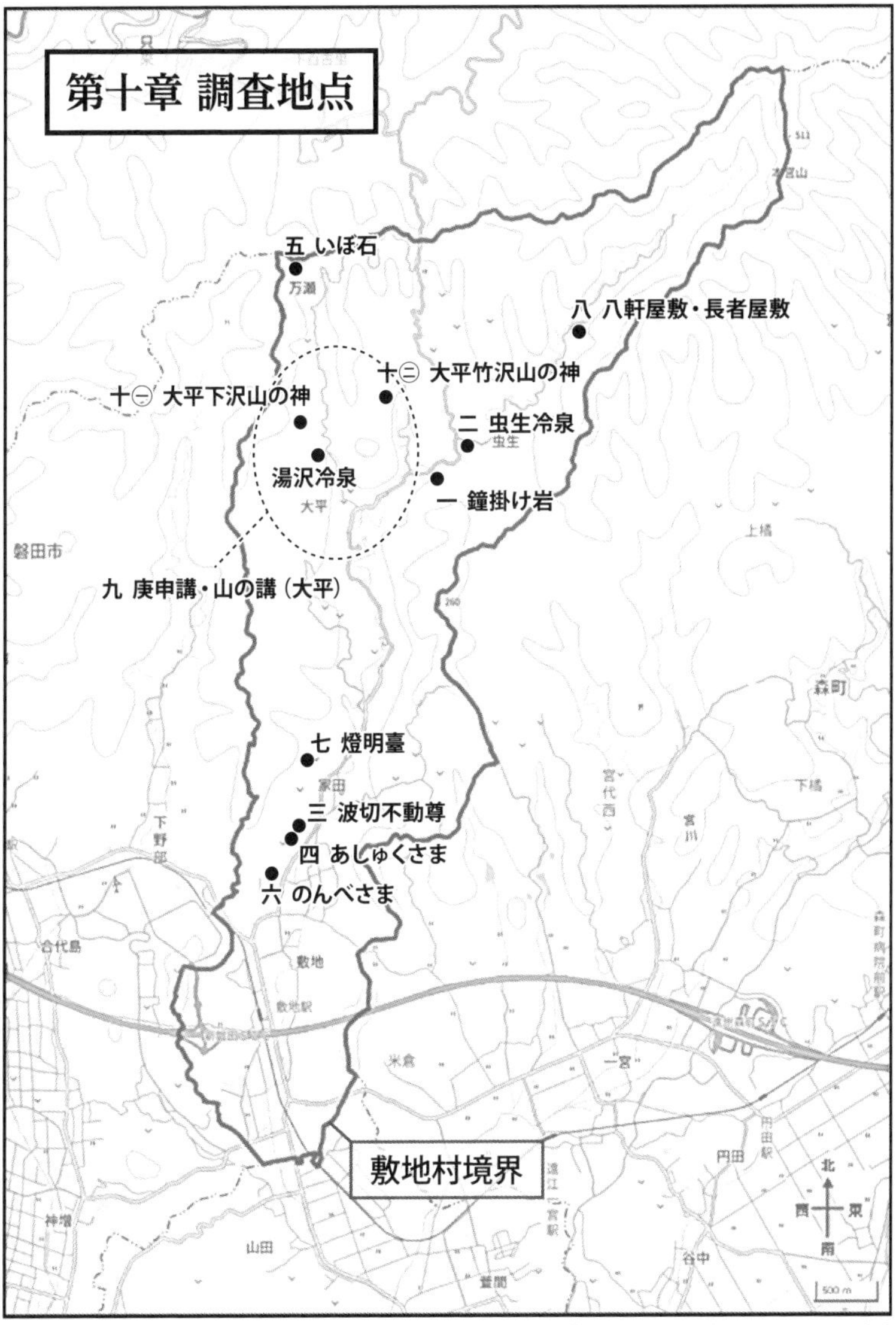

国土地理院『地理院地図 VECTOR』で国立情報学研究所（NII）『歴史的行政区域データセットβ版』静岡県磐田郡敷地村境界（22B0120040）1950 年を組み込み表示

民話・昔話の分類　（取り上げた中では、昔話に分類される民話は無かった）

№	民話・昔話	分類1	分類2	分類3	人物	時	場所	伝承事情
1	鐘掛け岩	伝説	文化叙事伝説	人間と聖霊	特定	不特定	特定	地域での語り継ぎ（戒め）
2	虫生冷泉	伝説	文化叙事伝説	神仏の事業	特定	特定	特定	地域での語り継ぎ
3	波切不動尊	伝説	文化叙事伝説	神仏の事業	特定	特定	特定	地域での語り継ぎ・信仰
4	あしゅくさま	伝説	文化叙事伝説	神仏の事業	不特定	不特定	特定	地域での語り継ぎ・信仰
5	いぼ石	伝説	文化叙事伝説	神仏の事業	特定	不特定	特定	地域での語り継ぎ・信仰
6	のんべさま	伝説	文化叙事伝説	神仏の事業	特定	特定	特定	地域での語り継ぎ
7	燈明臺	世間話	人	名人	特定△	特定△	特定	地域での語り継ぎ
8	八軒屋敷・長者屋敷	世間話	家	あだ名	不特定	不特定	特定	地域での語り継ぎ・生活痕（茶碗片）の存在
9	庚申講・山の講	（風習）				特定	特定	集落での開催/参加・信仰
10	山の神	（風習）				特定	特定	集落（有志）での開催/参加・信仰・禁忌

伝説分類は、福田晃（1932-2022）による分類を試みた。また世間話分類は、山田厳子の案による分類を試みた。

本章関係の文献一覧

№	書名	編者	発行者	発行年	目次	題名	pp	関連ワード	備考
1	敷地村誌	敷地村役場	-	1913	第十一目 口碑伝説	燈明臺	-	天竜川 渡し舟	
2						弘法大師開山	-	弘法大師	岩室廃寺跡 (観音堂)
3						五輪石塔	-	蔵ノ平/魚地蔵	
4	ふるさとの土	敷地村	敷地村	1951	一.伝説	鐘かけ山のお姫様	-		虫生/鐘掛山
5						盗まれた浪切不動尊	-	永安寺	
6						城妙林庵の悲劇	-	野辺氏 妙林庵	
7						衣かけの松	-	弘法大師	
8						金燈籠	-	天竜川 渡し舟	
9						おこりを癒す魚地蔵 ～敷地村蔵の平の 五輪塔～	-	久兵衛屋敷 五輪の燈	おこりは熱病の一種
10						八王子松	-	白鹿/神の使い	
11						たかの水すい	-	高野水吸 鷹の水吸	たかの水すいは敷地川水源のこと
12						権現松	(万瀬郷土のしをり)	権現公（家康） 武田信玄 光明寺/釣鐘	
13						呼り松		氏神集合地/出雲	
14	静岡県 子どもむかし話 第1集	静岡県校長会 静岡県教職員組合 静岡県出版文化会	株式会社 静岡教育 出版社	1979	-	弘法井戸 (合代島)	76～79 解説123	弘法大師	ほかに豊岡村に2つ存在の記述あり
15	新版静岡県 伝説昔話集上巻	静岡県女子師範学校 郷土研究会	羽衣出版 有限会社	1994	四塚と墓 (二) 墓 一七二	のんべさま	134～135	野辺氏 妙林庵	1934年発行の 現代語表記新版
16					六.石の話 二一五	歌岩	155	獅子ヶ鼻公園 弘法大師 衣掛の松	
17					六.石の話 二一八	金燈籠	156	天竜川 渡し舟	
18	豊岡村百話 豊岡村史別巻	豊岡村史 編さん委員会	豊岡村	1996	45話虫生村	湯治場「虫生」と 木喰五行上人	133～135		
19	魂がやどる里山 静岡県磐田市敷地村	豊岡東地区 環境保全協議会	(同左)	2020	四季の里 コース	永安寺		波切不動堂 不動明王像 遠州大念仏	
20						浄光寺		阿しゅく如来像 わらじ	
21						堂の橋の地蔵			敷地駅近く
22						秋葉灯篭			
23						敷地観音堂		十一面観世音菩薩	
24						田の神様			
25					獅子ヶ鼻 トレッキング コース	獅子ヶ鼻			
26						衣掛の松		弘法大師	
27						伏見念力稲荷大神			
28						六地蔵			
29					天空の里 コース	湯沢冷泉			
30						山の神			
31						いぼ石			
32						竹沢山の神			
33						虫生冷泉			

＜引用・参考文献＞

・愛知県教育委員会　2014年『愛知県の民俗芸能』
・伊藤功　1953年『敷地村秣山の運営誌　わすれられてる大事な事』
・岩崎道夫　1988年『豊岡物語 増刊号』
・磐田市　1989年『天竜川流域の暮らしと文化　上・下巻』
・磐田郡教育会　1921年『静岡県磐田郡誌』
・磐田郡敷地村　1918年『静岡県磐田郡敷地村事績』
・磐田市　1959年『磐田市誌』上巻
・磐田市教育員会　2021年『磐田の大念仏』
・遠州大念佛保存会大平組　1988年『御湯平の念佛』
・小木秀市　2021年『歴史と民俗の里　敷地村』
・掛川市　1997年『掛川市史　上巻』
・北島恵介　2021年「岩室寺清涼院の『遠州檀那現名候記録』」（『磐南文化』№47）
・坂本要　2019年『民間念仏信仰の研究』法蔵館
・敷地村　1913年『敷地村誌』
・敷地村　1951年『敷地村　ふるさとの土』
・敷地村　1951年『ふるさとの土　敷地村』
・敷地村役場　1913年『敷地村史』
・敷地村外4ヶ村財産区　2005年『敷地村外4ヶ村財産区創立100周年記念誌』
・敷地村輯睦会　1954年『新農村建築計画樹立一周年記念　弘報誌「村の動き」特輯号
・静岡県　2001年『静岡県史　民俗編三遠江』
・静岡県　1991年『静岡県史　資料編二五　民俗三』
・静岡県教育委員会　1997年『静岡県の民俗芸能』
・静岡県教育委員会文化課　1996年『静岡県歴史の道　秋葉街道』
・静岡県女子師範学校郷土研究会　再1994年『新版静岡県伝説昔話集 上巻』羽衣出版
・鈴木絢子　1968年「遠州における大念仏」『土のいろ』
・東栄町誌編集委員会　2004年『東栄町誌　伝統芸能編』
・『東海展望』　1960年「伊藤親子村長奮斗記」
・富山昭　1981年『静岡県の年中行事』　静岡新聞社
・富山昭　1992年『静岡県　民俗歳時記』　静岡新聞社
・豊岡村　1992年『豊岡村史　資料編1　近世』
・豊岡村　1993年『豊岡村史　資料編2　近現代』
・豊岡村　1994年『豊岡村史　資料編3　考古・民俗』
・豊岡村　1995年『豊岡村史　通史編』
・豊岡村　1996年『豊岡村百話　豊岡村史別巻』
・豊岡東地区環境保全協議会　2020年『魂がやどる里山 静岡県磐田市敷地村』リーフレット
・豊岡村戦争体験文集編集委員会　1993年『うつせみのこえ終戦50周年記念文集』
・豊岡村役場　1991年『豊岡村所在文書目録　第2集　近世Ⅱ』
・豊岡村役場　1990年『豊岡村所在文書目録　第3集　近現代Ⅰ』
・豊岡村東地区振興協議会　1975年『偉人　伊藤鵠堂翁』
・豊田町　2001年『豊田町誌　別編Ⅱ　民俗文化史』
・浜松市役所　1971年『浜松市　通史編二』
・広中一哉　2021年『後期日中戦争　太平洋戦争下の中国戦線』　角川新書
・文化庁　2010年『下伊那のかけ踊調査報告書』
・森町　1998年『森町史　通史編　下巻』
・水窪教育委員会　1997『水窪町の念仏踊』

あとがき

令和二年（二〇二〇）から調査を進めてきた『敷地の民俗』がようやく刊行の運びとなりました。調査開始時は、コロナウイルスの感染が拡大した頃で、まさにコロナ禍の渦中での調査となり、聞き取りにお伺いするのを躊躇しているうちに時間は瞬く間に過ぎて、三年余を経ての刊行となった次第です。

本著作は、本会としては「水窪」、「佐久間」に続く三冊目の民俗誌となりますが、「敷地」は磐田市北部の桃源郷のような小集落で、私を道案内してくれた住民の方が、「三方を山に囲まれた穏やかな気候で、暮らしやすい所です」と話してくれたのが心に残っていて、明治時代に地方改良運動の中で「模範村」として表彰された歴史が現在まで引き継がれているような気がします。

今回の民俗調査には、静岡県立農林環境専門職大学の教員、学生の皆様に、多大なご支援、ご協力を賜りました。学生諸君にはコラムへの執筆、表紙イラストの作成を担当していただきました。また静岡大学教授の伊藤文彦氏には、伊藤家の資料を見せていただくとともに、表紙の装丁をしていただきました。共に、厚くお礼申し上げます。

また、地元の皆様には、コロナ禍の中にもかかわらず、親切に対応していただき、厚くお礼を申し上げます。令和四年九月と令和五年六月の敷地川の決壊では、多くのお宅が被災されたと伺いました。被害に遭われた皆様には心よりお見舞いを申し上げるとともに、一刻も早い復興を願ってやみません。

最後に、いつも暖かいご指導と励ましをいただいている野本寛一先生に深く感謝を申し上げます。

■編著者・執筆者

遠州常民文化談話会…… 1981年に竜洋町在住の画家 大庭祐輔氏と柳田國男の研究者で明治大学教授の後藤総一郎先生が出会い、浜松の地に誕生した。それ以後、鎌倉から後藤先生をお招きし、柳田國男の著作を読みながら、磐田を中心として遠州の民俗文化を学ぶ、毎月1回の例会を継続してきた。2008年には、長年にわたる地域文化への貢献が認められて、静岡県地域文化活動賞特別賞を受賞した。今までに『山中共古　見付次第』、民俗誌『水窪の民俗』『佐久間の民俗』等を刊行。

本書は以下の担当者が執筆した。

第 1 章	環境	（中山 正典・名倉 愼一郎）
第 2 章	生業	（北島 金三・中山 正典）
第 3 章	戦争	（山内 薫明）
第 4 章	秋葉道（交通・交易）	（大島 たまよ）
第 5 章	敷地の衣・食・家庭生活	（今村 純子）
第 6 章	年中行事	（伊藤 久仁俊）
第 7 章	人生儀礼	（袴田 克臣・名倉 愼一郎）
第 8 章	信仰	（名倉 愼一郎）
第 9 章	祭礼と芸能（遠州大念仏）	（伊藤 久仁俊）
第 10 章	伝説・風習	（鈴木 勝晃・大島 たまよ）

表紙デザイン：伊藤 文彦（伊藤家当主・静岡大学教育学部教授）
イラスト：天貝 はな（静岡県立農林環境専門職大学2年）
コラム　・「敷地村の秣山」山本 享祐（同大4年）　・「敷地のメロン栽培」菅沼 千颯（同大3年）
・「オオカミ伝承と敷地村」伊藤 朱駿（同大3年）　・「天浜線･豊岡駅」岩本 大和（同短大卒）

■調査協力者

本書は以下の調査協力者の力を得て、作成することができた。記してお礼を申し上げたい。
※敬称は略させていただいた。

調査協力：豊岡東地域づくり協議会、豊岡東地域交流センター
協　　力：静岡県立農林環境専門職大学

<大当所>	乗松 弘泰	小木 亨			
<敷 地>	乗松 洋一	乗松 精二	柳沢 好子	山浦 征夫	柳沢 政司
	村松 幸雄	水上 了洋	白沢 禎一	伊藤 弘一	竹林 弘道
	山下 恭史	本多 誠司	高木 敏	佐野 健夫	乗松 保臣
	月花 慎二	阿部 悦雄	本間 正幸		
<家 田>	櫻井 宗久	榊原 幸雄	乗松 良仲	山下 千賀子	佐野 栄勇
	佐野 房代	伊藤 一吉	鈴木 政夫	小木 秀市	
<大 平>	浅岡 久志	中野 茂男	鈴木 正士	青山 忠義	市川 敏仁
	青木 敏	西田 加世子	小木 利夫	乗松 啓二	朝比奈 睦雄
	鈴木 惣平	堀内 寿三郎			
<岩 室>	佐野 邦雄	平野 雄一	佐野 一正	佐野 知則	
<虫 生>	松井 平六	松井 栄治郎	松井 久嘉	高木 辰男	
<万 瀬>	佐々木 篤寿	松井 俊雄	金子 真一	平野 常男	中野 惠英

敷地《しきじ》の民俗

地域の伝承から探る 循環型社会の英知

遠州常民文化談話会

2023年12月16日　発行

編集・発行　遠州常民文化談話会
代表　名倉 愼一郎
〒432-8017 静岡県磐田市掛塚1459-1
電話番号 0538-66-4775

印　刷　株式会社ケイ・アート

ISBN978-4-9912243-1-7
定価はカバーに表示してあります。落丁・乱丁はお取り替えいたします。

Printed in Japan